农村金融创新团队系列丛书

中国中小商业银行
发展战略研究

孙宗宽　著

中国金融出版社

责任编辑：孔德蕴　王素娟
责任校对：孙　蕊
责任印制：丁淮宾

图书在版编目（CIP）数据

中国中小商业银行发展战略研究（Zhongguo Zhongxiao Shangye
Yinhang Fazhan Zhanlüe Yanjiu）/孙宗宽著 . —北京：中国金融出版
社，2015.6

（农村金融创新团队系列丛书）

ISBN 978 - 7 - 5049 - 7949 - 0

Ⅰ.①中…　Ⅱ.①孙…　Ⅲ.①商业银行—对经济发展战略—研
究—中国　Ⅳ.①F832.33

中国版本图书馆 CIP 数据核字（2015）第 103269 号

出版
发行　**中国金融出版社**

社址　北京市丰台区益泽路 2 号
市场开发部　（010）63266347，63805472，63439533（传真）
网上书店　http://www.chinafph.com
　　　　　　（010）63286832，63365686（传真）
读者服务部　（010）66070833，62568380
邮编　100071
经销　新华书店
印刷　利兴印刷有限公司
尺寸　169 毫米 ×239 毫米
印张　18
字数　275 千
版次　2015 年 6 月第 1 版
印次　2015 年 6 月第 1 次印刷
定价　38.00 元
ISBN 978 - 7 - 5049 - 7949 - 0/F.7509
如出现印装错误本社负责调换　联系电话（010）63263947

农村金融创新团队系列丛书
编委会

名誉主任：韩　俊

编委会主任：罗剑朝

编委会委员：（按姓氏笔画为序）

序言一

　　农村金融是农村经济发展的"润滑剂"，农村金融市场是农村市场体系的核心。党和国家历来重视农村金融发展，党的十八届三中全会明确提出了扩大金融业对内对外开放，在加强监管的前提下，允许具备条件的民间资本依法发起设立中小型银行等金融机构，进一步发展普惠金融，鼓励金融创新，丰富农村金融市场层次和产品，同时赋予农民对承包地占有、使用、收益、流转及承包经营权抵押、担保权能，为下一步农村金融改革指明了方向。2004—2014 年连续 11 个中央"一号文件"从不同角度提出了加快农村金融改革、完善农村金融服务、推动农村金融制度创新，这些农村金融改革创新的政策、决定对建立现代农村金融市场体系、完善农村金融服务、提升农村金融市场效率起到了积极的推动作用。但是，当前农村金融发展现状距离发展现代农业、建设社会主义新农村和全面建成小康社会的目标要求仍有较大差距，突出表现在：农村金融有效供给不足且资金外流严重、农村金融需求抑制、市场竞争不充分、市场效率低下、担保抵押物缺乏等，农村金融无法有效满足当前农村发展、农业增产和农民增收的现实需要。进一步推动农村金融改革、缓解农村金融抑制、加快农村金融深化、鼓励农村金融创新以及提升农村金融服务效率，任重道远。

　　根据世界各国经济发展的经验，在城市化进程中，伴随着各类生产要素不断向城市和非农产业的流动，农村和农业必然会发生深刻的变化。改革开放以来，中国经济取得了举世瞩目的成就，农村经济体制改革极大地调动了亿万农民的积极性，经济活力显著增强。经济快速发展的同时，城乡发展不平衡、城乡收入差距扩大、农村经济落后等问题也日渐凸显，"三农"问题则是对这些突出矛盾的集中概括。"三农"问题事关国家的发展、安全、稳定和综合国力的提升，历来是党和政府工作的重中之重。金融是现代经济的核心，农村金融发展对农村经济发展至关重要，解决"三农"问题离不开农村金融支持。由于中国农村金融不合理的制度安排，农村金融抑制现象严重，农村金融与农村经济并未形成互动共生、协调发展的局面，农村金融资源配置功能并未真正得到发挥，滞后的农村金融在一定程度上抑制了农村经济的发展。

1978年改革开放至今，农村金融改革的步伐不断加快，经历了农村金融市场组织的多元化和竞争状态的初步形成、分工协作的农村金融体系框架构建、农村信用社主体地位的形成，以及探索试点开放农村金融市场的增量改革四个阶段。农村金融改革取得初步成效，多层次、多元化、广覆盖的农村金融体系基本形成，农村金融供求矛盾逐步缓解，农村金融服务水平显著提高，农村金融机构的经营效率明显提升，农村信用环境得到有效改善。然而，农村金融仍然是农村经济体系中最为薄弱的环节，资金约束仍然是制约现代农业发展和新农村建设的主要的"瓶颈"。在统筹城乡发展、加快建设社会主义新农村以及推进现代农业发展的大背景下，农村金融如何适应农村及农业环境的快速变化、如何形成"多层次、广覆盖、可持续"的农村金融体系、如何破解农村"抵押难、担保难、贷款难"的困境，推动农村金融更好地为农村经济发展服务，让改革的红利惠及6.5亿农民，依然是需要研究和解决的重大课题。

可喜的是，在西北农林科技大学，以罗剑朝教授为带头人的科研创新团队，2011年12月以"西部地区农村金融市场配置效率、供求均衡与产权抵押融资模式研究"为主攻方向，申报并获批教育部"长江学者和创新团队发展计划"创新团队项目（项目编号：IRT1176）。近3年来，该团队紧紧围绕农村金融这一主题，对农村金融领域的相关问题进行长期、深入调查和分析，先后奔赴陕西、宁夏等地开展实地调研10余次，实地调查农户5 000余户、涉农企业500余家，走访各类农村金融机构50余家，获得了大量的实地调研数据和第一手材料。同时，还与中国人民银行西安分行、中国人民银行宁夏分行、陕西农村信用社联合社、杨凌示范区金融工作办公室、杨凌示范区农村商业银行、高陵县农村产权交易中心等机构签订了合作协议，目前已拥有杨凌、高陵和宁夏同心、平罗4个农村金融研究固定观察点。针对调查数据和资料，该团队对西部地区农村金融问题展开了系统深入的研究，通过对西部地区农村金融市场开放度与配置效率评价、金融市场供求均衡、农村产权抵押融资试验模式等的研究，提出以农村产权抵押融资、产业链融资为突破口的农村金融工具与金融模式的创新方案，进而形成"可复制、易推广、广覆盖"的现代农村金融体系，能够为提高农村金融市场配置效率及农村金融改革政策的制定和实施提供依据。本项目调查研究取得了比较丰硕的科研成果，其中一部分纳入本套系列丛书以专著的形式出版。虽然其中的部分观点可能还有待探讨和商榷，但作者敏锐的观察视角、务实的研究作风、扎实的逻辑推导、可靠的数据基础，使得研究成果极具原创性和启发性，这些成果的出版，必然会对深刻认识农村金融现实、把握农村金融的运作规律提供有益的参考和借鉴。

实现全面建成小康社会的宏伟目标，最繁重、最艰巨的任务在农村。要解决农村发展问题，需要一大批学者投入到农村问题的研究当中，以"忧劳兴国"的精神深入农村，深刻观察和认识农村，以创新的思维发现和分析农村经济发展中的问题，把握农村经济发展的规律，揭示农业、农村、农民问题的真谛，以扎实的研究结论为决策部门提供参考，积极推动农村经济又好又快发展，以不辱时代赋予的历史使命。

我相信，此套农村金融创新团队系列丛书的出版，对于完善西部地区农村金融体系、提高西部地区农村金融市场配置效率，推动西部地区农村经济社会发展具有重要意义。同时我也期待此套丛书的出版，能够引起相关政策的制定者、研究者和实践者对西部地区农村金融及农村金融改革问题的关注、积极参与和探索，共同推进西部地区农村金融改革的创新和金融市场配置效率的提高。

是为序。

中央财经领导小组办公室副主任、研究员 韩俊

二〇一五年三月二十六日

序言二

金融是现代经济的核心，农村金融是现代金融体系的重要组成部分，是中国农业现代化的关键。当前，我国人均国民生产总值（GDP）已超过4 000美元，总量超过日本，成为世界第二大经济体。如何在新的发展阶段特别是在工业化、信息化、城镇化深入发展中同步推进农业现代化，构建起由市场配置各种要素、公共资源均衡覆盖、经济社会协调发展的新型工农关系、城乡关系，破解推进农业现代化的金融难题和资金"瓶颈"，是实现"中国梦"绕不过去的难题。

改革开放以来，党中央、国务院先后制定并出台了一系列促进农业和农村发展的政策与文件，在农村金融领域进行了深入地探索，特别是党的十八大、十八届三中全会提出"完善金融市场体系"、"发展普惠金融"、"赋予农民对承包地占有、使用、收益、流转及承包经营权抵押、担保权能"，农村金融产品与服务方式创新变化，农户和农村中小企业金融满足度逐步提高，农村金融引领和推动农村经济社会发展的新格局正在形成。但是，客观地说，农村信贷约束，资金外流，农村金融供给与需求不相适应、不匹配等问题依然存在，高效率的农村资本形成机制还没有形成，农村金融与农村经济良性互动发展的新机制尚待建立，农村金融依然是我国经济社会发展的一块短板，主要表现在以下几个方面：

1. 金融需求不满足与资金外流并存。据调查，农户从正规金融机构获得的信贷服务占30%左右，农村中小企业贷款满足度不到10%。同时，在中西部地区，县域金融机构存贷差较大，资金外流估计在15%～20%。农村资金并未得到有效利用，农村金融促进储蓄有效转化为投资的内生机制并没有形成。

2. 农村金融需求具有层次性、差异性与动态性，不同类型农户和中小企业金融需求存在不同，多层次的农村金融机构与农村金融需求主体供求对接的有效机制尚待形成。农户资金需求具有生产性、生活性并重且以生活性为主的特点，农村中小企业多属小规模民营企业，对小额信贷需求强烈，加之都没有符合金融机构要求的抵（质）押品，正规金融服务"断层"现象依然存在。

3. 农村金融市场供求结构性矛盾突出，市场垄断、过度竞争与供给不足同时并存。从供给角度看，农村金融的供给主体以农业银行、农村信用社、邮储银行等正规金融为主，其基本特征是资金的机会成本较高、管理规范、要求的担保条件比较严格；从需求的角度看，农村金融需求主体的收入、资产水平较低，借贷所能产生的利润水平不高，且其金融交易的信息不足。尽管存在着借款意愿和贷款供给，但供求双方的交易却很难达成，金融交易水平较低。因此，要消除这种结构性供求失衡，就要充分考虑不同供给与需求主体的特点及他们之间达成交易可能性，采取更加积极的宏观政策与规范，建立多层次、全方位、高效率、供求均衡的现代农村金融体系。

必须改变用城市金融推动农村金融的理念和做法，以及单方面强调金融机构的调整、重组和监管的政策，从全方位满足"三农"金融需求和充分发挥农村金融功能的视角，建立农村金融供求均衡的、竞争与合作有效耦合的现代农村金融体系。按照农村金融供求均衡理念，对农村金融机构服务"三农"和农村中小企业做适当市场细分，实现四个"有效对接"，推进农村金融均衡发展。

第一，实现正规金融供给与农业产业化龙头企业金融需求的有效对接。由于农村正规金融机构的商业信贷供给与农业产业化龙头企业的金融需求相适应，正规金融机构的商业信贷交易费用较高，交易规模较大，客户不能过于分散，担保条件要求严格，而龙头企业在很大程度上已参与到了城市经济的市场分工中，在利润水平及担保资格都能够符合正规金融机构要求的情况下，有些企业甚至能够得到政府的隐性担保，加之建立有相对完善的会计信息系统，能够提供其经营状况的财务信息，信贷信息不对称现象也能有所缓解，因此，二者具有相互对接的可行性。尽管农村正规金融发展存在诸多问题，但从其本身特点以及龙头企业发展角度看，实现正规金融供给与龙头企业金融需求对接具有必然性。所以，中国农业银行应定位为农村高端商业银行，在坚持商业化经营的前提下，加大对农业产业化龙头企业的支持力度，主要满足大规模的资金需求。通过政策引导，把农业银行在农村吸收的存款拿出一定比例用于农业信贷，把农业银行办成全面支持农业和农村经济发展的综合性银行。

第二，实现正规中小金融机构的信贷供给与市场型农户、乡镇企业、中小型民营企业金融需求的有效对接。由于正规中小型金融机构的小额信贷与市场型农户、乡镇企业、中小型民营企业的金融需求相适应，市场型农户、乡镇企业、中小型民营企业的金融需求主要用于扩大再生产，所需要的资金数额相对较大，借贷风险较大，不易从非正规金融机构获得贷款；由于其自身资产水平存在的有限性，它们不能像龙头企业那样，从正规金融机构获得商业贷款。而正规中小型金融机构，尤其是农村商业银行、农村合作银行、村镇银行等，相对于大银行，在成本控制上存在较大优势，而且较易了解市场型农户、乡镇企业、中小型民营企业的生产经营状况，可根据其还款的信誉状况来控制贷款额度，降低金融风险；中小型金融机构倾向于通过市场交易过程，发放面向中小企业的贷款，按市场利率取得更高收益，市场型农户、乡镇企业、中小型民营企业是以市场为导向的，接受市场利率，也倾向于通过市场交易过程获得贷款，二者之间交易易于达成。另外，正规中小金融机构具有一定优势：其资金"取之当地、用之当地"；员工是融入到社区生活的成员，熟悉本地客户；组织架构灵活简单，能有效解决信息不对称问题；贷款方式以"零售"为主，成本低廉、创新速度快；决策灵活，能更好地提供金融服务，二者之间实现金融交易对接具有必然性。目前，农村正规中小型金融机构发展较为迅速，应继续鼓励和引导农村商业银行、农村合作银行、村镇银行发展，构建起民营的、独资的、合伙的、外资的正规中小型金融机构，大力开展涉农金融业务。

第三，实现正规金融、非正规金融机构的小额信贷供给与温饱型农户金融需求的有效对接。农村小额信贷，主要指农村信用合作社等正规金融机构、非正规金融机构提供的农户小额信贷，是以农户的信誉状况为根据，在核定的期限内向农户发放的无抵押或少抵押担保的贷款。正规金融机构、非正规金融机构的小额信贷供给与温饱型农户金融需求相适应，它们之间的交易对接具有充分的可行性。目前，温饱型农户占整个农户的40%～50%，他们的借贷需求并不高，还贷能力较强，二者之间的信贷交易易于达成。农信社和其他非正规金融机构的比较优势决定其生存空间在农村，从国外银行业的发展情况看，即使服务于弱势群体，也有盈利和发展空间。农信社应牢固树立服务"三农"的宗旨，通过建立良好的公司治理机制、科学的内部激励机制，切实发挥农村金融主力军作用；适应农村温饱型农户金融需求的特点，建立和完善以信用为基础的信贷交易机制，提高农户贷款覆盖面；通过农户小额信贷、联户贷款等方式，不断增加对温饱型农户的信贷支持力度。当前，农户小额信贷存在的问题主要有：资金缺口大、贷款使用方向单一、贷款期限无法适应农业生产周期的需要、小额信贷额度低等。针对这些问题，应采取措施逐步扩大无抵押贷款和联保贷款业务；尝试打破农户小额信贷期限管理的限制，合理确定贷款期限；尝试分等级确定农户的授信额度，适当提高贷款额；拓展农信社小额信贷的领域，由单纯的农业生产扩大到农户的生产、生活、消费、养殖、加工、运输、助学等方面，扩大到农村工业、建筑业、餐饮业、娱乐业等领域。

第四，实现非正规金融机构的小额信贷与温饱型、贫困型农户金融需求的有效对接。民间自由借贷的机会成本相对较低，加上共有的社区信息、共同的价值观、生产交易等社会关系，且可接受的担保物品种类灵活，甚至担保品市场价值不高也能够较好地制约违约，与温饱型、贫困型农户信贷交易易于达成，实现二者之间的有效对接具有必然性。发达地区的非正规金融，其交易规模较大、参与者组织化程度较高，以专业放贷组织和广大民营企业为主，交易方式规范，具备良好的契约信用，对这类非正规金融可予以合法化，使其交易、信用关系及产权形式等非正式制度得到法律的认可和保护，并使其成为农村金融市场的重要参与者和竞争者；欠发达地区的非正规金融，其规模较小，参与者大多是分散的温饱型、贫困型农户，资金主要用于农户生产和生活需要，对此类非正规金融应给予鼓励和合理引导，防止其转化成"高利贷"。同时，积极发展小规模的资金互助组织，通过社员入股方式把资金集中起来实行互助，可以有效解决农民短期融资困难。应鼓励和允许条件成熟的地方通过吸引民间资本、社会资本、外资发展民间借贷，使其在法律框架内开展小额信贷金融服务。

总之，由于商业金融在很大程度上不能完全适应农村发展的实际需求，上述市场细分和四个"有效对接"在不同地区可实现不同形式组合，不同对接之间也可实现适当组合，哪种对接多一点、哪种对接少一点，可根据情况区别对待，其判断标准是以金融资本效率为先，有效率的"有效对接"就优先发展。

为了实现以上四个"有效对接"，还必须采取以下配套政策：一是建立新型农村贷款抵押担保机制，分担农业信贷风险。在全面总结农户联保、小组担保、担保公司代为担保等成功经验的基础上，积极探索农村土地使用权抵押担保、农业生物资产（包括农作物收获权、动物活体等）、农业知识产权和专利、大型农业设施、设备抵押担保等新型农村贷款抵押担保方式，降低农贷抵押担保限制性门槛，鼓励引导商业担保机构开展农村抵押担保业务。二是深化政策性金融改革，引导农业发展银行将更多资金投向农村基础设施领域。通过发行农业金融债券、建立农业发展基金、进行境外融资等途径，拓展农业发展银行资金来源，统一国家支农资金的管理，增加农业政策性贷款种类，把农业政策性金融机构办成真正的服务农村基础设施等公共物品、准公共物品投融资的银行。三是建立政府主导的政策性农业保险制度。运用政府和市场相结合的方式，制定统一的农业保险制度框架，允许各种符合资格的保险机构在总框架中经营农业保险和再保险业务，并给予适当财政补贴和税收优惠。四是加强农村金融立法，完善农村金融法律和监管制度。目前，农村金融发展法律体系滞后，亟须加以完善。建议在《中华人民共和国公司法》、《中华人民共和国商业银行法》中增加农村金融准入条款，制定《民间借贷法》，将暗流涌动的农村民间金融纳入法制化轨道。适当修改《中华人民共和国银行业监督管理法》，鼓励农村金融机构充分竞争，防范农村金融风险；以法律形式明晰农业银行支农责任，督促其履行法定义务，确认其正当要求权；明确农业发展银行开展商业性金融业务范围，拓展农村基础设施业务，以法律形式分别规制其商业性、政策性业务，对政策性业务进行补贴；限制邮储银行高昂的利率浮动，加强对其利率执行情况的监督、检查力度。制定《金融机构破产法》，建立农村金融市场退出机制，形成公平、公正的农村金融市场竞争环境。制定《农村合作金融法》，规范农村合作金融机构性质、治理结构、监管办法，促进农村信用社等农村合作金融机构规范运行。

教育部 2011 年度"长江学者和创新团队发展计划"
创新团队（IRT 1176）带头人
西北农林科技大学经管学院教授、博士生导师
西北农林科技大学农村金融研究所所长

二〇一五年三月二十八日

目 录

1 导 论

1.1 选题背景

以大型国有商业银行以外的股份制商业银行、城市商业银行、农村商业银行为范畴的中小商业银行已成为我国银行业金融机构的重要组成部分，随着银行业改革的深入推进，中小商业银行的规模、市场份额及市场竞争力持续提高。截至 2011 年末，中小商业银行总资产 326 166 亿元、所有者权益 20 755 亿元、税后利润 3 598.1 亿元、从业人员数 656 767 人、法人机构数 368 家，分别占 2011 年末银行业金融机构相应总量的 28.79%、28.79%、28.74%、20.54%、9.68%，分别为 2006 年末自身相应总量的 3.82 倍、6.16 倍、5.48 倍、2.61 倍、2.67 倍。中小商业银行的发展壮大，对于扩大银行业金融服务领域和范围、提高区域发展金融服务水平、带动其他中小金融机构发展、增强我国银行业整体服务能力和改革绩效，发挥了重要的作用。

当前，在全球后金融危机时期，我国经济金融处于转型发展的新阶段，国内逐步倚重内涵集约经济增长模式，银行业配套实施市场化和商业化改革。面对经济金融形势变化和趋势特征，适应经济金融改革举措的整体推进，中小商业银行发展需要应对新问题，抓住机遇，迎接挑战，实现转型发展。

我国经济形势和趋势主要表现为：要素驱动式经济赶超模式吻合了计划和市场因素并存的阶段性状况，分权制和市场化改革极大地调动了地方政府、国有企业、民营企业、外资企业和个人广泛参与经济建设的积极性，行政配置和市场机制优化资源配置效率，我国经济发展取得了举世瞩目的成就，年均经济增长率约 10%，贫困率降到 10% 以下，2011 年 GDP 占全球 GDP 的 10.48%，占全球市场份额 10% 以上，成为全球第二大经济体、最大出口国和最大制造国。未来在发达国家承担较漫长的去杠杆化及主权债务危机，我国将迈入全球第一大经济体、成为高收入国家背景下，经济发展逐步倚重内生经济增长模式，经济发展的趋势和特征主要表现为：经济增长趋缓，服务和消费在经济结构中的比重增加（我国经济趋势和结构变化情况具体见表 1-1），收入差距回落，技术创新加大，中产阶层扩大，城市化进程加速推进，企业及要素市场改革全面加速，全球化参与广度和深度迅速扩展。

表 1-1　　　　　　　　　我国经济增长趋势　　　　　　　单位：%

	2005—2010 年	2010—2015 年	2016—2020 年	2021—2025 年	2026—2030 年
GDP 潜在增长率	11.2	8.6	7	5.9	5
就业增长率	0.4	0.3	-0.2	-0.2	-0.4
劳动生产增长率	10.8	8.3	7.1	6.2	5.5
经济结构（期末）					
投资/GDP	49	42	38	36	34
消费/GDP	47	56	60	63	66
工业增加值/GDP	46.8	43.8	41	38	34.6
第三产业增加值/GDP	43.1	47.6	51.6	56.1	61.1
农业就业占比	36.7	30	23.7	18.2	12.5
服务业就业占比	34.6	42	47.6	52.9	59

数据来源：Word Bank，China 2030：Building a Modern，Harmonious，and Creative High - Income Society。

我国金融形势和趋势主要表现为：我国金融改革重点实施了利率市场化阶段性改革举措、汇率机制形成改革、国有银行业公司治理改革、金融业市场准入放松改革、股票市场的股权分制改革、建立"一行三会"的监管架构等，金融业在改革创新中不断发展壮大，建立了银行、证券、保险等功能比较齐全的金融机构体系，形成了直接融资、间接融资相配套的金融市场体系。当前，金融业面临的突出问题是：间接融资比重较高，金融业结构失衡（见表 1-2）；银行体系自身失衡，国有大型银行资产占银行体系总资产的比重较高（见图 1-1）；金融业国有股权比重较高，政府主导金融业已不适应经济发展趋势要求；金融抑制一定程度存在，金融资源配置的功能受到抑制，一方面产能过剩，进出口失衡，外汇储备剧增；另一方面，投资严重不足，中小企业融资渠道匮乏，"三农"、第三产业、创新投资、人力资本及技术投资严重匮乏；金融产品价格管制，金融机构准入及金融产品创新准入限制，显著影响了资金的有效配置；金融同质化竞

表 1 - 2　　　　1999—2010 年我国金融各行业融资额占 GDP 比重　　　单位:%

年份	银行机构	保险机构	证券公司	政府债券	金融债券	公司债券	股票市值
1999	137	2.9	—	11.8	7.2	0.9	29.5
2000	138.5	3.4	—	13.1	7.4	0.9	48.5
2001	145.4	4.2	—	14.2	7.8	0.9	39.7
2002	169.8	5.3	—	14.8	8.2	0.5	31.9
2003	179.7	6.7	3.6	18	8.7	0.7	31.3
2004	175	7.5	2.1	22.4	9.1	0.8	23.2
2005	175.2	8.3	—	27.3	10.8	1.7	17.5
2006	204	9.1	—	28.9	12.1	2.6	41.3
2007	179.6	10.9	6.5	32.4	12.7	3	123.1
2008	204.3	10.6	3.8	31.3	13.4	4.1	38.6
2009	237.8	11.9	6	29.3	15.1	7.1	71.6
2010	241.6	12.7	4.9	28.1	15	8.6	66.7

数据来源:中国银监会、中国保监会、中国证监会、中国证券业协会、巴塞尔委员会。

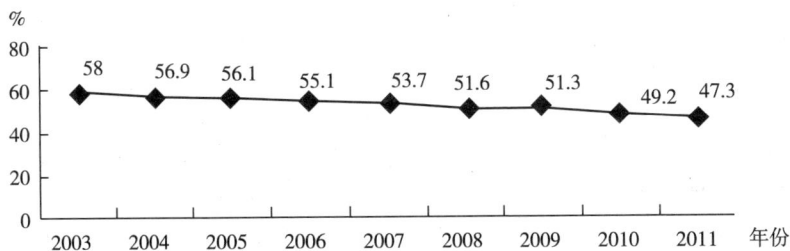

资料来源:历年中国金融统计年鉴数据并经计算。

图 1 - 1　2003—2011 年我国 5 家大型国有银行资产比重

争、金融监管优化问题以及银行被作为政府宏观目标调控工具的使用等,造成金融体系潜在风险和不稳定。我国金融改革的总体趋势是加强市场化和商业化改革,要逐步消除"金融压抑",加快利率市场化进程,改变国有大型银行垄断局面,发展多层次的金融市场,进一步放松金融各方面的市场准入、资金价格、产品创新等管制。我国金融业的对外开放是渐进式过程,国内金融与国际金融的融合是逐步、动态、有限制的帕累托改进过程,两者需要在相互配合中推进。人民币汇率、资本账户管理、人民币国际化等核心改革要依据我国国内金融改革进程,有效吸纳国际金融形势和改革经验，统筹安排优先次序，"以我为主"，形成特色，逐步扩大我国金融发展全球化进程。

面对经济金融新的形势和趋势，顺应经济金融总体改革的推进，中小商业银行需要规划实施发展战略，以解决五个方面的问题：一是明晰经济金融改革推进带来的机遇和挑战，立足自身现实状况和内外资源禀赋，选择或构建合适的理论，借鉴国际中小商业银行发展经验和教训，确立自身的总体发展战略；二是克服单体中小商业银行发展战略制定的盲目性，确立普遍性和特殊性通盘考虑的中小商业银行整体发展战略，为单体中小商业银行发展战略的制定提供依据；三是匹配总体战略，深入挖掘中小商业银行公司治理、业务发展、流程再造、风险管理、人力资源建设、区域生态环境支撑等重点板块的发展特征和趋势，形成沟通配套、协调一致的子战略；四是在发展战略中充分考虑切实践行"服务中小企业、服务城乡居民"的市场定位，改变同质化竞争，实现差异化、特色化、集约化、错位竞争，解决中小商业银行自身存在的问题，实现经济金融总体战略框架下的转型发展；五是针对新的形势和趋势对中小商业银行发展战略研究要求的迫切性，以及相应研究相对较少、相关研究正初步展开的研究现状，系统研究中小商业银行发展战略，具有较重要的指导意义。

基于此，本书选择我国中小商业银行发展战略这一研究主题，以系统供给相应战略安排，为中小商业银行业改革和发展提供理论和规划依据。

需要说明的是，国外按照资产规模和受雇人员数量将银行分为大型、中型、小型银行。按资产标准分类，一般资产在 10 亿美元以上为大银行，1 亿美元至 10 亿美元之间的为中型银行，1 亿美元以下的为小型银行。按员工数量分类，各国标准相异：美国把员工人数 200 名以下的界定为中小商业银行，日本把员工人数 300 名以下的界定为中小商业银行，德国把 500 名雇员规模以下的称为中小商业银行。本书界定我国中小商业银行的范畴为：除五大国有商业银行以外的股份制银行、城市商业银行、农村商业银行。

1.2　研究意义

1.2.1　理论意义

理论优化是动态变迁、不断演进的帕累托改进过程，社会、经济、金融、文化、政治是理论构建的内生因素。契合内生因素的内在规定，吻合我国中小商业银行的特征和需求，恰好适应了我国中小商业银行发展要求的理论就是当前阶段最优的理论。从横向看，脱离自身资源禀赋，单纯比较国内外中小商业银行发展理论的优劣意义不大；从纵向看，不同时期及各个发展阶段具有与之相匹配的最优理论，不存在适应所有发展阶段的相对固定的最优理论。因而，面对全新的经济金融形势和趋势，适应中小商业银行自身发展的禀赋积累，选择我国中小商业银行发展战略这一主题进行探讨，具有重要的理论意义。这主要体现在以下几个方面：

1. 可以实现我国中小商业银行发展战略的理论供给。本书首先基于战略理论、金融中介理论和金融深化理论，以及经济金融改革形势和趋势，分析中小商业银行发展战略要素对战略绩效的影响关系，构建了中小商业银行发展战略的整体框架；其次运用效用理论，创新构建了地方政府控制条件下中小商业银行公司治理成本效益均衡理论框架，刻画中小商业银行公司治理的均衡状态和发展路径；再次，实证分析了中小商业银行规模经济和范围经济效应与机制，为业务发展提供理论支持；梳理中小商业银行风险管理要求和趋势，构建中小商业银行风险偏好体系和机制，设置中小商业银行全面风险管理建设路径；构建了中小商业银行信息科技建设管理体制和管理机制；最后，创新构建了中小商业银行人力资源建设效应的均衡模型，刻画中小商业银行人力资源建设的战略逻辑和经济机制。以上形成了关于我国中小银行发展战略的新的系统性理论成果。

2. 可以进一步丰富我国银行发展理论。长期以来，银行发展理论从核心竞争力、我国银行自身特性出发，形成了系统性发展理论，但基于新的经济金融形势和趋势、凸显中小商业银行资源禀赋、吻合经济金融整体改革要求，关于中小商业银行发展战略的系统性研究相对匮乏，本书研究形成的我国中小商业银行发展战略成果，将进一步丰富和完善我国银行发展理论。

3. 可以进一步丰富规制理论。规制经济学研究市场配置资源中政府规制的边界和机制，形成较成熟的理论体系，但市场体系和机制较为成熟是既有理论的前提条件，并不适应我国转轨经济的特征，基于我国体制基础的转轨规制理论研究不断加强。我们从地方政府控制中小商业银行并渐进优化政府控制程度、方式、范围的视角，把地方政府控制的优化作为中小商业银行发展战略的内生因素，研究中小商业银行转型发展中地方政府职责的改进和优化，以实现中小商业银行发展和地方政府职能转变并行推进。以上研究视角和成果，细化和丰富了转轨经济理论。

1.2.2 现实意义

1. 从经济金融形势和趋势要求，以及中小商业银行服务职能和发展需求来看，我国中小商业银行发展战略研究的选题具有重要的现实意义。当前及未来一段时期，国际经济普遍低迷，去杠杆化和主权债务危机积重难返，发展中国家技术追赶潜在增长强劲的背景下，我国经济发展逐步向内生经济增长模式转变，经济增长放缓、内需倚重、区域经济发展不平衡减弱、中产阶层不断扩大、城镇化加速推进、技术创新和绿色经济特征突出、要素市场化改革全面推动、利率市场化改革加速推进、逆周期宏观审慎监管框架建立并实施，经济金融发展趋势及发展特征与以往历史时期大不相同，中小商业银行发展面临全新的环境。在经历了以往的改革过程后，我国中小商业银行发展急切需要建立目标明确、特征突出、路径清晰、重点得当的新的发展战略，以满足中小商业银行自身发展、区域经济和社会发展、国家发展的需求，实现中小商业银行发展和有效履行经济社会服务职能的和谐局面。

2. 从地方政府职能转变、区域金融生态环境建设、中小商业银行进一步商业化和市场化改革三个主题紧密联系来看，选题具有较强的现实意义。在我国中小商业银行发展战略研究中，我们充分考虑了地方政府在中小商业银行发展中的影响和效应，形成了有效协调并逐步优化地方政府对中小商业银行的控制权、所有权、监督管理权，以促进中小商业银行转型发展、实现地方政府职能转变、促进区域金融生态环境有效改善的战略路径和措施安排。以中小商业银行发展战略为研究主题，把地方政府和生态环境纳入发展战略的内生变量，这一研究思路能够有机联系和协调解决地方政府职能转变和发挥、中小商业银行发展、区域生态环境改善等改革问题，研究具有较强的现实意义。

1.3 国内外研究动态

1.3.1 国外研究动态

国外关于商业银行发展战略研究，主要侧重于三个方面：一是研究商业银行体系的战略地位，主要从经济增长的视角研究银行主导型金融体系与市场主导型金融体系孰优孰劣；二是研究商业银行战略绩效，主要从商业银行效率比较和全球化背景下效率差异的视角加以研究；三是研究商业银行发展战略的要素，主要突出了公司治理和风险管理、信息科技、人力资源建设、金融生态环境等战略要素方面。

1. 商业银行战略地位研究

研究视角主要从银行主导型金融体系、市场主导型金融体系与经济增长关系方面展开。19 世纪以来，西方经济学界关于银行主导型金融体系、市场主导型金融体系对促进经济增长孰优孰劣的问题展开了讨论。Allen-Franklin 和 GaleDouglas（1999）总结认为银行主导型金融体系便于储蓄的流动、有利于较好投资机会的选择、能够影响和促进公司治理，是经济发展初期和制度环境薄弱阶段的较好金融体系类型；市场主导型金融体系通过市场机制优化配置资本、提供信息披露和市场监管的风险管控手段，也能够修正银行对金融体系过度控制的情形。Merton 和 Bodie（1995）和 Levine（1997）的金融服务理论协调了两类金融体系的分歧。金融服务理论认为合约、市场、金融中介构成的金融体系需要合理安排，以优化并提供金融服务；强调金融服务彰显有效评估投资机会、有效实现公司治理、有机保障风险管控、提高流动性；因而，问题的重心不再是银行或市场本身，而是建设促使银行或市场发挥作用的健全市场环境。Ross Levine（2001）利用跨国面板数据实证分析表明，金融发展与经济增长高度相关，但实证并不支持银行主导体系或市场主导体系孰优孰劣。

2. 商业银行战略绩效研究

商业银行战略绩效研究集中于两个方面：一是发达国家、新兴市场国家银行效率以及效率比较研究；二是研究全球化背景下银行的效率。

Mester, L. J.（1996）、Thomas E. Hartman（2001）、Kankana Mukherjee（2001）利用数据包络分析、随机前沿分析、Malmquist 指数等分析发达国家商业银行效率，测度纯技术效率、技术进步效率及规模效率的大小，并实证各自商业银行规模经济的状况。近十余年来，研究的视角逐步转向发展中国家和转型经济的银行体系，该体系的外部环境、内部特征、运营和管理的模式与发达国家银行体系比较而言差异较大。特别是相关经济体金融业持续渐进改革，逐步放松金融管制，促进市场机制和商业化改革，在改革推进中，发展中国家商业银行技术效率研究的重要性凸显出来。Isik 和 Hassan（2003）、Shyu（1998）、Gilbert 和 Wilson（1998）、Leightner 和 Lovell（1998）的研究显示，发展中国家的商业银行效率在金融改革中逐步提升；David A. Grigorian 和 Vlad Manole（2002）分析了中东欧、南欧、南美洲等发展中国家商业银行的技术效率状况；Hui‐Lin Lin（2009）利用中国 1997—2006 年银行面板数据，运用随机前沿分析技术，研究加入 WTO 前后我国商业银行效率情况，得出同时期城市商业银行效率高于大型国有银行，加入 WTO 后我国商业银行效率高于加入 WTO 前。Tzu‐Pu Chang（2012）构建 ISP 指数（input slack‐based productivity index），研究中国 2002—2009 年银行生产率情况，得到技术进步对于产出效率影响显著，并表达了各个单体银行投入结构中的竞争优势和劣势。

银行全球化背景下的效率研究。在各国放松管制、信息技术突飞猛进、经济全球化发展背景下，银行全球化逐步推进，关于外资银行和本国银行的效率比较研究逐步丰富。DeYoung 和 Nolle（1996）、Mahajan，Rangan 和 Zardkoohi（1996）研究发现美国外资银行分支机构效率普遍低于美国国内银行；Sturm 和 Williams（2004）研究认为发达国家外资银行效率高于本国银行，Vander Vennet（1996）的研究却支持两者无显著差异的观点；针对发展中国家，研究结论也各异：Grigorian 和 Manole（2006）、Berger，Hasan 和 Zhou（2009）得出外资银行效率好于国内银行，Nikiel 和 Opiela（2002）、Yildirim 和 Philippatos（2007）得出相反结论，Crystal，Dages 和 Goldberg（2001）、Mian（2003）研究支持两类银行无明显差异。相关文献进一步对于研究结论异同的原因进行研究，认为除了效率方法和指标等技术手段差异原因外，研究的对象和样本时间区间差别、母国和东道国的禀赋及地理位置的远近差异、银行经营管理的内在差异等是影响结论异同的主要因素。Claessens Demirgüç‐Kunt 和 Huizinga（2001）、Micco Panizza 和 Yanez（2007）认为在发达国家外资银行效率普遍低于本国银行，而在发展中国家情况相反，主要原因是外资银行在发达国家优势的渗透和发挥弱于在发展中国家；Miller 和 Parkhe（2002）研究发现外资银行的表现与东道国和母国的整体竞争状况显著相关。Mian（2006）指出母国与东道国邻近，便于金融服务软信息的获取，节约成本，进而影响银行绩效；Correa（2008）揭示了语言和法律制度的相近性影响外资银行经营效率。

Stijn Claessens 和 Neeltje van Horen（2009）运用 1999—2006 年发展中国家数据，分析认为母国发展状况、东道国市场竞争和金融机构发展情况、母国和东道国地理位置远近和文化融合情况以及银行自身的情况是影响外资银行效率的主要因素。

3. 商业银行发展战略要素研究

银行公司治理及风险管理。Ciancanelli 和 Gonzalez（2000）、Macey 和 O'Hara（2001）基于银行在规制和信息不对称方面与一般企业的差异性出发，分析形成了银行公司治理的基本框架和重点因素；Levine（1997、2004、2005）研究得出银行公司治理，通过有效支配资金，实现资本的优化配置，减少企业融资成本，促进经济增长；Prowse（1997）、Hamalain-en, Hall 和 Howcroft（2005）、Caprio Laeven Levine（2006）依据传统公司理论、金融中介理论、规制理论，从银行一般公司属性和特性、透明程度相对弱、政府规制、以《巴塞尔新资本协议》为要件的监管等方面论述了银行公司治理的机制和效应；Anderson 和 Campbell（2000）、Crespi et al.（2003）、Caprio et al.（2003），则实证分析了发展中国家公司治理的机制和效率影响，Chunxia JIANG 和 Shujie YAO（2009）以中国 1995—2005 年银行数据实证分析中国银行公司治理和经济绩效的关系，得到股份制商业银行总体优于国有商业银行的效率，外资参股的长期绩效显著，银行上市的短期绩效显著。Allen N. Berger 和 Iftekhar Hasan（2009）以 1994—2003 年数据实证得出外资银行的效率高于国有商业银行，外资持股促进了国有银行效率。Miller（1992）指出既有的风险管理研究强调信用风险、流动性风险、市场风险、操作风险各类主要风险的定性和定量分析，缺失组合风险研究和考量；Miccolis 和 Shaw（2000）、Cumming 和 Mirtle（2001）、Nocco 和 Stulz（2006）对各类风险及组合风险进行了系统研究；Sabato（2010）认为金融危机中银行风险管理的不完善是金融危机的重要原因之一，研究揭示了银行风险管理存在的缺陷主要是资本配置战略供给的不健全、全面风险管理的缺乏，以及风险管理体系和机制的缺陷等。

银行信息科技。一是关于 IT 在银行中的应用。Willis（2006）、Bartel Ichniowski 和 Shaw（2007）、Hasan Schmiedel 和 Song（2012）研究认为 IT 使得多样化的产品和服务成为可能，使银行和顾客之间的关系更紧密了，有利于银行业务的巩固、可持续及稳定；Kapoor Ravi 和 Morduch（2007）、

Campbell 和 Frei（2010）指出电子银行提供了多样化的服务渠道，手机银行有利于落后地区顾客获得银行服务；Berger 和 Frame（2007）、DeYoung 和 Nigro（2008）指出小微信贷技术充分利用 IT 积聚个人、客户、中介、政府方面的信息，提高了信用可获得性和便捷性，加强了风险防控、扩大了服务区域和范围；Bamberger（2010）研究了信息技术对于风险管理的集成化、集约化及前瞻性、宏观和微观合性的作用；Milgrom 和 Roberts（1990）、Scheer 和 Habermann（2000）分析了信息技术应用对于组织灵活性、流程再造和银行经营管理变革的作用。二是信息技术促进了银行服务规模经济和范围经济，中小商业银行对于信息采购模式较为适合，信息技术加强了银行间的竞争。Hancock Humphrey 和 Wilcox（1999）、Schmiedel Malkamäki 和 Tarkka（2006）、Beijnen 和 Bolt（2008）实证分析了信息科技在支付和结算系统中的应用对于节约成本、提高规模经济和范围经济的效应；Brews 和 Tucci（2004）研究表明交互信息平台的技术提升增强了银行间的合作和联系，小银行可采取付费或外部等方式处理非核心经营管理，从而集中于核心业务，提高竞争力。McAfee 和 Brynjolfsson（2008）、Matej Marinc（2012）分析表明，信息积聚的工业化使得小企业被并购，大企业聚合趋势明显，对于金融业而言，信息技术使得信息的可复制和转移加快，银行传统的信贷信息优势和壁垒逐步削弱，银行间及银行与金融市场其他机构间的竞争加剧。

银行人力资源建设。关于人力资源的研究集中于人力资源相关概念基础上关于知识、创新、技能等人力资本提升对经济增长的作用及机制（Romer，1990；Stiglitz J. E.，1999；Klenow Peter 和 Andres Rodriguez - Clare，1997；Lutz Hendricks，2002；Castelló - Climent，A.，2008），以及人力资本度量（Anoop，2005）、人力资源管理（SACH，2006）、战略人力资源管理（Mihm，2003；Patrick M. Wright 和 Gary C.，2012）；关于银行人力资源的文献在以上研究基础上，重点突出了银行人力资源绩效（Heshmati A，2001；Hjalmarsson P，2000；Shabbar Jaffry，2008）、银行人力资源体系构建及战略管理等内容（Huselid，M. A.，1995；Ann PBartel，2004；Ajantha S. Dharmasiri，2009）。

银行金融生态环境影响。一是形成了关于政府规制对银行表现及稳定性、效率影响的理论和实证研究。Barth（2004）认为规制和监管促使银行信息被准确及时地披露、促进市场机制对银行的监督，促使银行管理层规范经营管理，保障了银行的稳健发展，跨国数据分析揭示了有效的规制和监管减少金融危机发生的概率，深化了信贷市场；Demirgüç–Kunt et al. (2008) 和 Pasiouras (2006) 利用金融稳定评估的跨国数据实证分析了以《巴塞尔新资本协议》为核心的规制和监管对于银行稳健经营的正向影响；Fotios Pasiouras (2009) 进一步分析规制和监管对于银行效率的影响，运用 2000—2004 年 74 个国家的 615 家商业银行的 2 853 个样本的面板数据，实证分析《巴塞尔新资本协议》的三大支柱（资本要求、监管、市场纪律）对银行绩效的影响。二是政治因素对商业银行的影响。Micco 和 Panizza (2006)、Micco (2007) 实证发现在政治选举时期，国有银行的绩效好于民营银行，选举的政治压力对商业银行有着相应的影响，但影响程度有限；Baum (2009) 进一步研究政治选举周期对银行经营的影响，认为日本东京的商业银行的表现与政治选举的周期相关；Cole (2009) 研究在印度政治干预银行农业信贷的表现，发现国有商业银行农业信贷及政治不确定性边缘地区的信贷在选举时期明显高于选举周期其他年份的额度；Brown 和 Dinç (2005) 从商业银行利用选举时期的特定环境，谋求改善政府对银行规制和监管环境的视角研究，运用 21 个新兴市场国家的数据，得出在政治选举前的 18 个月期间国有化和信贷许可政策远多于其他时期；Imai (2009) 研究发现日本地方银行在自民党中政治力量的增强促进了地方银行的生存和发展。Krzysztof Jackowicz (2012) 运用 11 个中欧国家 1995—2008 年的面板数据，实证发现政治大选前一段时期国有银行的净利润与其他时期相比有所减少，减少额度为 GDP 的 0.38%，利率减少源于政治选举特定时期的信贷利率优惠，证明了国有商业银行承担了中欧国家政治工具的相应职能。三是法制环境对银行的影响。La Porta (1998) 得出健全有效的法制体系有利于金融契约的有效执行；Houston Lin (2010) 得出强有力的债权所有者权利保护提高了银行的风险容忍度和风险偏好度；法制对于银行行为的影响还可以通过信息技术的法律支撑（Berger 和 Udell, 2006）、贷款的可获得性制度支持（Qian 和 Strahan, 2007），以及放松信贷管制（Demirgüç–Kunt, Laeven 和 Levine, 2003）等途径实现。

1.3.2　国内研究动态

国内关于商业银行发展战略研究，主要侧重于四个方面：一是形成了历史时期关于我国商业银行总体战略的成果；二是从竞争力和效率角度研究我国商业银行战略绩效；三是从银行业结构和经济增长的角度研究我国商业银行战略地位；四是研究我国商业银行战略要素相关内容。

1. 商业银行战略研究

高静娟（2004）基于我国商业银行 2004 年以前的发展状况和趋势，以四大国有商业银行、11 家股份制商业银行、112 家城市商业银行为研究对象，阐述了我国商业银行竞争战略模式，并依据市场定位，将商业银行划分为市场主导者、市场挑战者和市场追随者三大类，分析其战略路径和战略手段，并指出混业经营、国际化、战略联盟为我国商业银行战略趋势的主要特征。梁清华（2006）基于地方商业银行的环境、现状及存在问题，提出地方商业银行组建战略联盟的论点，并阐述了地方商业银行战略联盟的组建模式、风险状况及风险防范，进而论述了战略联盟基础上的核心竞争力培育问题。郭友（2007）基于我国加入 WTO 后银行业竞争环境，提出我国股份制商业银行应实施战略转型的论点，提出以业务和收入多元化、集约经营水平等为核心竞争力，从公司层、业务层及职能层三个层面布局，通过金融创新、引入战略投资者、拓展零售业务、实施平衡计分卡绩效管理系统等战略措施，实施股份制商业银行战略转型。葛清俊（2007）以环境、能力和资源为效率测度的主要因素，构建我国商业银行竞争战略效率模型和指标体系，研究商业银行竞争战略的效率及效率测度。

2. 商业银行战略绩效研究

竞争力研究。陈和智（2008）探讨现代商业银行核心竞争力问题，在讨论了风险控制能力、企业战略、企业文化、企业制度、人才、营销能力、组织优化能力等七大核心竞争力因素基础上，通过规范分析和实证分析，建立了商业银行核心竞争力的评价模型，并提出了加强核心竞争力的主要举措。张梅（2009）讨论了我国中小商业银行核心竞争力问题，将银行竞争力分为包含流动性指标、盈利性指标、安全性指标和发展能力指标的现实竞争力，以及包含产权与公司治理、风险管理能力、科技创新能力、人力资源、银行高级管理人员素质和银行组织优化能力 6 个指标的潜在竞争力，利用现实竞争力和潜在竞争力两个层次指标体系，分析了我国中小商业银行核心竞争力的主要因素，并提出了增强内部竞争力和加强外部生态环境建设是提升中小商业银行核心竞争力的主要措施。王晓枫（2010）以辽宁省城市商业银行数据为基础，实证分析了我国城市商业银行竞争力综合评价问题，并从经营绩效、风险管理、资本管理三个维度设置竞争力评价体系，研究辽宁省城市商业银行竞争力水平。中国工商银行产品创新管理部课题组（2009）细化讨论了商业银行产品竞争力评估指标体系问题，构建银行产品竞争力评估模型，分析相关指标体系评价标准及评价流程和方法，并用个人网银产品做了模型验证分析。

商业银行效率研究。国内商业银行效率研究主要基于参数法或非参数方法，采用不同时间跨度的样本，实证分析商业银行效率及影响效率因素。姚树洁、冯根福、姜春霞（2004）利用我国 22 家商业银行 7 年非平衡面板数据，运用随机前沿生产函数分析银行的所有制构成和市场化机制对银行效率的影响，得出国有商业银行比非国有商业银行效率低；市场化程度和商业银行效率之间呈正相关关系。谢朝华、陈学彬（2005）从银行和市场的结构层面分析我国商业银行效率的结构性基础因素，得出产权结构、功能重组、市场结构、管制等是影响银行效率的显著因素，适度集中的多元化结构、比较优势定位的功能结构、寡头垄断型市场结构和最优可行性管制结构是我国商业银行效率提升的保障。郑录军、曹廷求（2005）利用 25 个商业银行数据，采用数据包络方法，分析我国商业银行的效率，得出我国不同所有制形式的商业银行的效率差异程度并不显著，股权结构和治理机制是影响银行效率的显著因素，商业银行效率演进呈现倒 U 形规律。徐传谌、齐树天（2007）运用四大国有商业银行和 14 家股份制商业银行 1996—2003 年面板数据，利用随机前沿方法研究我国商业银行成本利润效率情况，提出产权改革和金融深化是中国银行业改革推进的趋势和着力点。王聪、谭政勋（2007）采用随机前沿法（SFA）测算 1990—2003 年我国商业银行的 X – 利润效率、规模效率、范围效率，得出国有商业银行规模效率高于股份制银行，两者的规模效率差距逐步缩小；国有银行范围效率计量结果不显著，股份制银行范围效率显著，产权制度、市场竞争程度对商业银行效率影响显著。黄隽、汤珂（2008）运用 1996—2005 年商业银行的面板数据，通过韩国、中国台湾和中国内地的比较分析，得出中国银行业的市场开放度较低，竞争有利于效率的提高的结论。张健华、王鹏（2009）选取包括大型股份制银行、中小型股份制银行、城市商业银行、外资银行在内的 192 家银行 1999—2008 年面板数据，采用随机前沿方法对中国不同类型银行的技术效率及其影响因素进行了研究，结论为：股份制银行盈利及业务扩张的技术效率最高，大型国有商业银行业务扩展的技术效率高于城市商业银行，但股份制银行和城市商业银行盈利的技术效率无明显差异；从影响因素看，我国银行业业务扩张的高效率和盈利的低效率并存，引入外资和上市对商业银行效率改善影响显著。姚树洁、姜春霞、冯根福（2011）运用单阶段随机前沿模型，评估 1995—2008 年 42 家中国商业银行的成本效率和利润效率，并对所有制效应、治理结构变化的选择效应以及动态效应进行了实证分析，成本效率按高低排序依次为国有商业银行、股份制银行、城市商业银行；利润效率按高低排序依次为城市商业银行、股份制银行、大型国有商业银行。陈晞、叶宇（2011）讨论了我国中小商业银行跨区域经营效率与影响因素，运用 25 家中小商业银行 2007—2009 年数据，利用 DEA 方法，得出中小商业银行规模报酬递减，区域扩张的效率减弱，并得出资产规模和异地分支机构数量与中小商业银行效率负相关。刘澜庵、王博（2011）运用面板数据包络技术以及 Malmqnist 指数对中国 12 家主要银行引进国外战略投资者的效果分析，得出中国国内银行效率的下降促使对外资银行进入管制的放松，战略投资者的引入对国内银行总体效率影响不明显，门槛效应可能存在。

3. 商业银行战略地位研究

以下主要从银行业结构和经济增长关系展现银行业结构的战略地位。林毅夫、姜烨（2006）分析发展战略、经济结构和银行业结构关系，在制度决定论和产业结构观两类关于金融结构形成和演变的决定因素主要观点基础上，并利用 1985—2002 年我国分省面板数据实证分析影响中国银行业结构的因素，认为经济发展水平、发展战略、经济结构的差异是解释中国各省银行业结构差异的主要因素，经济赶超程度与银行业结构集中度呈正相关关系；经济结构中重工业、大型企业和国有企业比率与银行业结构集中度呈正相关关系；林毅夫、孙希芳（2008）进一步考察银行业结构和经济增长间的关系，运用中国 28 个省区在 1985—2002 年的面板数据，得出我国中小金融机构市场份额的上升对经济增长具有显著的正向影响；林毅夫、孙希芳、姜烨（2009）讨论了经济发展中的最优金融结构理论，认为处于一定发展阶段的经济体的要素禀赋结构决定了该经济体的最优产业结构，最优金融结构就是与相应阶段实体经济对金融服务的需求相适应的金融结构；不同时期和阶段的最优金融结构不同，不同国家和地区的最优金融结构也不同。方军雄（2011）分析银行业规模结构、中小企业银行信贷与经济增长的关系，选取我国各地区1999—2007年工业企业的面板数据，实证得出随着中小商业银行市场份额的逐步增长，中小商业银行和大型银行间的信贷差异逐步缩小，中小商业银行市场份额的上升显著促进了经济增长。

4. 商业银行战略要素研究

商业银行公司治理。国内对银行公司治理的研究集中于三个方面：一是把握商业银行自身特殊性，依据公司治理一般理论，形成商业银行公司治理理论认识和策略安排（李维安等，2005；潘敏，2006；窦洪全，2005；曾康霖、高宇辉，2006；何德旭、葛兆强，2006；肖远企，2011）。二是对于股份制商业银行、城市商业银行、农村商业银行公司治理，研究形成了关于缺陷、问题的认识，形成了渐进实施的措施建议（楼文龙，2008；黄文青，2009；周文武，2010；张吉光，2010）。三是李维安（2004）从股权结构和城市商业银行绩效的视角研究城市商业银行公司治理问题，利用28家城市商业银行调查数据，得出国有股权占比较高及股权集中度较高是我国地方法人银行的显著特征，国有股权对绩效影响程度不显著，集中型股权结构对银行绩效影响显著，外部董事比例和银行规模绩效影响不显著；赵昌文（2009）利用2005年和2006年数据，研究我国商业银行公司治理与绩效之间的关系，得出商业银行的政府持股比例与银行业绩之间存在显著的倒U形关系，董事会规模与银行业绩之间存在显著的倒U形关系，传统的公司内部治理机制依然适用于中国的商业银行，内部公司治理作用的发挥需要外部金融生态环境的改善来支持。欧明刚（2010）进一步论述了城市商业银行公司治理及市场定位问题。

商业银行风险管理。国内风险管理研究中以加入新资本协议达标的大型国有银行为对象，研究以新资本协议为核心的全面风险管理规划和实施的认识和经验：诸如对新资本协议和全面风险管理理论、方法、技术、国际先进实践成果的分析、总结和介绍，国内银行规划和实施条件的匹配度，项目规划和实施战略安排、经验总结，以及全面风险管理和相关战略、业务、组织、技术及人力资源的协同性问题，从而形成了分析现状和问题、实施全面风险管理的技术、模式、机制、体制的文献成果，大型商业银行较长时期的经营积累和人力、财力支持为其全面风险管理建设提供了较好基础和保障（唐国储、李选举，2003；项俊波，2008；马蔚华，2008；中国银监会银行风险早期预警综合系统课题组，2009；陈四清，2010；黄志凌，2010；巴曙松，2011）。以自愿加入新资本协议达标的个别股份制商业银行为蓝本，形成了关于股份制银行全面风险管理建设和应用的经验总结、标准选择、做法推广的内容（刘睿、巴曙松，2011）；面向城市商业银行、农村商业银行，以及其他中小股份制银行风险管理的研究较为粗糙，主要集中于其基础薄弱、问题梳理，并提出其实施全面风险管理的必要性（李镇西，2011）。

流程再造。国内商业银行流程再造研究主要集中在五个方面：一是关于国际商业银行流程再造概念、知识的介绍及我国商业银行流程再造的特点、意义、作用和建设情况（谢吉丽，2007；陆岷峰，2007；丁俊峰，2007；张新福、陈广垒，2008；张明君，2008；李星煜，2009；姚建军，2009；冯科、何理，2009；徐杰，2011）；二是关于大型国有商业银行流程再造实践的介绍（武汉市城市金融学会课题组，2004；中国工商银行厦门市分行课题组，2006）；三是关于我国中小商业银行流程再造重要性的基本介绍（林时益，2006；陈小宪，2007；张振兴，2008）；四是论述平衡计分卡功效及在我国银行流程再造中的应用（李鹏，2007；巴曙松、杨新兰，2008）；五是论述信息技术对于流程再造的作用及流程银行建模研究（刘肖原、高昕，2006；倪志凌、周好文，2009；刘明勇，2010）。

人力资源。国内商业银行人力资本研究主要涉及两个层面：一是分析商业银行人力资本效率和效能（张权、张世英，2004；宋增基，2011；宋浩，2012）；二是探讨银行人力资源管理体系和制度安排（陈学斌，2005；陈元丰，2009）。总体来看，国内银行人力资本研究相对匮乏，基于中小商业银行范畴的人力资本经济分析更为缺少。

信息科技建设。国内相关研究集中于五个方面：一是论述了商业银行发展进程中信息化建设的现状、问题及趋势（葛兆强，2006；葛兆强、杨云志，2009；李丹，2011；邓波，2012）；二是论述信息化与银行业务创新、流程再造、战略建设、银行绩效的关系（聂晶，2000；刘肖原、高昕，2006；葛兆强，2006；葛兆强、杨云志，2009；刘明勇，2010；倪志凌，2011）；三是描述了信息科技风险及相关风险管理（杨涛，2010；左小德、张耀辉，2009）；四是云计算在银行业的应用（陈驻民，2011；钱峰，2011；王怡，2010）；五是梳理中小商业银行信息化建设问题和建设模式（王彦平、郝海峰，2010；谭研硕，2011）。

金融生态环境。一是金融生态和金融发展、经济增长研究。韩延春、雷颖絮（2008）研究了金融生态和金融发展的关系问题；李正辉（2008）实证认为金融生态的各类因素对经济增长的影响作用不显著，金融生态以影响经济增长为主要途径，金融发展对于经济增长的影响具有乘数效应；温智良（2008）探讨了区域金融生态环境的因素影响，形成了区域金融生态环境的差异决定不同的金融资源区域配置，进而影响区域经济发展的研究结论。二是金融生态环境评价研究。李扬（2005）在调查报告《中国城市金融生态环境评价》中，设置指标体系，进行量化分析，并形成了50个主要城市地区金融生态环境的评分和排序；黄国平、刘煌辉（2007）通过现实特征、环境状况、效率层次三维度分析，评价中国50个大中城市的金融生态环境；中国地区金融生态环境评价课题组（2011）从政府治理、地区经济基础、金融发展、制度文化等方面评价我国地区金融生态环境。三是政府与金融生态环境建设研究。巴曙松、刘孝红、牛播坤（2005）立足于中国渐进式的转轨路径，分析了转型期地方治理与银行改革的互动表现和影响；曹红辉（2006）研究了差异化政策、地方政府行为和区域金融生态环境的关系；中国社科院金融研究所课题组（2008）认为地方政府通过控制劳动力、土地等要素的价格，掌握了对地区金融资源的配置权，导致银行微观治理层面的改善难以实现资源优化配置的宏观要求，须转换政府职能、强化全社会信用体系建设。

1.3.3　国内外研究动态评述

我国中小商业银行发展战略问题是基于当前新的经济金融形势和趋势，结合中小商业银行发展特征的全新的研究主题，前述文献基本代表了这一领域的现有研究水平。这些研究具有相当的深度，对于深入认识我国商业银行发展起到了积极作用，也为未来的研究奠定了一定的理论和经验基础。但总结已有文献不难发现：

1. 商业银行发展战略问题是一个较综合的研究主题，以上研究涉及商业银行发展的一个或几个方面，缺乏战略统筹下的系统安排及系统支持下的战略构建，因而，从这个意义上讲，本书的研究是较系统、深入的研究。

2. 国内关于新的经济金融形势下商业银行改革和发展的研究尚处于研究讨论阶段，相关研究缺乏整体性和系统性研究成果，关于中小商业银行的相关研究较为缺乏。本书以我国中小商业银行为研究对象，系统深入探讨我国中小商业银行发展战略环境和战略要素，构建我国中小商业银行发展战略总体框架，并分析其重要子战略，具有明显的决策参考价值。

1.4 研究思路和方法

1.4.1 研究思路

本书第 1 章阐明选题的价值和意义，烘托我国中小商业银行发展战略这一研究主题，接着第 2 章、第 3 章、第 4 章为平行关系，分别分析了研究主题的基础理论、战略环境、战略要素，为第 5 章我国中小商业银行发展战略整体框架的构建提供基础和支撑。其中，第 2 章对相关文献进行述评，明晰本书的逻辑起点和理论基础。第 3 章分析我国经济、金融形势和趋势，探讨美国和日本中小商业银行发展的轨迹和经验，总结我国银行发展的历史轨迹，论述我国中小商业银行取得的成就、存在的问题和面临的机遇和挑战，从而系统描述了我国中小商业银行发展所处的战略环境。第 4 章通过构建非平衡面板数据计量模型，实证分析并形成了我国中小商业银行发展战略的要素体系。第 5 章基于前面章节的分析基础，构建我国中小商业银行发展战略的总体框架，并明确了战略目标、战略特征和战略重点。后续的七章围绕总体发展战略，全面分析和设置公司治理、业务发展、流程再造、风险管理、信息科技建设、人力资源、区域金融生态环境建设七大领域的改革和发展战略，全面协同支撑总体发展战略的改革和推进。其中，第 6 章在中小商业银行公司治理兼备一般公司治理属性和地方政府控制特性分析基础上，构建了我国中小商业银行公司治理的均衡模型框架，提出了我国中小商业银行公司治理"三步走"的渐进改革策略。第 7 章梳理中小商业银行业务发展的关键因素，匹配总体战略，形成了基于巩固和扩大传统业务、创新加强新型业务的中小商业银行业务发展总体思路的业务发展系统策略安排。第 8 章基于流程再造理论和实践，以及中小商业银行流程再造现状和问题，分析总体发展战略对流程再造的要求，设置了中小商业银行流程再造的战略重点及措施。第 9 章以支撑公司治理、业务发展、流程再造建设为基点，结合监管和国际先进做法，梳理中小商业银行风险管理的趋势和要求，明确中小商业银行风险管理的目标和重点任务，重点分析了中小商业银行风险偏好体系和机制建设和全面风险管理建设。第 10 章着力于信息科技建设，以辅助和促进以上各领域战略推进和实施。在梳理中小商业银行信息科技状况和趋势的基础上，描述了中小商业银行信息科技体系和核心技术，分析了中小商业银行信息科技管理体制和机制建设。第 11 章进一步讨论中小商业银行人力资源建设主题。梳理了中小商业银行人力资源的现状、趋势要求和存在的问题，构建了以中小商业银行人力资本提升和产出增长为基本架构的局部均衡模式，揭示中小商业银行人力资源建设的总体逻辑和经济机制，并据此设置了中小商业银行人力资源建设的战略目标、重点内容和系统性策略安排。第 12 章讨论中小商业银行发展战略的保障支撑问题，主要论述区域金融生态环境支撑。重点分析了地方政府治理、金融市场建设，以及中小商业银行金融基础环境建设三个支点内容。结尾浓缩论文观点、结论和策略，并提出研究的不足及后续深化研究的方向。本书所采用的技术路线如图 1 - 2 所示。

1.4.2 研究方法

本书采用的研究方法主要是：

1. 实证分析与规范分析相结合

实证分析主要回答"是什么"的问题，而规范分析则回答"应该是什么"的问题。基于战略研究的特点，本书在勾勒中小商业银行发展环境、构建中小商业银行发展战略总体框架和子战略分析时，大量运用了理论实证和逻辑实证的方法，具体表现为经济金融形势和趋势、中小商业银行成就和问题及机遇挑战、总体战略框架的构建、中小商业银行业务发展重点因素分析、流程再造趋势和特征、风险管理趋势和要求、信息科技趋缓及体制及机制分析等环节论述中。在我国中小商业银行发展重点因素提炼、中小商业银行规模经济和范围经济等，具体运用了计量实证的方法。对于七大领域子战略的路径和策略安排，提出了规范性的政策建议。

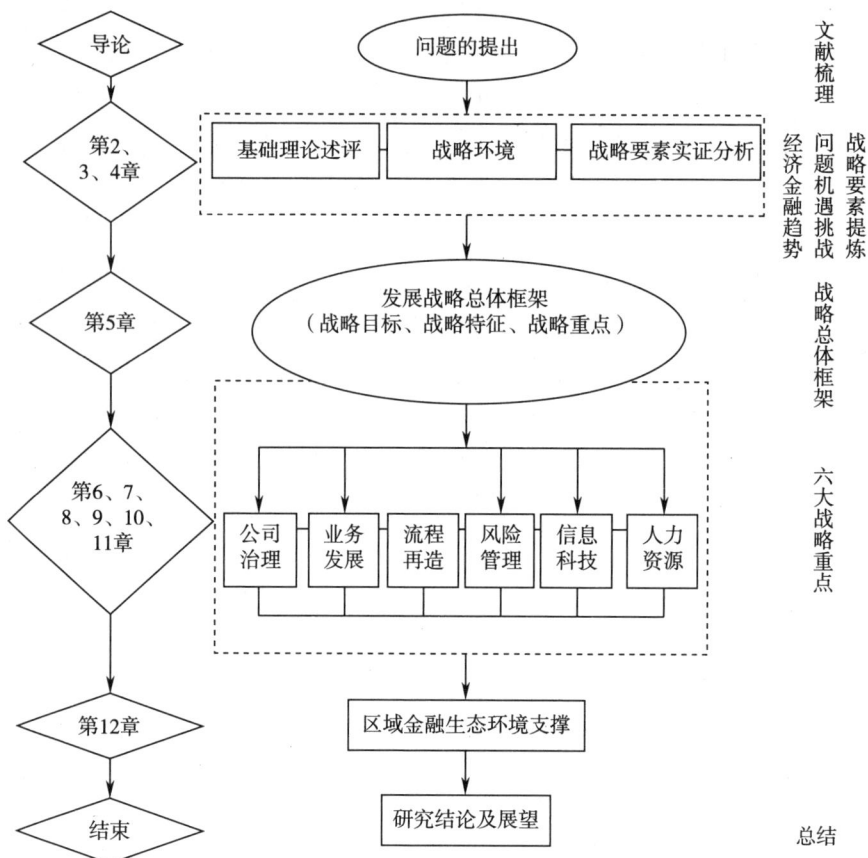

图 1 - 2　技术路线图

2. 理论逻辑演绎和经验实证分析相结合

理论逻辑演绎是指从概念出发，经过判断和推理从而认识事物的本质和规律的思维方法，而经验实证分析则是基于对数据的探索以寻求对理论逻辑演绎结论的支持。在理论推演时，本书主要运用数理建模法，通过构建政府控制中小商业银行中公司治理成本收益均衡模型，研究中小商业银行公司治理的静态均衡分布和动态路径趋势，从而设置中小商业银行公司治理的路径和策略；通过构建以低水平人力资本和高水平人力资本为主要因素的人力资本提升和产出增长生产函数，实施基于员工、企业、社会的三类主体比较均衡分析，揭示中小商业银行人力资源建设的帕累托效率，刻画中小商业银行人力资源建设的战略逻辑和经济机制。而在经验实证分析时，利用 LLC 检验、Breitung 检验、IPS 检验、Fisher – ADF 检验、Fisher – PPP 检验、Hadri 检验、F 检验和 Hausman 检验等统计技术，甄别面板数据的平稳性和模型方法选择的合理性，获取了中小商业银行发展 7 类主要因素变量的集成数据和计量实证技术方法；然后，运用基于固定效应的面板数据，建立了中小商业银行发展因素的计量模型，并进行了敏感性检验，对实证结果实施了稳健性评估。另外，中小商业银行规模经济和范围经济的实证分析及中小商业银行人力资本、人类资源制度和绩效实证分析，也采用了类似的计量实证分析过程。

3. 经济学和管理学的分析方法相结合

本书在研究我国中小商业银行发展战略主题时，广泛运用了微观经济学、宏观经济学中制度经济学、信息经济学、效用理论等经济学方法论和分析工具，同时，大量运用了战略理论的管理学研究范式。此外，还采用了 Eviwes7.0 的统计分析软件作为资料分析和实证检验的工具，采用的统计方法有：因子分析、均值分析、相关分析和回归分析等。

1.5　可能创新之处

第一，提出并论证了中国中小商业银行发展战略的总体框架设计，以及六个层面的子战略和实施配套支撑条件，具体包括公司治理战略、业务创新战略、流程再造战略、全面风险管理体系和机制设计、信息科技应用实施战略、人力资源建设战略等。在对中国中小商业银行发展战略环境分析的基础上，选取 2001—2010 年 12 家股份制银行、46 家城市商业银行、13 家农村商业银行面板数据，构建计量模型，实证分析了中小商业银行发展战略要素对绩效的影响程度，形成了中小商业银行发展战略要素体系。结果显示：（1）公司治理、业务发展、内控及风险管理、人力资源、信息科技建设、流程再造、区域金融生态环境是影响我国中小银行发展的主要因素。（2）中国中小银行的战略目标是：从改善经营管理、完善发展环境入手，积极稳妥、循序渐进地推进中小商业银行沿着高效、稳健、可持续的方向发展，建立特色鲜明、服务优良的现代银行，实现多层次、差异化、特色化发展，充分服务地方经济、中小企业和城乡居民。（3）中国中小商业银行总体发展战略具有多层次、差异化和特色化特征，必须处理好外延式发展和内涵式发展、中小商业银行和地方政府、统一性和差异化、本土化和国际化的关系。

第二，从中小商业银行地方政府控制的实际出发，构建了反映地方政府控制情况的公司治理成本效益的理论框架，分析并提出了中国中小商业银行公司治理的均衡态势和发展路径，以及中小商业银行公司治理渐进改革的"三步走"战略安排。结果显示：（1）地方政府控制是我国中小商业银行公司治理的显著因素和特征。地方政府控制程度和方式的优化，是中小商业银行公司治理效率改进的重要途径。（2）我国中小商业银行公司治理成本效率曲线为不规则的倒 U 形曲线形状。从单体中小商业银行公司治理发展阶段看，初创期地方政府控制带来的公司治理边际效率递增；规模扩张和市场化发展一定阶段，相应效率为正但边际效率递减；上市、优化股权的一定阶段，相应效率为负且边际效率递减。从我国中小商业银行当前整体结构来看，地方小银行（第三类中小商业银行）、非上市的区域性中小商业银行（第二类中小商业银行）、中型上市银行和申请上市银行（第一类中小商业银行），依次对应处于以上的三个阶段。（3）基于结构变迁、地方政府转变职能和中小商业银行转型要求，提出了我国中小商业银行公司治理优化的"三步走"战略安排，即政府控制优化和内部治理培育并行推进阶段；向第一类中小商业银行公司治理标准并轨阶段；中小商业银行公司治理一元制建设阶段。以实现不同层次中小商业银行公司治理培育优化，分类趋同，到大统一。（4）中小商业银行监管职权改革，应按照"倾斜地方、分类调整、相互协调"的原则推进：省级政府监管机构重点履行对第三类中小商业银行，即地方小银行的监督管理，国家监管机构予以指导；省级政府监管机构和国家监管机构协同履行对第二类中小商业银行，即区域性中小商业银行的监督管理；国家监管机构重点履行对第一类中小商业银行，即上市和申请上市中小商业银行的监督管理。（5）中小商业银行公司治理改革要继续加强特色化的公司治理因素和先进性的公司治理规范的融合，加强中小商业银行党委会在公司治理中的职能和作用。公司党委是中小商业银行公司治理的组成部分，党委会议议事规则，主要是结合中小商业银行各自实际，根据中央有关规定，研究贯彻落实国家经济金融政策的措施，对公司发展的方向性和重大问题的研究，推动公司党风廉政建设工作，促进中小商业银行高级管理人员"双向进入、交叉任职"管理模式作用的发挥。发挥党组织的政治优势，把党委会议作为董事会、监事会、经营管理层和工会等公司治理主体，使之成为通报、交流和推动工作的重要平台，发挥公司治理结构的功能优势和职工民主参与的管理优势，充分发挥党委会联系公司各治理层协调沟通、凝聚共识、明确职责、各负其责、合作共事、把握方向、推动发展的重要作用。

第三，从规模经济和范围经济视角，分析得出了中小商业银行规模经济效应显著、总体存在范围经济、城市商业银行和农村商业银行范围经济效应不显著的结论，具有创新性；并据此提出论证了中小商业银行业务创新的总体思路以及策略安排，对中小商业银行业务创新实践具有较为科学的决策参考价值。结果显示：（1）中小商业银行业务发展的影响因素主要有：规模经济和范围经济、跨区域经营、利率市场化、小微企业融资困境等。（2）中小商业银行业务创新应匹配转型发展总体战略，发挥规模经济和范围经济效应，支撑本地精耕细作和跨区域经营协同，适应利率市场化改革，契合中小企业服务需求，体现差异化和特色化要求。（3）中小商业银行业务发展总体思路是巩固和扩大传统业务、创新加强新型业务，业务发展外延扩张式的帕累托效率空间依然存在，集约发展模式的增量效应需要渐进加强。

第四，在全面分析中小商业银行风险管理发展趋势的基础上，提出了中小商业银行风险管理的中、长期目标，以及中小商业银行全面风险管理策略建议，具有一定的针对性与可操作性。结果显示：（1）中小商业银行科学发展要求风险管理逐步实施风险资本配置方式，外延粗放向内涵集约模式转型要求深化传统风险管理模式，并逐步实施以风险资本管理为核心的全面风险管理战略。（2）中小商业银行针对大中型客户、小微企业、零售客户实施产品推销中的风险管理必须逐步转变为客户风险价值管理、差异化风险管理，形成自身特色的全面风险管理体系，增强中小商业银行风险管理的核心竞争力。（3）中小商业银行风险管理的中长期目标是匹配总体战略，吸纳新资本协议体系精髓，夯实传统风险管理基础，逐步构建基于风险资本约束机制为核心的全面风险管理体系。

第五，通过构建我国中小商业银行人力资本提升模型，分析了中小商业银行人力资本提升的战略逻辑和经济机制，揭示了人力资源制度的有效实施，能够促进中小商业银行人力资本提升，增进产品产出，实现帕累托效率改进。选取2001—2010年我国71家中小商业银行相关面板数据，实证支持了理论命题。

2 中国中小商业银行发展战略基础理论

本章梳理中国中小商业银行发展战略的基础理论，为我国中小商业银行发展战略研究提供基础理论支持。首先，梳理战略理论流派和理论要义，以及商业银行并购战略和创新战略理论；其次，分析金融深化和金融稳定理论；再次，在梳理公司治理以及银行公司治理内容基础上，分析了我国中小商业银行公司治理的特殊性；最后，梳理并分析了包含绩效、优势等内容的中小商业银行发展理论。

2.1 战略理论

2.1.1 战略理论流派和要义

K. Andrews（1971）、J. B. Quinn（1987）认为战略是规定并整合了某类组织或人的目标、方针、政策、经营活动等要素的整体计划。H. Mintzberg（1987）认为战略是有效集合了计划（plan）、计策（ploy）、模式（pattern）、定位（position）和观念（perspective）五类要素的企业愿景模式。总结战略在经济、社会等领域应用的实践，我们综合认为战略是指在总结历史、把握当前发展趋势和环境基础上，确定未来目标和策略的集合，是对重大、带有全局性的或决定全局的问题的谋划和策略。中小商业银行发展战略就是在符合和保证实现宗旨的条件下，在充分利用环境中存在的各种机会和创造新机会的基础上，确定中小商业银行同环境的关系，规定中小商业银行从事的经营范围、发展方略对策，合理地调整结构和配置企业资源，从而使中小商业银行获得发展优势。

战略理论主要包括传统战略理论和竞争战略理论，两种理论划分的主要参照是战略分析中是否显著关注竞争因素。传统战略理论按照理论侧重点不同，可划分为设计学派、计划学派、定位学派、创意学派、认知学派、学习学派、权力学派、环境学派、结构学派。竞争战略理论按照理论侧重点不同，依次划分为：行业结构学派、核心能力学派、战略资源学派、动态竞争学派，具体如表 2 - 1 所示。

表 2 - 1　　　　　　　　　　战略理论分类及其理论要义情况

理论类别	理论派别	理论建立时期	理论要义
传统战略理论	设计学派	20 世纪 70 年代	强调企业战略应由企业高管顶层设计，充分结合企业内外部资源，使企业内部的强项和弱项与外部的机会和威胁相适应，提出了著名的 SWOT 战略形成模型。
	计划学派		认为战略包含了产品与市场范围、增长向量、协同效应、竞争优势四要素，强调战略安排的系统性编写过程。
	定位学派		强调战略定位的重要性，注重通过五项竞争力模型、价值链模型等分析工具，明确企业所在行业的结构特征和竞争地位，实现企业准确定位，实施差异化战略。
	创意学派		注重战略隐性因素的显著效应，强调顶层设计中直觉思维在企业愿景设置中的作用。
	认知学派		注重战略形成过程中信息获取、处理以及形成认知的主观能动性，强调认知过程就是把握内外因素，理解、提升、形成战略的过程。
	学习学派		注重不可预测因素对战略形成及实施结果的影响作用，强调通过学习把握战略设置和实施相互作用的动态机制，增强战略形成和贯彻的针对性和有效性。
	权力学派		认为战略制定要重视内外部利益相关群体的关系，战略执行和贯彻过程在一定程度上是利益集团相互制约、协调、折中的过程。
	环境学派		注重环境因素作用，强调企业战略安排要充分考虑特殊环境作用以及加强企业对变化环境的适应能力。
	结构学派		折中了其他学派的理论成果，平衡考虑各种因素对企业战略的影响。
竞争战略理论	行业结构学派	20 世纪 80 年代	以行业分析为战略制定的起点，建立了包含进入威胁、替代威胁、供需双方讨价还价能力、竞争对手竞争四要素的竞争力模型，以及国家"钻石"模型，提出了总成本领先战略、标新立异战略、目标集聚战略。
	核心能力学派		认为竞争战略的目标就是建立具有显著排他性、难以模仿的核心竞争力。核心竞争力具有有效帮助企业参与竞争、能够形成显著竞争优势、不易模仿三大特征。

理论类别	理论派别	理论建立时期	理论要义
竞争战略理论	战略资源学派	20世纪80年代	认为企业特殊能力等差异化战略资源，是企业竞争优势的源泉。战略形成及实施过程，就是企业培育和发展差异化优势资源的过程。
	动态竞争学派	20世纪90年代	针对日益变化的竞争环境，利用动态博弈的方法，研究企业内部、企业间、外部环境等不断变化的主体博弈情况，注重建立时间领先、战略互动、新竞争优势的不断确立、战略的调整能力、开放体系等。

战略理论演绎史就是一部市场形态变化、企业治理模式变化的发展史。传统战略理论向竞争战略理论的演变，是市场成熟度、企业动态博弈互动作用的结果。总结各个战略流派理论内容，概括来看，战略要素主要包括企业宗旨和使命、经营范围、资源配置、竞争优势、协同作用等；战略层次主要包括总体战略、经营单位战略以及职能部门战略等。

2.1.2 商业银行并购战略和创新战略

1. 商业银行并购战略。并购战略以发达国家和发展中国家商业银行为对象，揭示银行并购的绩效和机制（Demirgüç - Kunt 和 Min 1998；Claessens 和 Jansen 2000；Clarke et al.，2001）。并购战略的主要观点归纳为：金融管制的放松和科学技术的发展，掀起商业银行并购浪潮，商业银行的规模经济和范围经济效应显著，并购绩效突出，美国商业银行并购成为银行并购的全球范式。商业银行并购效率研究得出的结论并不一致：一般研究认为在业绩优良的银行并购业绩较差银行的活动中，并购实现了经营管理的全面提高，产生了较好的银行收益，典型的银行并购通常是业绩较差的银行被业绩优良的银行收购，因此，银行并购能产生效率改进收益；但对于大型商业银行间的并购行为，流程再造、人力资本提升、信息科技手段加强等并购产生的效率改进，往往被并购成本增加、企业文化难以整合、统筹管理难以实施等所抵消；并购绩效和区域金融环境高度相关，小银行间的并购较大型银行而言，更易获得规模经济和范围经济效应。新兴市场国家银行并购被作为政府处理问题银行、实现金融稳定的手段，政府主导是新兴市场国家银行并购的基本特征，政府主导的银行并购，从债务重组、风险缓释、经营管理等方面考量，该类政府主导的银行并购的绩效显著（Hawkins 和 Turner，2004；Lardy Soussa，2003）。我国中小商业银行，特别是城市商业银行和农村商业银行，多数经历了地方政府主导下并购的发展历程，实现了较好的并购绩效，但也面临着并购带来的整合及管理问题。

2. 商业银行创新战略。商业银行创新战略相关研究基于市场变化、科技革新、经济波动、消费者新的金融服务需求，以及同业剧烈竞争的总体环境特征，研究集中于关于商业银行创新绩效、创新成功的新产品组合战略、创新过程、创新体系等（Lovelock，2001；Flier et al.，2001；Edvardsson, et al. 1995；Kelly 和 Storey，2000；Storey 和 Easingwood，1996；Johne 和 Storey，1998；Ali，1994；Veryzer，1998；De Brentani，2001），认为创新绩效可通过金融标准、顾客标准、机会标准三个维度来评价：金融标准涵盖盈利增长、销售扩大、市场份额增加、运营成本降低等指标，顾客标准包括增加顾客满意度、扩大消费群体和消费市场、减少顾客投诉等，机会标准包括带动其他产品的销售、为其他产品创新提供平台支撑、提高新产品开发能力等。我国中小商业银行创新发展，涵盖了业务发展、公司治理、流程再造、风险管理，信息科技建设，以及区域金融生态环境支撑等诸多方面。

2.2 金融深化理论和金融稳定理论

金融深化理论研究发展中国家货币金融和经济发展关系，弥补了凯恩斯理论没有考虑货币因素在经济发展中功效的缺陷，为发展中国家金融支持经济发展提供了理论依据。在金融发展进程中，金融体系和金融机构的不稳定性、金融资产价格的波动性和传染性特征，导致金融不稳定成为金融发展的动态特征，金融稳定理论为建立与实体经济相协调的稳健的金融体系而不断发展完善。

2.2.1 金融深化理论

20 世纪 40 年代，在凯恩斯经济理论主导下，金融要素在经济增长中的机制没有建立，发展中国家金融市场发展严重不足，金融在经济发展中的作用显著抑制。到了20世纪60年代，发展理论取得重要突破：第一次把金融因素纳入经济增长要素，刻画了金融通过吸纳储蓄并转化为投资，促进经济增长，经济增长又促进了金融不断发展的经济机制；金融技术的发展是金融促进经济增长的重要途径。以上理论为金融深化理论的建立打下了理论基础。

20世纪70年代，形成了以渠道效应论和债务媒介类为代表的金融深化理论。渠道效应论在概括金融抑制中的价格扭曲、市场分割、金融结构单一等现象基础上，构建一般均衡模型，探求货币需求和货币供给的均衡条件，提出应发挥金融市场无形手的作用，应疏导通过货币政策调整提高货币实际收益率，进而增加资本积累的"渠道效应"。而债务媒介论否定货币充当真实财富，认为货币通过充当等价交换媒介作用，节省实物财富，间接增加实体经济实物资产的投入，促进经济增长。债务媒介论构建一般均衡模型，得出了与渠道效应理论一致的结论。

20世纪90年代以来，不完全竞争理论得以发展，金融深化理论随之发展，产生了金融约束理论和新金融深化理论。金融约束理论认为金融渠道效应论和债务媒介论以市场出清为假设条件，而在现实经济环境中信息不完全、信息不对称现象普遍存在，瓦尔拉斯均衡条件难以达到，形成了效率损耗，资源没有完全得到有效配置。因此，政府的适度干预能够实现帕累托效率改进。金融约束理论构建了包含居民、银行、政府三类主体的供求模型，论证了政府介入的效率改进。该理论提出政府应通过控制存贷款利率、适度限制竞争、适度限制资产替代行为等，建立金融约束机制。需要强调的是，金融约束不同于金融抑制。金融约束强调政府适度干预，通过设置政策，改善效率损耗，实现金融市场主体利益的帕累托效率改进；而金融抑制是通过极端强制的政府政策，严重扭曲资源配置机制，形成金融市场主体的效率损耗。新金融深化理论新在以内生经济增长理论和信息经济学为分析框架，进一步揭示经济增长体系内金融效率的内生属性，并进一步挖掘金融和经济增长之间的因果关系，并构建了短期效应和长期效应的统一分析框架。

金融深化就是通过改革金融体系，壮大金融市场，结合实际，适当放松金融管制，不断实施金融创新，以优化配置金融资源，实现金融与实体经济之间的协调发展。通过四条主要路径来实施金融深化：一是改革金融企业制度。采用诱导型变迁或强制型变迁方式，通过组织改革、制度创新和文化创新等实施改革。二是发展资本市场。三是放松金融管制，实现价格市场化，业务经营、市场准入、资本流动自由化。四是推动金融创新。在全新的经济金融环境下，中小商业银行转型战略的确立和实施过程，就是实施商业化和市场化改革，不断推进金融深化的过程。

2.2.2 金融稳定理论

中小商业银行实施金融深化、转型发展的同时，要保持金融稳定的局面。关于金融稳定的概念，国际主要机构的表述各有差异，具体见表2-2。

表2-2　　　　　　国际重要机构关于金融稳定概念情况

机构	定义
加拿大银行	反证归纳：金融不稳定是指金融市场的缺陷对经济运行的损害或威胁，导致金融不稳定的因素包括政府、银行违约、大银行电脑故障等。
国际清算银行	反证归纳：金融不稳定是金融机构无力偿债导致的金融资产价格波动，包括四个要素：真实经济成本，潜在损害，同时伤及机构与市场、银行和非银行，传染性导致的支付体系崩溃。
德意志中央银行	金融稳定是一种金融体系的高效率运行状态，包括在事件冲击、压力和结构变动下金融体系能保持资源配置和分散风险的能力。
欧洲中央银行	金融稳定是指金融体系各要素的平稳运行。
美联储	反证归纳：金融不稳定的三要素：（1）金融资产价格极度偏离经济基本面；（2）信贷和资本市场扭曲；（3）总支出偏离经济产能。
英国金融服务局	广义定义：包括（1）货币稳定；（2）就业接近潜在就业率；（3）经济对金融机构保持信心；（4）不存在威胁（1）或（2）的实际金融资产价格变动。
哥伦比亚大学	反证法：金融不稳定是金融体系出现阻碍信息流传递的冲击时，金融体系不能有效对产出性投资机会融通资金的情形。
挪威中央银行	金融稳定是不发生危机的金融体系，意味着金融机构能有效应对冲击。
中国人民银行	金融稳定是指金融体系处于能够有效发挥其关键作用的状态。

总结来看，金融稳定基本内涵包括三个方面：一是经济全局方面，金融体系健全协同，金融促进实体经济的要义得以贯彻，金融运行稳定；二是金融部门方面，金融机构、市场、基础设施有机统一，能够正确评估、有效防范和有力化解金融风险；三是社会经济个体方面，形成合理预期，实施个体理性行为，应对特殊金融压力情形的预期和行为控制力较强。

影响金融稳定的机制主要有四个方面：一是金融体系借贷双方在经济周期中的顺周期行为，造成金融体系的脆弱性；二是金融机构间的信息不对称性，导致金融机构应对特殊变化的盲从性，导致金融机构的脆弱性；三是固定汇率或浮动汇率制度下汇率本身的波动性，股价在宏观经济波动中，由于投资者行为"羊群效应"造成的波动性，以及房地产价格的波动性，构成了金融资产价格的波动性；四是金融资产风险的传染性，表现为金融机构运营危机的乘数效应，银行支付清算系统清算风险的连锁效应，以及金融危机和金融创新带来的风险积聚。

维护金融稳定的一般制度包括最后贷款人制度、存款保险制度以及审慎监管制度，形成了金融安全网。金融稳定的框架一般包括金融稳定的预防机制、评估与预警机制、应急处理机制，具体包含环境分析、目标确定、风险评估、应对措施、责任授权等要素。

因此，金融深化和金融稳定，是中小商业银行转型发展需要协调统一的两个层面。

2.3 区域金融发展理论

1. 西方经济学界主要研究了货币政策区域影响和区域货币乘数课题。

（1）货币政策区域影响

凯恩斯主义及货币主义构建了大型宏观模型，研究了利率和货币政策的区域影响情况，以探究中央银行货币政策控制供给的效果，认为区域利率和国家利率有显著差异，区域利率围绕国家利率上下波动。区域特征越明显，企业融资渠道越狭窄，成本越高，对银行的依赖性越强，融资需求弹性越小；区域特征越明显，银行利率供给弹性越小。供需的特点造成了区域利率的差异化特征，认为在区域维度框架内，公开市场操作不具有中立性，公开市场操作的区域效应差异取决于区域经济环境及经济主体的差异程度。

（2）区域货币乘数

区域货币乘数在不同地区是有差异的。发达地区流动性偏好较不发达地区低，因而货币乘数较不发达地区高。货币政策的区域效果差别是货币政策实施时需要重点考虑的影响因素。

2. 国内学者基于我国地区发展极不平衡、金融发展差异较大、区域金融较其他国家更具特殊性的事实，探讨了区域金融的内涵、区域金融结构、区域金融资源配置效率、区域金融与经济增长等重点问题。

（1）区域金融内涵

区域金融，针对我国现行金融体制及发展区域经济的金融要求，实施渐进式转型和创新，沟通区域内金融联合，建立匹配区域经济发展的金融环境和金融秩序，促进地方经济发展。区域金融的构成要素主要包括金融空间差异、金融区域差异、金融功能差异、金融环境差异四个要素。

（2）区域金融结构

相关结论主要有：一是区域经济差异导致区域金融结构差异，区域经济二元结构的消除需要实施与差异化金融结构相匹配的制度；区域金融差距主要表现在金融机构的存贷款总量、利用外资的规模、资本市场发育程度、动员民间资本投资等方面的非均衡上，区域金融中心和依托区域金融中心的区域金融格局成为趋势。二是区域金融差异的形成原因主要包括：市场化改革进程中区域经济差异，一元金融政策和二元金融现实环境间的不匹配、金融机构及资本市场布局的区域差异、微观法人主体的企业家才能差异。

（3）区域金融资源配置效率

区域资本配置效率上升趋势明显，东部、中部、西部区域金融资源配置效率总体呈现梯度递减趋势。货币资金区域配置失衡是区域经济差别较大的重要原因之一。改善区域金融格局的金融制度主要有：实施差别化的货币政策、改革并完善区域金融组织体系、着力加强西部资本市场发展、建立区域投资基金发展政策、有效引进外资金融。

（4）区域金融与经济增长

区域经济是区域金融发展的基础，区域金融发展内含于区域经济状态的形成和变化过程，不同的区域经济状态为区域金融发展提供了不同的成长条件和空间，一个运行良好的区域金融体系对区域经济的长期增长发挥正面的促进作用。但是，"区域"本身所具有的非封闭性和非独立性的特点，使得区域金融在实际运行中表现出独特性的一面，由此带来了区域金融与区域经济运行关系的复杂化：一是区域经济的非均衡性，往往直接导致区域金融的巨大差异性；二是由于区域间金融资源流动是一种常态，稳定而大量的区域外资金的流入使得特定区域以外来资金为主、内部储蓄转化为辅的金融发展格局成为可能，这表现出区域金融本身相对复杂的一面；三是区域金融发展与区域经济增长的"马太效应"明显，导致了两者关系动态化、多重均衡可能性的存在。

中小商业银行服务区域经济的定位，决定了中小商业银行发展要遵循区域金融发展和区域金融要素的特征，凸显中小商业银行在区域金融中的作用和功效，促进区域金融的优化和发展。

2.4　商业银行治理理论

2.4.1　公司治理

1. 公司治理概念

公司治理的定义可分为两类。第一类定义认为公司治理关注行为模式，即性能、效率、增长、财务结构、股东及利益相关者的行为（Shleifer 和 Vishny，1997）；第二类定义认为公司治理是一种规范框架，着重于法律制度、司法体系、金融市场、劳动力市场约束下公司的运行规则（Becht et al.，2003；Claessens 和 Fan，2002；Holmstrom 和 Kaplan，2001）。第一类公司治理定义主要作为单体公司治理的基本研究范式，第二类公司治理定义广泛应用于不同的规范框架对于企业模式、投资者行为等的影响。

Cadbury Committee（1992）表达了在所有权和经营权分离情况下，公司治理是指导和控制公司的一套体系；Shleifer 和 Vishny（1997）表达了在股权结构分散情况下，公司治理是保障外部投资者利益相关制度安排；Zingales（1998）进一步扩大了公司治理的外延，认为公司治理是涉及股东、债权人、雇员、其他利益相关者等主体，以及金融市场、法律制度，涉及企业社会责任、文化和环境等多主体、多目标、多层次的制度和体系建设。Shleifer 和 Vishny（1997）进一步将所有权和政府股权纳入公司治理，认为公司治理是受政治影响的经济制度和法律制度的一套机制。Bodie 和 Merton（1995）用功能方法解读公司治理的内涵，认为公司治理具有六大显著功能：积聚资源和细分股权的功能、实现资源在时间和空间之间的转移和配置的功能、管理风险的功能、生产和提供信息功能、解决激励约束问题功能、通过竞争实现财富增值的功能。

2. 公司治理准则

经济合作与发展组织（OECD）于1999年发布《公司治理准则》，并于 2002 年对《公司治理准则》进行了重新审核和修订。OECD《公司治理准则》规定了公司治理结构的基础、发挥股东权利的要求、股东公平待遇的关键点、保障利益相关者权利、信息披露、董事会权力等六方面相关准则。

3. 公司治理的模式

公司治理模式主要有英美模式和日德模式两种类型。英美模式倚重外部治理，依靠"用脚投票"的市场监督机制，通过股权高度分散和严格的外部审计制度实现有效的公司治理。英国和美国公司治理的细微差异表现为两个方面：一是董事会成员均由执行董事和非执行董事构成，但美国实行多数非执行董事制度（The Majority Non-Executive Board），非执行董事在董事会中占多数；而英国实行多数执行董事制度（The Majority Executive Board），执行董事在董事会中占多数。二是美英两国公司均以首席执行官（Chief Executive Officer，CEO）作为对董事会负责的公司管理层的最高首脑，所不同的是，在美国，董事长和首席执行官大都是由一个人同时兼任；而在英国，董事长和首席执行官则一般是由两人分别担任。日德模式倚重内部治理，通过法人交叉持股、银行担当主要股东的独特做法实施公司治理。

2.4.2 商业银行公司治理

公司治理理论的一般规律仍然适用于银行公司治理，但银行企业的特殊性决定了银行公司治理的一些特点。

1. 银行自身的特点

资产负债的特点：资产负债比率高、期限错配，负债主体分散。商业银行通过吸纳存款，发放贷款，承担资金中介的筹融资功能，资产负债率比一般企业高，自有资金占比较小，经营资产负债比一般在 70% 左右，资本充足率仅要求 8% 以上。存款一般由单户小额资金汇聚，即使企业存款，单户占比也非常小，负债主体分散。储户拥有提取存款的主动权，而贷款期限由合同约定，而存贷款期限结构错配现象较普遍。商业银行通过主动创造流动性强的负债而承担流动性弱的资产，为市场主体提供资金的流动性，实现了流动性创造功能。

资产交易信息不对称性较强。银行资产主要由期限不同的贷款构成。

银行贷款资产的交易是银行和贷款方之间一对一的非标准化的合同交易，合同没有形成在资本市场交易流转的机制，贷款的价格缺乏市场价格的甄别和制约。贷款资产交易的非市场化和非标准化，产生了严重的信息不对称问题，导致利益相关者（银行的外部股东、存款者）对银行经营行为缺乏了解、监督的信息量。资产交易的信息不对称性表现为：一是外部利益相关者对于信贷资产质量真实情况缺乏真实、动态的了解，不良贷款迁徙和偏离情况掌握程度较差；二是相对于一般非金融企业而言，银行内控管理自主程度较高，信贷资产风险结构改变的手段较多，如通过适当展期、借新还旧等手段掩盖风险，规避责任；三是关联贷款在转型国家占比较高，积聚了一定的风险。

严格的外部监管。银行资产负债及资产交易的特殊情况，决定了在防范银行内在风险、发挥银行在国民经济体系中的重要金融功能中，需要严格外部监管。一是市场准入较一般企业更为严格，银行牌照发放、股权结构、代理权、并购等方面，均有严格的程序和管理要求；二是对组织架构、业务范围、营业区域、资本规模等关键因素严格加以规制、监督和管理；三是银行业的监管机构较多，监管层次和监管方式多样。

2. 银行公司治理的特殊性

银行公司治理是严格意义上的广义利益相关者治理，股东和存款人之间的委托—代理关系治理尤为重要。商业银行是经营货币的金融中介组织。与一般的工商企业不同，商业银行主要利用社会存款人的存款以及其他借入款作为主要的营运资金，自有资本占比较低，这种高负债经营的独特性质决定了商业银行的经营与风险相伴而生，并与公众利益紧密相连。商业银行风险管理的目标是在符合外部监管要求、内部发展战略及发展阶段的条件下，在资本金、人力资源、风险管理能力和其他各种资源许可范围内，在一定风险容忍度范围内开展业务活动，妥善管理各项风险，努力在风险与回报之间取得适当的平衡，即将风险控制在可承受的范围之内，将损失控制在可承受的范围之内，以最小的成本实现最佳的安全保障，从而实现收益的最大化，有效保障股东、客户、存款人、员工的利益。

2.4.3 中小商业银行公司治理

本书认为，中小商业银行公司治理具有以上银行公司治理的普遍特点，但又具有地方政府控制的特殊之处。地方政府对于中小商业银行不同程度的控制，是特定历史时期财政分权体制、大型银行商业化改革、地方政府政绩考核要求、中小商业银行风险化解等环境约束下的次优选择。因此，中小商业银行公司治理改革，要依据中小商业银行间的差异，以政府控制程度和方式优化、监管优化、内部治理优化、监管优化为支点，以市场机制发挥作用为公司治理效率增量，实施分类处理、分层改革，以实现过渡阶段的差异化推进，并逐步向基本规范和标准统一的范式发展。

2.5　中小商业银行发展理论

中小商业银行发展研究主要集中于小银行较大银行绩效差异的比较理论及实证分析，以及从中小企业融资的角度阐述中小商业银行与大银行的差异。一是关于中小商业银行绩效理论。结构绩效理论（the structure – performance）的基本观点是小银行服务的小社区等信贷市场竞争相对较小，能够获得较高的收益，因而小银行较大型银行效益较高（Gilbert，1984；Hannan，1991）；信息优势理论（the information advantage）认为小银行便于获取关于小微企业的诸如水电消耗等反映小微企业生产经营状况的真实信息，且对于小微企业主情况熟悉，减少了信贷中的信息不对称，使得小银行对于小微企业的信贷效率较高（Nakamura，1993；Mester et al.，1998）；费用偏好理论（expense – preference）认为小银行信贷市场和信贷环境竞争的不充分性，使得小银行管理者倾向费用的过度配置以及信贷配置风险的过分保守，降低了优势的功效，因而小银行效率相比大银行的优势不明显（Arnould，1985；Berger 和 Hannan，1998；Hannan 和 Mavinga，1980；Purroy 和 Salas，2000；Rhoades，1980）；信贷保守理论（the quiet life）认为，小型商业银行在其信贷市场竞争相对不充沛的状况下，信贷倾向于选择风险甄别相对明确的信贷对象，对于信贷薄弱领域的渗透不够深入，削弱了小型银行的优势和绩效（Rhoades 和 Rutz，1982；Clark，1986）。二是关于小银行中小企业优势理论。许多经验研究支持中小企业贷款中的小银行优势的论断：Berger 和 Udell（1996），Peek 和 Rosengren（1998）、Strahan 和 Weston（1996）得出小银行在小微企业贷款占总贷款的比重高于大型银行；Berger 等（1998）、Peek 和 Rosengren（1998）指出随着银行并购带来的规模扩张，并购引起对中小企业信贷额度的降低；Cole Goldberg 和 White（1999）研究大型银行关于中小企业的信贷行为，得出大型银行与小银行比较而言，注重于财务硬指标约束的交易型信贷，而非小银行注重软信息的关系型信贷。然而一些研究认为中小企业信贷行为并不存在小银行优势的论断：Strahan 和 Weston（1998）实证分析并购对中小企业融资的影响，发现小银行间的并购增加了对小微企业的信贷额度；Berger Rosen 和 Udell（2001）研究得出小银行对于中小企业的信贷额度和小银行贷款的市场份额正向相关。林毅夫（2008、2009）将金融结构定义为金融体系内部各种不同的金融制度安排的比例和相对构成。在讨论金融市场和银行在金融体系中的重要作用，以及大银行和中小商业银行规模分布基础上，提出了最优金融结构理论。该理论基本观点为：发展经济体金融安排比照与发达经济体金融的差距不是最优金融结构优劣的标准，脱离实体经济状况差异考虑，评判市场主导型金融结构与银行主导型金融结构的优劣，这样的讨论意义不大；决定金融结构的主要标准是现有发展状况下劳动密集型或技术密集型的要素禀赋，内在规定了当前阶段产业和技术要求，匹配了企业的规模特征和风险水平，产生了匹配的金融服务需求，恰好适应了实体经济发展要求的金融结构就是最优金融结构；从纵向看，各个发展阶段具有与各个阶段匹配的最优金融结构，因而不存在适应所有发展阶段的相对固定的最优金融结构。最优金融结构是动态变迁，不断转型和革新的；从横向看，同一时期不同国家或区域的最优金融结构是不同的。

本书认为，在中国，主导国民经济的是劳动密集型企业，这类企业技术相对简单，规模小，资金需求量不多，但信息披露成本较高，直接融资成本较大，比较而言，区域中小商业银行及各类非正规金融机构具有对该类企业信息掌握、控制风险的比较优势。因此，我国最优金融结构应以大量区域中小商业银行及其他中小型非正规金融组织为主体，同时包含适度发展的大银行及股票、债券等资本市场的金融结构体系。在此结构中，我国中小商业银行应不断发展，彰显并加大经济贡献。

本章梳理了战略理论、金融深化和金融稳定理论、区域金融发展理论、公司治理理论以及中小商业银行发展理论，形成了中小商业银行发展战略的基础理论支撑。我国中小商业银行发展战略研究，在相关理论支撑下，应把握中小银行外部环境变化和内部转型发展要求，推进金融深化并保持金融稳定，发挥区域金融主体作用，促进区域金融发展。中小商业银行公司治理改革，要依据中小商业银行间的差异，以政府控制程度和方式优化、监管优化、内部治理优化、监管优化为支点，以市场机制发挥作用为公司治理效率增量，实施分类处理、分层改革。中小商业银行转型发展，需要发挥信息优势、决策优势、绩效优势的禀赋特征，克服费用偏好、信贷保守的不利之处，着力服务小微企业和金融薄弱行业、领域和地区，实行差异化竞争，实现全新经济金融环境下的转型发展。

3 中国中小商业银行发展战略环境分析

在上一章明确了我国中小商业银行发展战略的基础理论支撑基础上，本章分析我国经济金融形势和趋势，梳理国外中小商业银行发展状况及对我国中小商业银行发展的启示，描述我国中小商业银行历史沿革、发展成就、存在的问题以及面临的机遇和挑战，形成关于我国中小商业银行发展战略环境的系统性论述。

3.1 经济金融形势和趋势

1. 经济形势和趋势

经过 30 多年的改革和发展，我国经济取得了举世瞩目的成就。年均经济增长率约 10%，处于世界领先水平，贫困率降到 10% 以下，2010 年 GDP 占全球 GDP 的 9.5%，全球市场份额 10% 以上，成为了全球第二大经济体、最大出口国和最大制造国。我国经济成功的主要原因归结为六个方面：一是在经济赶超战略框架内，实施了稳定国有企业的同时，放开和鼓励非国有企业发展的"双轨制"策略，进行了务实有效的市场化改革；二是有效动员包括个人、企业和地方政府在内的社会各界资源发展经济，同时，在各个发展时期有效解决就业、通货膨胀等问题，实现了增长、社会与宏观经济稳定间的平衡；三是通过财政分权及配套改革，形成了各个地区的竞争格局，打破了商品、劳动、资本流动的地区壁垒，建立了全国统一的市场体系，形成了地区竞争、规模经济以及协同效应，加上庞大的市场规模和人口红利优势，有力地支持了经济增长；四是把握融入全球化机遇，通过经济特区和加入 WTO 等扩大和深化了与全球经济的融合，FII、FDI 提升了国内技术水平和管理经验，并扩展了国内产品的国际市场；五是强有力的政府干预，促进了工业化和城市化的发展，但也造成了市场要素的扭曲；六是国际市场稳步增长，FII 持续投资国内，国际市场运输成本迅速下降，产业内贸易增长，信息和科学技术广泛应用，这些有利的国际环境支持和推动了我国经济发展。

　　未来世界经济发展的基本趋势没有改变，在发展中国家技术追赶潜力巨大，发达国家承担较漫长的去杠杆化及主权债务危机的基本背景下，包括中国在内的市场新兴国家在经济增长中的表现将继续超过发达国家。我国经济发展的趋势主要表现为：经济增长趋缓，服务和消费在经济结构中的比重增加，收入差距回落，技术创新加大，中产阶层扩大，城市化迅速扩展，我国将迈进高收入国家行列，具体来看，一是预计我国 GDP 年均增长率将从 2010—2015 年的 8.6% 左右降低到 2010—2030 年的 5.0% 左右，随着人口老龄化趋势加重（见表 3-1、图 3-1）、劳动人口刘易斯转折点到来（见图 3-2）、资源由农业向工业转移带来的经济增长潜力基本实现、发达省份经济增长回落等因素变化，经济基本面显著改变，经济增长趋势放缓。二是发展的内外环境要求结构调整，投资和净出口在经济增长中的比重下降，服务和消费对 GDP 的拉动作用越来越大。三是中西部地区经济加快发展，东部地区经济增长相对回落，地区收入差距减轻；劳动力人口供给减小，农民工工资提高；工业反哺农业，以及农业向制造业的结构转型放缓，城乡收入差距减小。四是我国经济方式从追赶式增长向内生式增长转变，经济增长对全要素增长率（TFP）的依赖更高，技术创新成为支持经济持续增长、克服资源稀缺和环境恶化、实施绿色发展的主要新动力。五是劳动生产率提高带动工资增长，中产阶层扩大的趋势较明显，不断壮大的中产阶层能够促进消费增长、公共服务改善，以及社会权利的增进。六是城市化进程加快的趋势明显（见图 3-3），我国城市化水平相对较低（见表 3-2），我国的城市化进程将加快推进，成为中国在全球竞争力提升的一个主要推动力，城市化对经济增长的推动力持续增强。我国城市化水平由 1949 年的 7.3% 提高到 2010 年的 45%，未来会快速提高到 80% 左右。

表 3-1　　2000 年、2015 年、2030 年全球各地区人口老龄化比重　　单位:%

年份	亚洲		欧洲		拉丁美洲		中东		北美洲		大洋洲		南非	
	60 岁	80 岁	60 岁	80 岁	60 岁	80 岁	60 岁	80 岁	60 岁	80 岁	60 岁	80 岁	60 岁	80 岁
2000	5.9	0.9	14.7	3	5.6	1	4.4	0.6	12.4	3.3	10.1	2.1	2.9	0.3
2015	7.8	1.4	17.6	4.7	7.6	1.5	5.5	0.9	14.7	3.9	12.4	3.3	3.1	0.4
2030	12	2.3	23.5	6.4	12	2.5	8.4	1.4	20	5.4	16.3	4.4	3.6	0.5

　　数据来源：美国人口普查局，国际资料库：(www. census. gov/ipc/www/idbnew. html, accessed Dec. 12, 2004)。

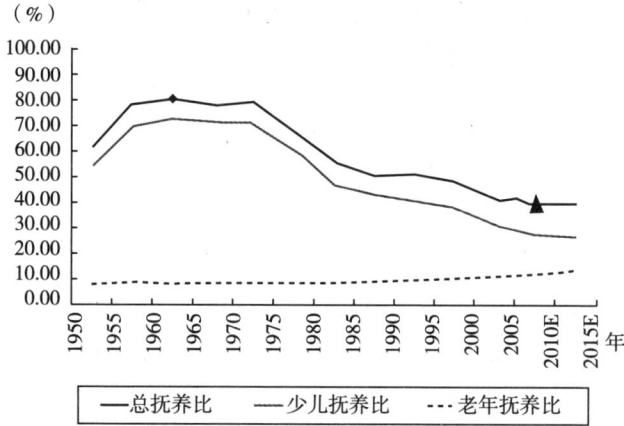

数据来源：国家统计局网站。

图 3 - 1   1950—2015 年我国人口赡养比情况

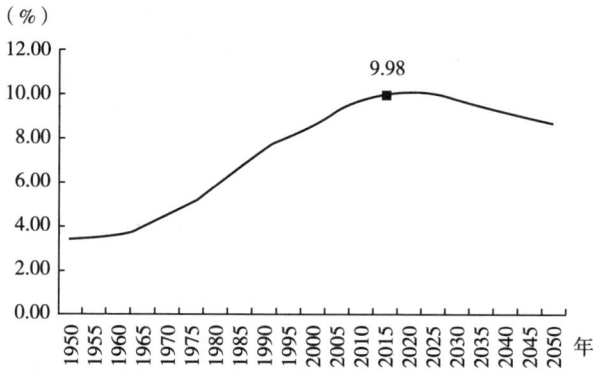

图 3 - 2   我国劳动力人口比率

表 3 - 2   2002—2010 年中国城市化率水平与几个主要国家比照情况   单位:%

时间	2002 年	2003 年	2004 年	2005 年	2006 年	2007 年	2008 年	2009 年	2010 年
世界	47.50	47.90	48.31	48.73	49.15	49.58	50.01	50.43	50.85
美国	89.8	90.3	90.8	91.3	91.64	91.98	92.32	92.66	93
日本	65.52	65.68	65.84	66	66.16	66.32	66.48	66.64	66.8
韩国	60.76	61.04	61.32	61.6	61.96	62.32	62.68	63.04	63.4
中国	37.64	38.56	39.48	40.4	41.3	42.2	43.1	44	44.9

数据来源：联合国数据库数据并整理。

（十亿人）

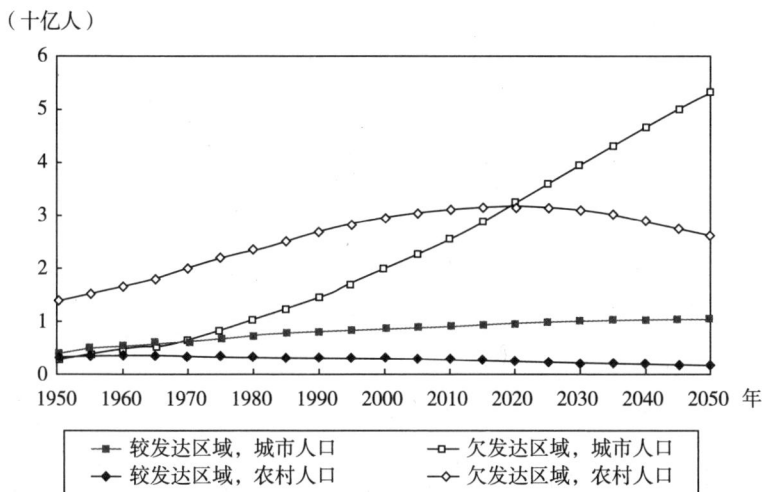

数据来源：联合国数据库数据并整理。

图 3 - 3 世界发达和欠发达地区城市化情况

2. 金融形势和趋势

改革开放以来，我国金融业在改革创新中不断发展壮大，建立了银行、证券、保险等功能比较齐全的金融机构体系，形成了直接融资、间接融资相配套的金融市场体系，对优化资源配置、支持经济改革、促进经济平稳快速发展和维护社会稳定方面发挥了重要作用。我国金融深化和金融市场化改革成绩显著，主要表现为：一是逐步推进利率市场化改革。放开国内的外币存贷款利率；扩大银行的存贷款定价权，实现了"贷款利率管下限，存款利率管上限"的阶段性管理目标；企业债、金融债、商业票据方面以及货币市场交易中全部实行市场定价等。二是实施人民币汇率形成机制改革。实行以市场供求为基础、参考一篮子货币进行调节、有管理的浮动汇率制度，对汇率浮动实施动态管理。三是完成国有银行股份制改造和上市，公司治理结构得以改善。四是金融机构准入限制有所放松，外汇管理中资本管理项目等有所放松。五是通过股权分置改革等多项措施实施证券市场改革。六是改革形成了"一行三会"的监管格局。

我国金融发展面临的主要问题。一是金融结构失衡，表现为两个方面：一方面是融资主要依赖于银行机构，证券、保险的规模和深度远远滞后于银行；另一方面，银行体系自身失衡，国有大型银行资产占银行体系资产比重较高。二是金融抑制一定程度的存在。从国际比较看，我国银行股权结构中国有资本比例过高，政府主导金融行业的特征显著。金融资源配置的功能受到抑制，一方面产能过剩，进出口失衡，外汇储备剧增；另一方面，投资严重不足，中小企业融资渠道匮乏，"三农"、第三产业、创新投资、人力资本及技术投资严重匮乏。金融产品价格管制，金融机构准入及金融产品创新准入限制，显著影响了资金的有效配置。三是金融同质化竞争、金融监管优化问题以及银行被作为政府宏观目标调控工具的使用等，造成金融体系潜在风险和不稳定。

我国金融改革的总体趋势是加强市场化和商业化改革。加快一体化改革进程，较快实现金融领域准入、价格、公司治理、宏观调控等均以市场化机制为导向和主导，要逐步消除"金融压抑"，加快利率市场化进程，改变国有大型银行垄断局面，发展多层次的金融市场，进一步放松金融各方面的市场准入、资金价格、产品创新等管制。我国金融业的对外开放是渐进式过程，国内金融与国际金融的融合是逐步、动态、有限制的帕累托改进过程，两者需要在相互配合中推进。人民币汇率、资本账户管理、人民币国际化等核心改革要依据我国国内金融改革进程，有效吸纳国际金融形势和改革经验，统筹安排优先次序，"以我为主"，形成特色，逐步加速我国金融全球化进程。

3.2 国外中小商业银行发展状况及启示

国外中小商业银行的典型案例表现为美国的社区银行和日本的地方商业银行。

1. 美国社区银行

美国的社区银行通常是指那些规模较小、开展业务基本在所在社区的银行。其中，"社区"是一个广义的范畴，既可以指一个州、一个市或一个县，也可以指城市或乡村居民的聚居区域。

截至 2010 年末，美国社区银行 7 000 家，占美国银行总数的 96.4%，网点 50 000 多个。资产规模在 1 亿美元至 10 亿美元间的银行居多（具体见图 3 - 4）。2008 年以前，社区银行数量急剧增多，2008 年金融危机开始，社区银行数量逐步稳定，2010 年仅有 11 家新增机构（具体见图 3 - 5）。

100亿~1 000亿美元，
1.20%

1 000亿美元以上，
0.30%

10亿~100亿美元，
7.50%

1亿美元以下，
33.50%

1亿~10亿美元，
57.50%

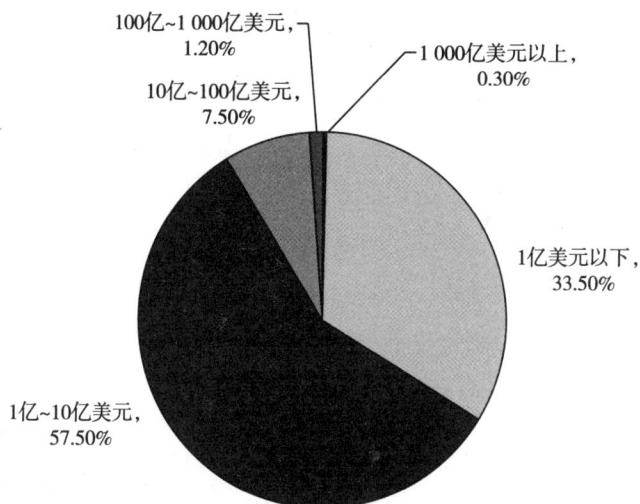

资料来源：The Independent Community Bankers of America，ICBA Annual Reports（2011）。

图3－4　美国资产规模结构

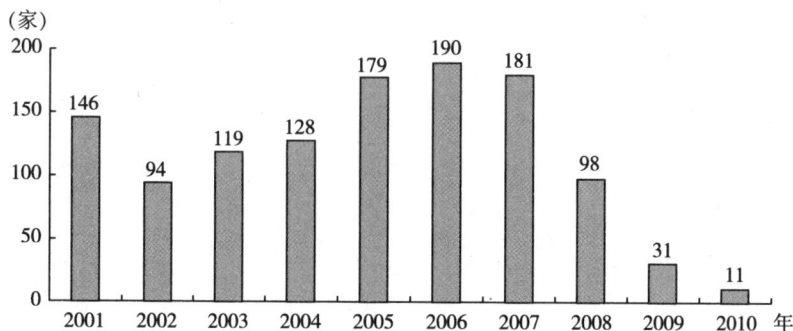

（家）

146	2001
94	2002
119	2003
128	2004
179	2005
190	2006
181	2007
98	2008
31	2009
11	2010 年

资料来源：The Independent Community Bankers of America，ICBA Annual Reports（2002—2011）。

图3－5　美国年度新增社区银行机构数目

美国社区银行发展经历了三个阶段。第一阶段：自由发展阶段（1837—1929 年）。美国 1837 年颁发实施的第一个银行法令，规定任何个人或集体符合资本及法定相关义务要求，即可获得银行牌照，实际操作中相关要求被降低执行，银行经营门槛较低，银行业迅速发展，到 1862 年，银行增加至 1 492 家，社区银行不断成立。第二阶段：严格管制阶段

（1930—1980 年）。1929—1933 年的世界经济危机及以后的半个世纪里，美国商业银行濒临倒闭，形势危急，1927 年颁布的《麦克法登法案》禁止银行跨州设立分支机构，1933 年颁布的《格拉斯—斯蒂格尔法案》严格政府管制，隔离了银行的区域竞争、产品竞争、理论竞争，社区银行得以保护、生存和发展。第三阶段：放松管制阶段（1980 年至今），随着经济形势的发展和变迁，以 1980 年的《存款机构放松管制与货币管理法案》、1991 年的《联邦存款保险公司改进法》、1994 年的《跨州银行法》、1999 年的《金融服务现代化法案》为标志，美国银行业逐步放松管制，实施并购、混业经营。

美国社区银行的优势主要表现为定位、信息、效率、政策四个方面。目标客户是中小型企业（特别是小企业）和社区居民，差异化的客户定位既与大银行客户形成了互补，又弥补了金融市场的真空地带，形成了持续的竞争力。社区银行对当地目标客户了解渠道、了解程度具有突出的人缘、地缘优势，易于提供金融服务，防范风险。核心信息掌握程度高，风险控制能力独特，决策链条短，手续简化，成本较低，保障了效益。美国社区银行具有健全的政策支持环境，《社区再投资法》、《小企业法》、半强制性的存款保险制度等为社区银行的生存定位提供了法令保障。

当前美国社区银行存在的主要挑战表现为金融自由化、金融创新，以及金融国际化带来的压力。金融自由化和金融创新促使中小商业银行面临银行与非银行金融机构竞争加剧，同时《跨州银行法》、《金融服务现代化法案》的实施，促使社区银行和大银行的竞争激烈。金融国际化压力主要表现为：作为国际金融中心，美国外国银行分支机构越来越多，优惠性的差异化政策使得外资银行对社区银行带来潜在的威胁。

为此，美国社区银行业及管理机构加强了管理策略。一是纵向加强与大银行合作，有效利用大银行的业务平台和管理技术为社区银行票据清算、资金头寸管理等服务；横向协同地区内外的中小商业银行，建立了行业战略联盟或合作安排，并外包业务经营的技术支持部分和非核心业务，发挥比较优势，实现同业帕累托效率改进。二是细化市场定位，通过服务标准化、业务范围错位竞争、市场细分、专业化经营、远程网络经营等，获取竞争优势。三是推进金融创新。实施可转让支付命令账户、付息交易账户、浮动利率贷款、利率上下限保险、贷款权对换交易、股权贷款等规避监管，拓展业务，降低成本，增加效益。四是用好"允许中小商业银行通过提高存款利率同大银行竞争"、"允许中小储蓄机构自由提取坏账准备金来避税"等支持政策，并推动中小商业银行上市融资。

2. 日本地方商业银行

地方银行是日本商业银行的典型类型。地方银行是指把总行设在地方城市，以总行所在地都道府县为主要营业地区的银行。中央银行、私立金融机构和国立金融机构是日本银行的基本类型，地方银行的重点业务侧重于零售银行服务。

截至 2010 年末，日本地方银行存款占比 6.5%，贷款（包括贴现）占比 26.26%；存款结构中个人存款占总存款的 72.5%，贷款结构中小企业贷款占地方银行贷款总额的 45.1%。地方银行存款中源自地方的存款占总存款比重为 61.7%。

表 3 - 3 　　　　　　　日本金融机构存、贷款结构　　　　　单位:%

机构	存款比重	贷款比重
地方银行	23.1	26.6
都市银行	31.4	33.2
第二地方银行	6.5	7.7
其他国内授权银行	7	7.7
商业银行（Shinkin Bank）	13.1	11.4
农、林、渔金融公库	10.6	7.1
其他	8.3	6.3

资料来源：日本银行业协会数据并整理。

表 3 - 4 　　　　日本地方银行存款结构及与其他机构对比情况　　　单位:%

银行类型	公司	个人	公共	金融机构	其他
地方银行	21.1	72.5	3.8	1.3	1.3
其他国内授权银行	31.3	60	2.1	3.3	3.3

资料来源：日本银行业协会数据并整理。

表 3-5　　　　　日本地方银行贷款结构及与其他机构对比情况　　　　单位:%

银行类型	大企业	中型企业	小企业	地方政府	个人
地方银行	13.9	3.7	45.1	7.7	29.6
其他国内授权银行	22.7	3.1	45.9	2.0	26.3

资料来源: 日本银行业协会数据并整理。

　　日本地方银行发展经历了四个阶段。第一阶段: 形成发展阶段 (明治末年至"二战"时期)。明治末年, 即 1910 年前后, 日本都市银行和地方银行开始逐步分开, 1936 年全国地方银行协会成立, 地方银行与都市银行正式划分。1920—1945 年, 日本经济萧条, 为支持经济复苏, "一县一行"的地方银行布局战略得以实施。第二次世界大战后, "一县一行"的政策取消。第二阶段: 管制阶段 ("二战"后至 20 世纪 70 年代)。在这段时期, 分业经营、利率限制、地域限制等政策严格实施, 日本地方银行获得平稳发展。第三阶段: 自由化阶段 (20 世纪八九十年代)。从 1980 年初开始, 日本经济得到长足发展, 全球金融自由化浪潮风起, 混业经营、利率自由化、资金交易突破地域限制等金融自由化变革不断深入开展, 地方银行和都市银行竞争加剧。第四阶段: 逐步萧条阶段 (20 世纪 90 年代后)。20 世纪初, 日本经济泡沫破灭, 经济萧条长达十余年, 地方银行经营困难。加上日本实施了巴塞尔资本监管标准, 地方银行举步维艰, 资本缺口加大。存款保险制度和地方银行并购等政策的实施, 使得地方银行发展逐步平稳。

　　日本地方银行的优势表现为吸纳地方闲散资金、有力支持地方经济、有效支持地方引进外资, 促进地方经济的国际化业务和市场发展, 这些差异化功能为地方银行确立优势奠定基础。同时, 日本地方银行发展变迁中, 遵循日本经济形势变迁的大环境, 合理调整规模, 适当参与国际竞争, 重点经营地方市场的定位和经营战略, 有力保障地方银行的发展和壮大。

　　3. 对我国中小商业银行发展的启示

　　美国社区银行和日本地方银行的发展, 可供借鉴及启示有三个方面: 一是中小商业银行发展要遵循差异化、互补性原则。差异化就是产品、市场、管理要差异化定位, 形成竞争优势; 互补性就是要探寻有效弥补大银行金融功能的薄弱之处，有效发展金融市场中小商业银行的特色，形成对金融中介作用的补充和发展。二是中小商业银行发展要处理好规模和效益的关系。要正确看待金融机构"大而不倒"的观点，处理好不同经济时期中小商业银行外延式发展和内涵式发展的契机和协同关系。三是政府支持是中小商业银行发展的保障。中小商业银行发展离不开政府的支持，政府提供良好的制度环境、市场环境、信用环境、法制环境，相机抉择，动态调控，发挥政府提供公共品和克服市场失灵的作用，有效支持中小商业银行发展壮大。

3.3 我国中小商业银行历史沿革

将中小商业银行的历史沿革放在中国银行业发展历史的大背景下的观察将更有意义。改革开放以来，我国银行业面貌经历了历史性变革，适应计划经济体制实行了大统一的银行制度，顺应经济体制改革状况，建立了政策性银行和商业性银行的二元体系，并适时推进了商业化和市场化改革，形成了以中国人民银行和银监会调控和监管的 5 家大型国有商业银行、3 家政策性银行、12 家股份制商业银行、144 家城市商业银行、212 家农村商业银行及其他 3 424 家各类银行业金融机构构成的银行机构及非银行机构互补协同的金融体系。纵观我国银行业历史进程可分五个阶段。

第一阶段：大统一阶段（1948—1978 年）。1948 年 12 月 1 日，以解放区的北海银行、华北银行、西北农业银行的运营为基础，成立中国人民银行，设办公地址为石家庄，履行中央银行和商业银行双重职能，形成大统一的银行制度。这时的中国人民银行职能限于在财政体系内，履行管理金库、发行和控制货币、对相关资金调配和控制，金融权力高度垄断，为高度计划经济提供金融支持。

第二阶段：二元银行阶段（1979—1985 年）。党的十一届三中全会后，改革力度加大，银行业机构恢复和新建工作取得巨大成绩。划拨中国人民银行农村和国外业务职能为独立商业银行所有，筹备设立了中国农业银行和中国银行；进一步明确中国人民银行专门履行央行职能，成立了中国工商银行和中国建设银行，代替履行中国人民银行拥有的商业银行职能。至此，四大国有商业银行履行商业银行职能，中国人民银行履行中央银行职能，我国银行业形成了二元银行的格局。

第三阶段：股份制商业银行兴起（1986—1992 年）。1986 年以来，我国金融市场逐步放开，股份制银行不断设立。期间，兴业银行、光大银行、交通银行、中信实业银行、广东发展银行、深圳发展银行、华夏银行、招商银行、上海浦东发展银行、民生银行、恒丰银行股份制银行成立。各地区城市信用社改制也加快实施，城市商业银行组建并成立。

第四阶段：商业银行体系形成及改革（1993—2003 年）。从 1993 年开始，银行商业化改革深入推进，银行政策性职能逐步剥离，国家成立国家开发银行、中国进出口银行、中国农业发展银行三家政策性银行，专门履行政策性银行职能。1995 年 2 月，随着第一家城市商业银行——深圳市商业银行成立，全国地方信用社改制、成立城市商业银行的合并浪潮兴起。2001 年，经国务院同意，中国人民银行批准在江苏常熟、张家港、江阴三个市的农村信用社合并重组的基础上，成立农村信用社。至此，我国银行的商业化体系初具规模。同时，通过降低商业银行所得税税率、注资及成立华融、长城、东方等资产管理公司专业化公司处置不良资产等改革措施，促进商业银行迅速发展壮大，提高商业银行竞争力。在此期间，外资银行在国内陆续设立。

第五阶段：商业银行改革深化阶段（2003 年至今）。以借鉴巴塞尔协议监管框架为契机，进一步加强银行公司治理和银行业改革。

从历史发展的脉络来看，伴随我国经济发展壮大和经济体制的深入开展，我国银行业市场从完全垄断向垄断竞争改革进程中，中小商业银行顺应经济发展要求和金融需求，择时发展，顺势而为，成为我国商业银行体系中富有活力、潜力巨大的重要生力军，为国民经济发展提供日益重要的金融支持。

3.4 我国中小商业银行发展成就及存在的问题

3.4.1 发展成就

1. 中小商业银行资产总额持续增加，资产比重持续提高。截至 2010 年末，中小商业银行资产总额达 255 233 亿元，资产占银行业机构资产的比重从 2003 年的 16.13% 提高到 2010 年的 26.78%（具体见图 3 - 6、图

3－7）。股份制商业银行、城市商业银行、农村商业银行三类中小商业银行的资产均持续增加（具体见图3－8）。

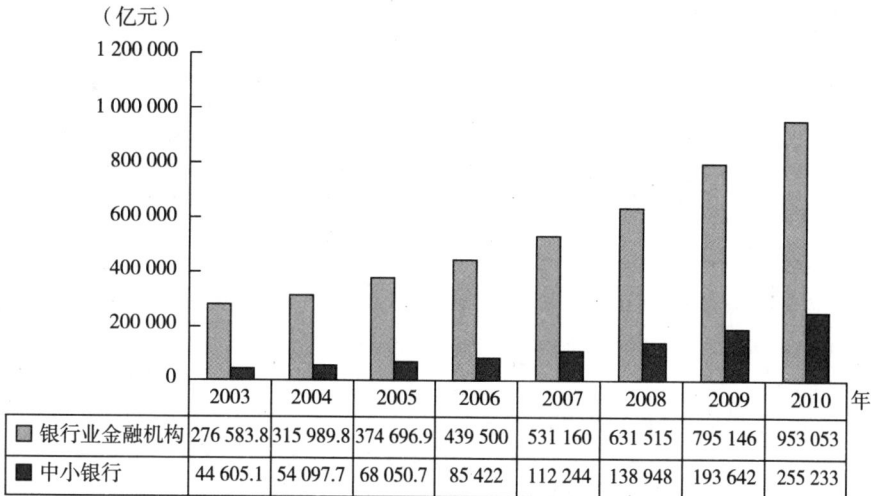

（亿元）

	2003	2004	2005	2006	2007	2008	2009	2010
银行业金融机构	276 583.8	315 989.8	374 696.9	439 500	531 160	631 515	795 146	953 053
中小银行	44 605.1	54 097.7	68 050.7	85 422	112 244	138 948	193 642	255 233

资料来源：历年中国金融统计年鉴数据并经计算。

图3－6　2003—2010 年我国中小商业银行
总资产和银行业机构总资产情况

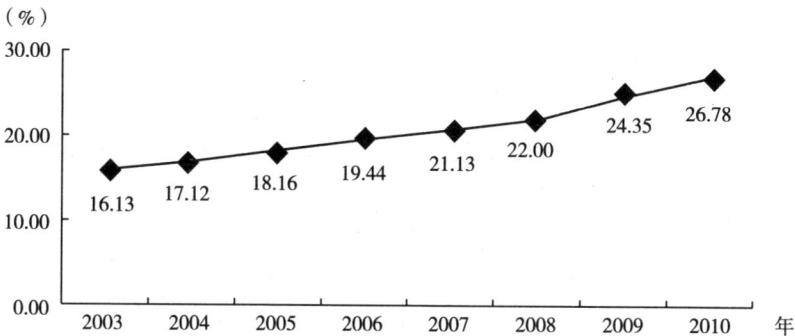

（%）

资料来源：历年中国金融统计年鉴数据并经计算。

图3－7　2003—2010 年中小商业银行
总资产占银行金融机构总资产比重

2. 税后利润持续提高。从 2007—2010 年我国中小商业银行数据来看，其利润从 855.3 亿元增加到 2 407.7 亿元，利润占银行金融机构总利润的

（亿元）

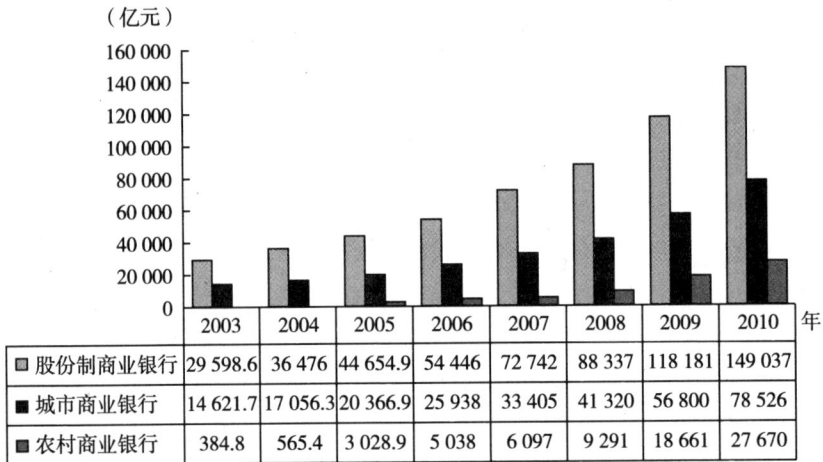

	2003	2004	2005	2006	2007	2008	2009	2010
■ 股份制商业银行	29 598.6	36 476	44 654.9	54 446	72 742	88 337	118 181	149 037
■ 城市商业银行	14 621.7	17 056.3	20 366.9	25 938	33 405	41 320	56 800	78 526
■ 农村商业银行	384.8	565.4	3 028.9	5 038	6 097	9 291	18 661	27 670

资料来源：历年中国金融统计年鉴数据并经计算。

图 3 - 8　2003—2010 年农村商业银行、城市商业银行、股份制商业银行资产情况

比重从 19.15% 提高到 26.78%，维持了较好的资产扩张和利润间的平衡（具体见图 3 - 9、图 3 - 10）。

（亿元）

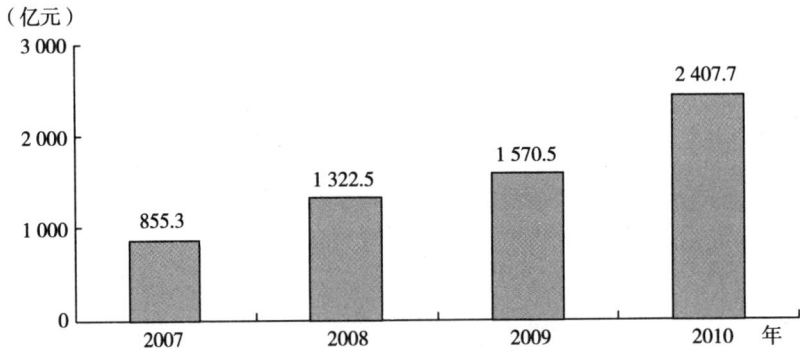

资料来源：历年中国金融统计年鉴数据并经计算。

图 3 - 9　2007—2010 年中小商业银行税后利润总额情况

3. 中小商业银行法人机构及从业人员份额显著。截至 2010 年，中小商业银行法人机构 244 家，从业人员 540 483 人，法人机构占法人银行业金融机构总数的 6.47%，从业人员占银行业金融机构总人数的 18.07%（具体见表 3 - 6）。

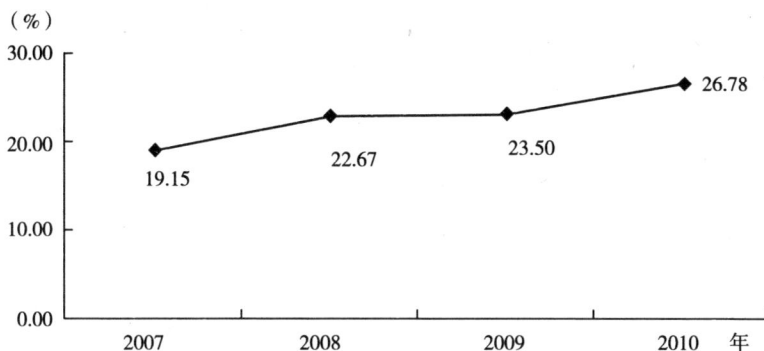

（%）

资料来源：历年中国金融统计年鉴数据并经计算。

图3-10　2007—2010年中小商业银行税后利润占银行金融机构总利润比率

表3-6　截至2010年底中国银行业金融机构法人机构及从业人员

单位：人、家

机构名称	从业人员数	法人机构数
大型商业银行	1 545 050	5
政策性银行及国家开发银行	59 503	3
股份制商业银行	237 158	12
城市商业银行	206 604	147
农村信用社	550 859	2 646
农村商业银行	96 721	85
农村合作银行	81 076	223
企业集团财务公司	5 990	107
信托公司	7 382	63
金融租赁公司	1 235	17
汽车金融公司	2 391	13
货币经纪公司	245	4
消费金融公司	254	4
新型农村金融机构和邮政储蓄银行	152 820	396
资产管理公司	7 411	4
外资金融机构	36 017	40
银行业金融机构合计	2 990 716	3 769

资料来源：2010年中国金融统计年鉴数据并经计算。

4. 中小商业银行公司治理不断深入展开。当前我国中小商业银行公司治理处于转型的过渡阶段，现代公司治理的框架和机制建设不断深入，境内及境外战略投资者的引入、上市推动等优化了股权治理，监管要求推动了公司治理的规范性和深化程度，政府控制程度在理性调整，公司治理的市场环境在逐步改善，股东约束的有效性逐步加强，中小商业银行外部治理逐步加强和改善。从股权结构看，中小商业银行主要股东持股比例控制在20%以内，民间资本成为中小商业银行资本金的重要组成部分。据不完全统计，民间非金融机构类投资者在全国股份制商业银行持股比例达到8.67%，在城市商业银行持股比例达到42.59%，在农村商业银行达到77.7%，"多股东、小比例、多种成分并存"的中小商业银行股权结构形态正在形成（中国金融发展报告，2011）。从所有者权益份额看，2010年股份制商业银行、城市商业银行、农村商业银行的所有者权益分别为8 166亿元、4 822亿元、2 026亿元，分别是2006年的4.29倍、3.97倍、8.14倍。2010年中小商业银行权益资本总额为15 014亿元，是2006年的4.46倍，占2010年银行业金融机构权益资本总额的2.58%。2010年股份制商业银行、城市商业银行、农村商业银行权益资本占中小商业银行权益资本总额的比重分别为54.39%、32.12%、13.49%（具体见表3-7、图3-11）。

表3-7　　　　　中国历年银行业金融机构
所有者权益情况统计（2006—2010年）　　　单位：亿元

机构 ＼ 年份	2006	2007	2008	2009	2010
银行业金融机构	22 394	30 396	37 900	44 441	58 322
政策性银行及国家开发银行	1 726	3 578	3 806	4 063	4 363
大型商业银行	13 540	15 824	19 608	21 962	28 611
股份制商业银行	1 904	3 392	4 414	5 640	8 166
城市商业银行	1 215	1 883	2 669	3 587	4 822
农村商业银行	249	330	534	1 115	2 026
农村合作银行	295	410	653	851	1 115
城市信用社	50	64	47	17	2
农村信用社	1 497	1 867	2 220	2 344	2 793
非银行金融机构	1 170	1 756	2 310	2 855	3 833
外资银行	747	1 172	1 420	1 674	1 854
新型农村金融机构和邮政储蓄银行	0	120	221	332	736

资料来源：历年中国金融统计年鉴数据整理并计算。

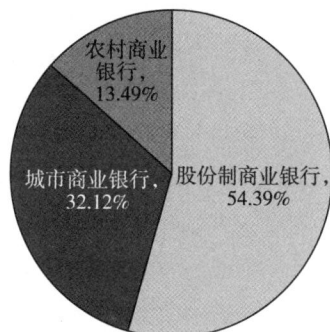

资料来源：历年中国金融统计年鉴数据整理并计算。

图 3 – 11　2010 年中小商业银行权益资本结构

5. 风险管控水平增强。内控治理体系和治理机制逐步加强，全面风险管理逐步实施，风险管理 IT 建设得以提升，定性与定量相结合的管理工具加强运用，各类风险有效控制。资产风险方面，不良贷款逐年下降，城商行和股份制商业银行不良贷款下降幅度超过整体行业下降幅度。2005—2010 年，伴随着银行业金融机构贷款质量的持续提升，中小商业银行不良贷款从 2 370.6 亿元下降到 1 162 亿元，中小商业银行信贷资产质量持续向好。中小商业银行中，除农商行不良贷款略有上升外，城商行的不良贷款从 841.7 亿元减少到 325.6 亿元，股份制银行的不良贷款从 1 471.8 亿元减少到 565.6 亿元（具体见图 3 – 12、图 3 – 13）。从不良贷款率来看，三

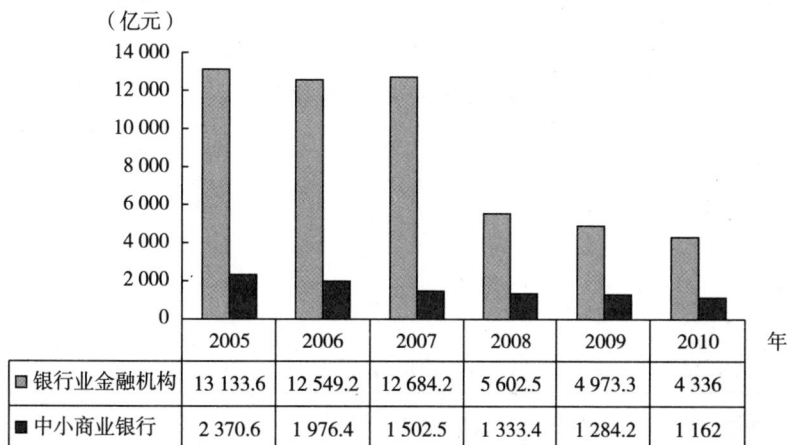

（亿元）	2005	2006	2007	2008	2009	2010	年
■银行业金融机构	13 133.6	12 549.2	12 684.2	5 602.5	4 973.3	4 336	
■中小商业银行	2 370.6	1 976.4	1 502.5	1 333.4	1 284.2	1 162	

资料来源：历年中国金融统计年鉴数据整理并计算。

图 3 – 12　2005—2010 年中小商业银行和银行业金融机构不良贷款比照

类中小商业银行以及银行业金融机构的不良率均呈下降趋势（见表 3 - 8），其中，股份制商业银行的不良率一直控制在低位区间，城商行贷款不良率治理较好，农商行不良率高于行业整体水平（见图 3 - 14）。风险抵补方面，股份制商业银行整体拨备覆盖率达到 277.6%，拨备覆盖率达到 257.1%。从国际衡量看，2010 年英国《银行家》杂志全球前 1 000 家银行排名中，中国有 84 家银行入围，其中，中小商业银行 79 家。

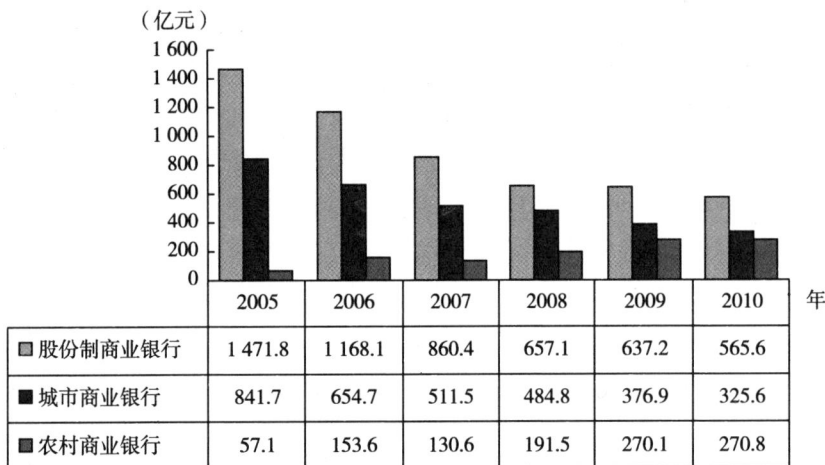

（亿元）

	2005	2006	2007	2008	2009	2010 年
股份制商业银行	1 471.8	1 168.1	860.4	657.1	637.2	565.6
城市商业银行	841.7	654.7	511.5	484.8	376.9	325.6
农村商业银行	57.1	153.6	130.6	191.5	270.1	270.8

资料来源：历年中国金融统计年鉴数据整理并计算。

图 3 - 13　2005—2010 年三类中小商业银行不良资产情况

表 3 - 8　　　　　　　2005—2010 年三类中小商业银行贷款
不良率与银行业机构总体比照表　　　　单位:%

名称	2005 年	2006 年	2007 年	2008 年	2009 年	2010 年
银行业金融机构	8.61	7.09	6.17	2.42	1.58	1.1
股份制银行	4.22	2.81	2.15	1.35	0.95	0.7
城市商业银行	7.73	4.78	3.04	2.33	1.3	0.9
农村商业银行	6.03	5.9	3.97	3.94	2.76	1.9

资料来源：历年中国金融统计年鉴数据整理并计算。

6. 中小商业银行对经济发展的信贷支持持续增强。2010 年中小商业银行新增贷款 80 851 亿元，占银行业新增贷款总量的 43.73%，是 2006 年中

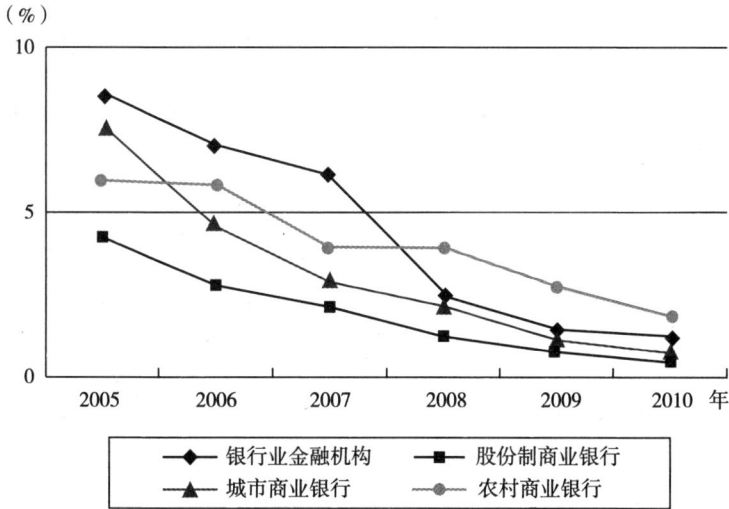

资料来源：历年中国金融统计年鉴数据整理并计算。

图 3 – 14　2005—2010 年三类中小商业银行及银行业金融机构不良率变化情况

小商业银行新增贷款的 3.18 倍。其中，股份制商业银行、城市商业银行、农村商业银行新增贷款分别为 23 456 亿元、5 289 亿元、6 612 亿元（具体见图 3 –15），各自分别为 2006 年新增贷款的 3.19 倍、1.91 倍、6.60 倍。

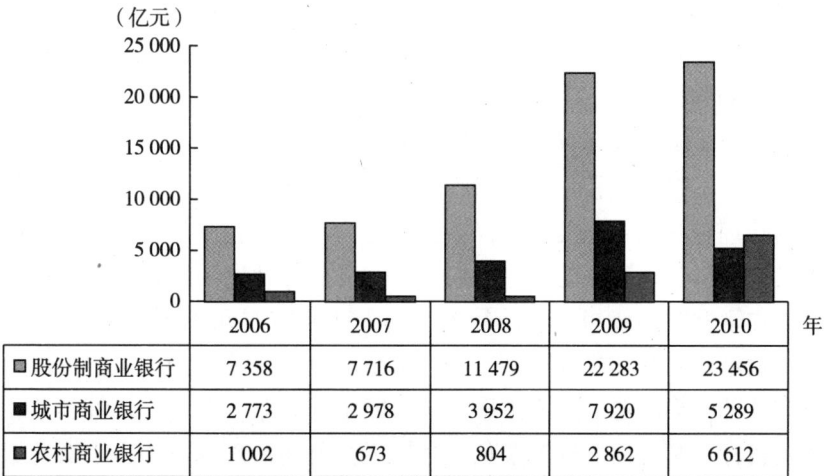

	2006	2007	2008	2009	2010
股份制商业银行	7 358	7 716	11 479	22 283	23 456
城市商业银行	2 773	2 978	3 952	7 920	5 289
农村商业银行	1 002	673	804	2 862	6 612

资料来源：历年中国金融统计年鉴数据整理并计算。

图 3 –15　2006—2010 年中小商业银行新增贷款情况

3.4.2　存在的主要问题

1. 理论支持问题

最优金融结构理论阐明了一国或地区最优金融结构是不同的，不同国家或地区的最优金融结构没有可比性，适合经济、文化、政治状况是优化金融结构的内在显著变量。我国今后一段时期经济发展表现出一些全新的特征：经济增长趋缓，步入从中等收入发展中国家向高等收入国家转变的时期，从世界第二大经济体向第一经济体发展的阶段，经济发展对内需重点依赖的趋势明显。因此，关注经济新变化和新趋势，借鉴他国经验，结合我国实际，探讨银行发展，特别是中小商业银行发展的理论支持课题，显得尤为重要，而当前系统、有效支持中小商业银行发展的理论缺乏有效供给。

2. 总体发展战略问题

从理论支持匮乏问题延伸来看，中小商业银行战略体系没有形成，一些中小商业银行对自身在整个银行业格局中的位置认识还不清晰，市场定位不清晰，盲目实施向国有大银行的"跟随"战略，竞争趋同程度严重。中小商业银行的这种战略模糊性造成了商业化同质现象比较严重，一定程度上反映了中小商业银行的商业化导向存在问题。另外，中小商业银行目前畅想的市场地位，在一定程度上是紧跟政治，响应政府的"口号式"定位策略，在内外环境约束下，并没有可行性策略体系支持。

3. 公司治理问题

银行业金融机构具有资产负债比率高、期限错配、负债主体分散、资产交易信息不对称性较强、外部监管严格等独特的行业特征，使得商业银行公司治理与一般企业相比而言，要求更为严格。我国中小商业银行公司治理具有银行公司治理的普遍特点，又兼具地方政府不同程度控制的特殊之处。在运营时期较短、基础较差、地方政府控制和干预较强的现状下，在转型战略确立和实施进程中，我国中小商业银行公司治理需要解决内部治理和外部治理问题，形成体现自身功能定位和服务职能、统筹利益相关者均衡目标、契合内外资源禀赋、兼具现代公司治理规范的中小商业银行内部治理模式和机制。

4. 业务发展问题

中小商业银行业务发展的主要问题是没有形成兼顾粗放经营和集约经

营业务定位和模式，缺乏关于中小商业银行规模经济和范围经济的成长期企业效率属性，协同根植当地和跨区域经营相互促进的要求，利率市场化趋势和要求、小微企业融资对业务发展的要求等业务发展环境的分析，没有形成兼顾粗放经营和集约经营业务发展总体思路和模式。

5. 其他战略支撑问题

匹配中小商业银行总体战略，支撑公司治理和业务发展的配套支撑不足和缺乏问题突出，主要表现为：一是流程再造。中小商业银行流程再造需要依赖地方政府推动和高管共识拉动，形成动力源，同时基于转型发展要求，形成业务战略流程再造和组织架构整合优化，以及其他配套支撑，相关流程再造的路径和策略供给不足。二是风险管理。中小商业银行风险管理需要着力对接中小商业银行科学发展、外延粗放经营模式向内涵集约经营模式转型战略、规模扩张、差异化和特色化经营、上市规划、中小商业银行核心竞争力、监管趋势等对中小商业银行风险管理提出了新的要求，加强风险偏好体系和机制建设，加强全面风险管理建设，以形成传统风险管理和现代风险管理搭配的管理格局。三是信息建设认识不足，面向客户、面向流程、面向决策的信息科技建设战略规划缺乏，信息建设水平不平衡程度突出，相关人才建设储备薄弱。四是匹配总体战略的人力资源建不足。我国中小商业银行从业人数持续增加，人均资产和人均利润逐步提高，人力资本数量和质量得以提高和改善，基本匹配适应了特定历史时期中小商业银行发展的要求。但是，对应于全新经济金融环境下的中小商业银行转型战略而言，人力资本整体水平不能适应总体转型战略的要求，人力资本战略和总体战略的匹配性和契合性不足，人力资本的中长期经济机制认识不足，需要进一步改革和形成涵盖岗位管理、薪酬管理、绩效管理、培训管理、运营监督管理的现代市场化人力资本体系。五是配套中小商业银行转型发展的区域金融生态环境建设不足。需要改革和加强地方政府治理，推进地方政府机构改革，建立与地方政府公共职能相匹配的财政体系，实施城镇化进程中农村土地征用改革，实施地方政府金融管理改革，形成中小商业银行所有者职能、监督者职能、金融行业发展推动职能供给充沛、机制顺畅、有效协调的良好局面。需要加强金融市场化改革的整体推进，渐进供给和改善中小商业银行发展和改革的条件，协同支持中小商业银行发展。需要加强金融基础设施建设，改善中小商业银行发的基础条件。

3.5 我国中小商业银行发展面临的机遇和挑战

3.5.1 发展机遇

经济发展特征为中小商业银行发展提供了机遇。在由世界第二大经济体向第一大经济体迈进的征程中，建设现代、和谐、有创造力的高收入国家是我国经济战略的题中之意，持续高储蓄，快速城镇化，加强技术追赶和创新，实施绿色经济发展，加强企业及要素市场改革，深入融入全球化进程等，这些经济发展战略的重要领域的改革和发展，为中小商业银行发展提供了基本支撑。一是高储蓄率避免大量运用以代际财富转移为特征的金融衍生工具，减少了中小商业银行业务发展的风险；高储蓄率为中小商业银行人力资本水平和技术水平提升，以及为业务发展提供了资金基本面；高储蓄率保障了中小商业银行发展将继续贯彻服务实体经济发展的宗旨。二是从国际经验和我国发展趋势来看，我国城市化水平将大幅提升，中小商业银行赖以生存的市场空间将持续扩大。三是在 GDP 放缓、人口老龄化状况下，我国全要素生产率持续降低，前期改革和引进技术对经济增长的贡献度减小，技术追赶和创新要求迫切，制造业产业的技术追赶和教育、医疗、金融、技术研发等服务业的创新加强，为中小商业银行金融服务的领域、对象、方式带来了巨大的市场和发展机遇。四是气候危机和环境污染的状况，经济增长质量的要求，和谐发展的执政理念，促使我国实施绿色发展战略。绿色发展要求能源行业的价格形成机制、企业产品工艺及生产手段显著融入绿色规范和标准，绿色发展会加快服务业发展，对欠发达但环境保护好的地区带来新的经济增长极，这些为中小商业银行发展特色化、差异化发展提供了外在有利条件。五是中产阶层继续扩大，对理财、融资、消费等金融服务的要求更全面和精细，为中小商业银行小微企业和个人金融服务提供了产品、对象、方式的增量空间。六是财政、企业、要素市场的改革，为中小商业银行完善治理结构、降低信贷风险、提高中小企业支持力度，提供了系统性体系改善的基础。优化财政分权配套改革，加强省级以下地方政府对财政转移支付的获取，提高地方政府财权、事权和承担责任的匹配性，加强政府债务的全面预算管理、增加透明度、建立地方政府债务预警及事后清算赔偿制度，一系列改革将有效提高中小商业银行政府性融资的风险控制水平；有效规范国有资本功能，促进国有资本资产的证券化和流动性，扩大国有资本提供公共品的补位职能，将带来国有企业治理结构的优化，放松非国有企业准入的领域和标准，促进非国有企业的持续壮大，将有力促进中小商业银行对中小企业的金融支持。七是我国与全球经济的联系越来越紧密，作为世界第二大经济体，出口、对外债权突出地位决定了我国在全球经济发展和世界经济事务中的重要作用，我国的产业升级和人力资本提升构成了全球贸易和经济活动中越来越重要的产业链升级和人力资本活动，同时，世界发达国家的比较优势在我国得以充分运用，譬如技术、管理以及金融监管和产品标准化的实践经验在我国多个领域得以引进、改造并应用。这些为中小商业银行的国际化业务，辅助当地企业国际贸易活动，学习、借鉴、引进国际中小商业银行发展经验等提供了契机。

金融发展机遇为中小商业银行发展提供了行业支撑的有利环境。一是确立了金融服务实体经济的基本改革和发展方向，为中小商业银行发展提供了基本战略导向。基于世界金融发展历史及金融危机状况，立足于金融为实体经济服务的出发点，结合金融发展特征和我国经济金融发展状况，确立我国金融业发展服务实体经济的基本目标，加强金融业商业化和市场化改革，实现筹融资职能向资源优化配置职能的转变，加强有利于自主创新的体系建设，协同财政、风险投资、商业银行信贷资金、科技投资等筹融资体系，为自主创新、绿色经济服务。二是我国金融体系进一步融入国际金融体系的趋势，中小商业银行提高公司治理和经营管理水平的国际借鉴和合作渠道越来越畅通。在实体经济全球化程度越来越广泛深入的基础上，金融合作往来的国际化趋势要求迫切，国内金融机构经营管理的精细化、先进性、便捷化程度不断提高，中小商业银行借鉴、吸纳、提升经营管理的资源日趋丰厚。三是金融机构的市场化和商业化改革也成为中小商业银行发展的题中之意。四是利率市场化改革进程加快，中小商业银行差异化、特色化经营加快实施，战略转型加快转变。五是小微企业、"三农"、农村普惠式金融服务为中小商业银行错位竞争提供了支持。六是从美国、日本等国家的国际经验看，金融深化和金融自由化的推进过程中，中小商业银行跨越式发展的现象比较突出。

中小商业银行业存在内生的良好发展机遇。一是从银行优化资源配置、服务实体经济发展、促进经济增长和结构转型的金融中介功能来看，中小商业银行的改革发展和壮大，能够优化银行业金融机构结构调整，有力支持"三农"经济、中小企业和个人融通资金，提高地区或地方金融服务水平，是经济改革和发展的重要战略布局，是经济发展的内生要求。二是既往改革发展中，中小商业银行占有了一定的市场份额，积累了经营管理的认识论、方法论和实践经验，形成了进一步发展的存量资源和基础。三是中小商业银行形成了前所未有的竞争充沛程度。中小商业银行形成了内外两种竞争格局，一个是中小商业银行业整体同大型银行及其他金融机构的错位竞争；另一个是中小商业银行业体系内形成了不同发展层次的发展格局，中小商业银行间的发展竞争程度越来越高。四是地方政府对于市场经济的认识积累越来越丰厚，控制中小商业银行的方式、手段在渐进优化，中小商业银行的内部治理、市场化竞争、管理平台和人力资本，都有了较大的提升，发展壮大的空间不断扩大。

3.5.2　面临的挑战

经济发展的不利因素对中小商业银行发展形成了挑战。经济增长速度下行的非平滑性、人口老龄化、资源和环境约束、经济结构失衡等对中小商业银行的影响显著。一是经济的非平稳下滑存在两种情形：一种情形是房地产价格急速下滑、建设和投资骤然减速、欧美等发达国家经济体出现动荡引起的国际贸易和增长急速下滑等一种或多种因素叠加引起的经济急速衰退；另一种情形是"中等收入国家陷阱"现象，即第二次世界大战后诸如拉美和中东等许多中等收入国家向高收入国家转化进程中，廉价劳动力和技术赶超支持的经济增长优势不复存在，而新的经济增长引擎没有形成，造成经济长期停滞不前。两种情形对中小商业银行业务发展和风险防控造成潜在压力。二是人口老龄化引起的养老金缺口问题突出，养老金保值增值要求迫切。巨额的存量养老金保值增值将是金融服务的重要竞争领域，中小商业银行如何有所作为，如何有效承担城乡基本养老保险个人账户基金的保值增值金融职能，为面临挑战之一。三是在资源和环境约束日趋严重的形势下，中小商业银行如何通过扩大信贷投入，调整和优化资源的节约利用和资源创新，加强绿色信贷支持，如何在绿色信贷市场中发挥作用，扩展市场份额。资源稀缺和不可再生资源消耗的不同阶段，对能源产业和地区高度依赖的中小商业银行能否做出前瞻的战略安排，付诸适时合理的策略，并转型新的发展重点，这些都是对中小商业银行的考验。四是在经济结构失衡和经济结构调整转换的不同阶段，中小商业银行金融服务的要求不同，带来经营的压力。同时经济结构的调整选择了渐进式的改革路径，决定了经济结构，及其依赖的制度、体制的失衡等长期存在，结构失衡长期性对中小商业银行的发展可能形成制约。

我国金融体系的脆弱性、国际金融秩序重建中的动荡、我国金融滞后、金融弱国等情形影响中小商业银行的发展。一是金融体系脆弱性方面。我国金融系统的脆弱情形表现为三个方面：第一个方面是金融机构的经营同质化程度较高，带来一定的系统性风险，管制和政府干预，商业化程度不高；第二个方面是金融监管体系需要优化，影子银行在市场诱导提供融资渠道的同时，规避监管，监管没有及时跟进，相关风险监控不到位；第三个方面是地方政府债务存在潜在重大风险。以上三类脆弱情形对中小商业银行发展带来潜在风险。二是新一轮国际金融秩序重建工作任重道远，动荡的局面对中小商业银行发展形成掣肘。布雷顿森林体系建立，形成了全球相对稳定的金融秩序，日本、德国利用黄金时期，取得快速发展，世界经济发展获得了"黄金十年"、"黄金二十年"的美誉。2001年美国IT泡沫破灭后，美国、英国基于本国经济基础，借助科技推力，推动金融全球化战略，输出资本，中国、印度等发展中国家利用廉价劳动力等，加入全球供应链调整，形成比较优势，出现了世界经济的繁荣新局面。而2007年美国次贷危机，是发生在货币中心国家的经济危机，影响巨大、持续、绵长。在美国后金融危机时期，将形成以美元为主，欧元、日元、英镑以及人民币为辅的"一极多元"的国际货币体系，而这一过程错综复杂，斗争激烈。新的金融秩序的动荡局面，对中国经济和金融发展带来不确定性，对中小商业银行的发展形成冲击。三是我国金融发展相对滞后，金融总体发展较弱，并决定了金融改革的起点、程度、次序，这对中小商业银行的发展产生影响。我国金融发展总体落后于实体经济发展，金融布局和金融深化程度较低，人民币充当区域结算工具处于初始阶段，人民币作为国际储备货币的征程依然漫长，金融弱国的特征依然明显，因此，金融深化改革要从基础做起，渐进性、复杂性过程中，中小商业银行的发展也急不得，要顺势而为，因此，中小商业银行的发展壮大也是一个较曲折的阵痛历程。

中小商业银行自身存在的缺陷对进一步发展形成压力。一是中小商业银行业务创新能力与逆周期宏观审慎监管要求的匹配性问题。后金融危机时期逆周期审慎监管，通过资本要求、资本缓冲、流动性、杠杆率，对银行传统业务提出了更高的资本要求，对中小商业银行的业务创新要求更高。而我国中小商业银行技术先进性有待提高，产品规模效应发挥有限，创新能力较弱。二是业务基础，自主研发人力资本供给较弱。资产规模小的中小商业银行业务种类受到监管限制，限制于最基本业务、低利率业务，自主研发能力较弱，人力资本水平较弱，处于规模扩张内在力量较弱，或被兼并的被动地位。三是中小商业银行传统盈利模式改革以适应利率市场化问题。放松存、贷款利率是加快利率市场化进程的改革重点。从国际经验看，利率市场化会带来利率波动幅度增加、银行间竞争激烈、存贷款利差缩小、利率风险暴露、中小商业银行破产等问题。利率市场化对中小商业银行的结构、行为和绩效将产生深远的影响。结构上，以传统信贷为主的业务结构、以存贷息差为主的收入结构和以低成本存款为主的资产负债结构将面临挑战。短期内结构刚性会使中小商业银行经历一段阵痛期，但长期来看结构更富有弹性，挑战的同时也会带来一些发展机遇。行为上，利率市场化赋予银行灵活的存贷款利率自主权，短期内银行间很可能上演存款大战，利率价格竞争也将会异常激烈，存贷利差将会缩小，必然对银行业目前的盈利模式产生冲击。四是资本约束问题。在资本监管要求提高约束条件下，中小商业银行由于高资本消耗、高风险积累的业务结构短期内难以改变，信贷规模增长过快、信贷结构不合理和不良资产等问题都会带来资本缺口。加之许多中小商业银行处于发展初期，规模较小，还需要一定程度的扩张以达到规模经济，与资本约束形成矛盾，中小商业银行的资产结构、负债结构、业务结构、收入结构、风险管理、产品定价、融资行为及创新行为方面也将面临很多矛盾和问题。

本章系统论述了我国中小商业银行发展战略环境，主要内容包括我国经济金融形势和趋势、国外中小商业银行发展状况和启示、我国中小商业银行历史沿革、成就和问题、机遇和挑战。（1）我国经济发展趋势主要表现为：经济增长趋缓，服务和消费在经济结构中的比重增加，收入差距回落，技术创新加大，中产阶层扩大，城市化迅速扩展，财政、企业及要素市场化改革推进，我国向高收入国家迈进；面对金融结构失衡、金融抑制、金融同质化竞争、银行作为政府宏观调控的工具等问题，我国金融改革的总体趋势是加强市场化和商业化改革。（2）我国中小商业银行转型发展存在相关战略理论相对匮乏的问题。（3）经济发展、金融发展、自身发展特征和要求形成了我国中小商业银行发展的机遇和挑战。

4 中国中小商业银行发展战略要素实证分析

在第 3 章中小商业银行发展战略环境分析的基础上，探求中小商业银行发展战略要素体系及其绩效，为中小商业银行发展战略提供系统性安排，成为进一步研究的重要内容。本章提出中小商业银行发展战略要素体系，构建非平衡面板数据的计量模型，实证分析各要素对中小商业银行战略绩效的影响，形成了公司治理、业务发展、内控及风险管理、人力资源、信息科技建设、流程再造、金融生态环境七大中小商业银行发展战略要素。

4.1 要素体系

既有研究关于战略要素形成了三种分类：一是关于战略整体计划形成了目标、方针、政策、经营活动等要素分类（K. Andrews，1971；J. B. Quinn，1987）；二是关于企业愿景目标研究形成了计划（plan）、计策（ploy）、模式（pattern）、定位（position）和观念（perspective）要素分类（H. Mintzberg，1987）；三是关于银行战略绩效研究形成了反映流动性、盈利性、安全性的现实类要素，以及反映公司治理、风险管理、信息科技、人力资源的潜在类要素（张梅，2009）。本章倾向于第三类要素分类，把公司治理、业务发展、内控及风险管理、人力资源、信息科技建设、流程再造、金融生态环境作为主要战略要素，通过实证分析相关要素对中小商业银行战略绩效的影响结果和影响程度，刻画我国中小商业银行发展战略要素体系和要素表现情况，为第 5 章中小银行发展战略总体框架中战略重点内容提供基础支撑。

1. 公司治理

银行公司治理是银行相关利益主体的一系列制度安排和结构关系网络，属于基础制度层面。银行公司治理的实质就是规定了股东、董事会、监事会、经营层的多重委托—代理关系，以及提供了相关激励和约束机制。银行公司治理的关键就是监督代理人的绩效和保证代理人对股东和其他利益相关主体的责任。银行所有权主体的属性和股份的比例分布形成了银行公司股权结构，银行公司治理股权结构决定了公司权力配置、公司治理的内容和重点，影响着治理功能的发挥、治理模式的确定，是银行公司治理机制的基础性因素。股权结构集中度指标反映了股权结构的基本特征，也是设计和实施激励约束机制，形成组织结构的基础。中小商业银行公司治理的主要问题表现在股权结构不尽合理，地方政府或地方政府控制的国有法人作为大股东控股明显，法人治理结构不完善，激励机制设计带有较强的行政性激励色彩，长期激励与短期激励的匹配性不足。

2. 业务发展

规模扩张、差异化竞争、特色品牌构成了中小商业银行业务发展的主要策略。

规模扩张的动因来自以下五个方面：一是规模扩张扩大了中小商业银行在金融服务业中的市场份额，增强了自身对经济社会的服务功能，进入"大而不倒"的博弈范畴是诸多中小商业银行努力经营的目标之一。二是规模扩张产生规模经济。扩大区域经营，加长了服务区域半径，资产负债的风险分散和效益提高都有了新的增量空间，产生规模经济效应，有利于资本效益的提高。三是中小商业银行成立时间相对较短，资本充足率较高，不良资产率较低，资产规模相对较小，具备规模扩张的基础和条件。另外，获取市场份额，提高自身影响力，也构成中小商业银行规模扩张的内在动力之一。四是银行业务潜在风险的暴露需要一定的时间，相对潜伏期较长，而资产和负债规模的迅速扩大，是银行短期绩效的主要实现途径，因此，中小商业银行高管层有规模扩张的内在倾向性。五是规模扩张策略是中小商业银行适应现有制度供给和市场需求等约束环境的选择。现有的制度供给在信用、不良资产处置、存款及结算业务等方面，都有利于规模较大的银行，规模较小的部分中小商业银行相对受到较严格的限制。同时，中小商业银行支持大型客户的单笔贷款额度、综合配套金融一体性服务等，在规模扩张进程中能够得到改善。

中小商业银行服务区域经济，服务中小企业，服务城乡居民的市场定位正在渐进实施，差异化、特色化战略实施已有成效。譬如：深圳发展银行推出"靓绿信用卡"、"至尊白金卡"等，提供环保、客户自助选择服务；兴业银行作为我国首家赤道银行，较早倡导绿色金融及节能减排贷款；宁波银行的"商盈在线"、"商盈有方"、"商盈理财"、"透易融"等特色品牌，有效实施特色公司及个人金融服务。长安银行打造形成了西北首家科技支行。

3. 流程再造

流程再造（Business Process Reengineering，BPR）是最早由美国的 Michael Hammer 和 Jame Champy 提出，在 20 世纪 90 年代达到了全盛的一种管理思想，强调以业务流程为改造对象和中心、以关心客户的需求和满意度为目标、对现有的业务流程进行再思考再设计，利用先进的制造技术、信息技术以及现代的管理手段，最大限度地实现技术上的功能集成和管理上的职能集成，以打破传统的职能型组织结构，建立过程型组织结构，从而实现企业经营在成本、质量、服务和速度等方面的巨大改善。在经济增速趋缓、监管要求严格及同业竞争日益激烈的形势下，中小商业银行在注重规模扩大的同时，逐步选择涉及前中后台部门的流程再造等精细化管理改革方向，以提高绩效。

中小商业银行在市场定位、竞争优势、业务发展阶段等方面基础差异较大，流程再造方案各异，目前尚没有形成显现的统一或主流模式，但中小商业银行流程再造也形成了以下主要经验：一是从价值链分析入手突出核心业务流程。在再造过程中银行通常保留那些最能体现其竞争优势具有高附加值的核心业务流程而把一些低附加值的不再能体现领先优势的信息技术和标准化的业务处理进行外包。二是以业务战略为导向，以服务客户为中心。以银行战略目标为依据，以业务发展战略为指导，以提高客户满意度和实现客户价值增值为目标，对面向客户的业务流程进行梳理和再造。以创造出更适合客户需要的新的银行产品，缩短办理业务流程，为客户节省时间，提高银行产品及服务的安全性，为客户提供更多的信息服务。三是不断加强中后台集中化处理建设。信息技术的发展使银行的各项业务集中处理成为可能。业务的集中处理能够发挥规模效应，增强了风险防控能力。数据集中、财务集中、作业集中、审批集中等集中化管理得到有效践行。四是各层级的组织架构改造。矩阵式的业务管理结构正在建立并推行，以实现资源集中和组织扁平化，形成高效率的模块化结构。

4. 风险管理

全球银行业风险管理经过几十年发展，形成了以《巴塞尔新资本协议》为核心的理论体系，积累了大量的实践经验，具有较高的参考和借鉴价值。目前，西方商业银行的风险管理已发展到量化管理阶段，通过量化管理来平衡和处理风险与收益的矛盾，形成了以风险调整的资本收益率（RAROC）为核心的全面风险管理模式。从国内银行业风险管理现状上看，目前大部分银行都建立了相对健全的风险管理体系，对于重点风险领域都采取了各种定性与定量的方法进行管理，并且以落实新资本协议为契机，逐步实现资本对风险资产的有效配置，不断建立起适合银行实际的系统、全面，既满足风险管理、高层管理需要又满足外部监管要求的风险管理模型。中小商业银行风险管理中，城市商业银行和农村商业银行的风险管理水平相对较低，存在全面风险管理建设不足，量化风险管理缺乏，风险管理信息系统搭建迫切等问题。

5. 信息科技建设

银行业信息科技建设飞速发展，基础设施建设基本完成，核心系统开发应用工作不断深入，信息科技有效地支撑了银行业务的快速发展。针对中小商业银行而言，信息科技发展战略普遍成为中小商业银行发展战略的重要组成部分，但信息科技建设呈现出差异化的发展状况。部分中小商业银行的信息科技建设已处于相对领先地位，信息科技已成为其业务发展的基础和同业竞争的优势所在，而大部分中小商业银行的信息科技建设尚处于起步阶段，且面临诸多困难。

中小商业银行信息科技发展水平的提升源于三个方面原因。一是中小商业银行业务的快速扩张，特别是城市商业银行跨区域经营，对银行信息科技建设提出了更高的要求。一方面，中小商业银行借助信息科技新技术，创新自身业务，在同业竞争中保持优势；另一方面，中小商业银行业务扩张带来的信息科技风险也要求增加银行信息系统建设的投入。二是近年来中小商业银行盈利能力的增强，有能力增加信息科技建设的投入，加速核心系统建设。三是监管部门对银行信息科技风险监管要求越来越高，促进了中小商业银行加强信息科技建设。

中小商业银行信息科技建设存在的主要问题和障碍。一是不同的中小商业银行在信息科技建设水平上存在较大的差异性，而这主要源于不同中小商业银行在信息科技建设的战略规划。部分中小商业银行尚处于"无规划、无体制、无队伍"的状态，一些中小商业银行在此方面则已取得相当大的成效。二是信息科技人员队伍薄弱仍然是制约其信息科技发展的重要因素。中小商业银行信息科技人才的缺乏使信息科技部门已经不能满足生产运营与软件开发等工作的需要，许多银行系统开发人员还要负责生产维护工作，这导致开发质量较低，业务运行风险较高。三是缺乏对银行信息服务提供商的监管以及行业准入标准。

当前，中国银行业对信息科技应用趋势的基本导向是：利用网络和移动通信技术的发展丰富银行产品与业务渠道，以及通过云计算、服务外包和集中化处理技术控制科技成本。在信息科技应用普及和深入的过程中，中小商业银行信息化建设的战略重点有五个方面：一是通过信息化的技术手段达成"以客户为中心"的市场营销策略和渠道。二是加强运用信息化工具，建立全面风险管理体系。三是建立健全信息科技风险管控体系，加强信息安全保障，维护系统安全运行。四是建立体系化的数据管理制度和流程。五是落实与中小商业银行业务战略相匹配的信息系统规划建设。

6. 人力资源

中小商业银行随着业务的快速扩张以及日趋复杂的市场环境，人力资源建设成为应对挑战的战略性选择。中小商业银行人力资源的主要特征表现为以下四个方面：一是城商行跨区域经营和股份制商业银行的快速发展对未来员工需求强劲。二是人才结构不合理，梯队建设存在问题，绩效考核不完善，优秀人才流失，后备力量不足。三是绩效考核作为人力资源的重要内容，是决定中小商业银行核心竞争力的关键因素之一，目前绩效考核存在短期激励过度与长期激励不足。四是传统业务人才不足，同时，传统的存量银行人才增长不能匹配中小商业银行各个方面的迅速扩张。

7. 金融生态环境

金融生态就是指微观层面的金融环境，包括法律、社会信用体系、会计与审计准则、中介服务体系、企业改革的进展及银企关系等方面的内容（周小川，2005）。金融发展一方面取决于内部经营管理，另一方面取决于外部的因素体系影响，包括政府干预经营管理的程度、监管要求和监管推动的方式和手段，以及社会、经济、文化、政治、法律等金融基础建设的状况。国家或区域禀赋和发展程度的差异和特色，使得区域金融生态研究是极具区域特色的理论和实践课题。

地区差异成为中国经济的一个突出现象，地区差异和地方政府主导的经济发展模式导致了地区金融生态环境的差异，对于根植于区域环境的中小商业银行，地区金融生态环境对中小商业银行战略影响显著。地区金融生态环境是由地区经济基础、金融发展、政府治理、制度文化四个方面要素构成。其中，地域经济基础由经济发达水平、经济结构、基础设施、私人部门发展四类要素衡量，金融发展水平由金融深化（经济货币化程度）、金融竞争、金融部门效率、私人部门金融支持、金融市场化程度五类要素衡量，政府治理由政府经济发展干预程度、财政自给率、政府规模、政府诚信等四类结构性衡量要素，制度文化从地域金融法制环境、社会征信文化水平、金融中介组织发展状况三个方面考察。

中国金融发展报告（2011）的结论是：依据中国地区金融生态环境评价指标体系分析，地区金融生态环境评分从高到低排名依次为东部地区、中部地区、东北地区、西部地区；按五类等级划分（最高等级为一级），属于一级的地区有上海、浙江、北京、江苏；属于二级的地区有广东、福建、重庆、天津、山东；属于三级的地区有辽宁、四川、安徽、湖南、河南、河北、江西、云南、吉林、湖北、宁夏；属于四级的地区有内蒙古、广西、陕西、海南、新疆、黑龙江；属于五级的地区有山西、青海、贵州、甘肃。对经济区生态环境评分由高到低排名依次为长三角经济区、珠三角经济区、海西经济区、环渤海经济区、长株潭城市群、成渝经济区、郑汴经济区、武汉城市圈、北部湾经济区、关中经济区。

4.2　要素计量模型

为进一步研究公司治理、业务发展、风险管理、人力资源、信息科技建设、流程再造、金融生态环境七大要素的战略绩效，我们尝试通过构建非平衡面板数据计量模型，通过固定效应分析，考量相关影响情况，具体思路为：首先，构建体现公司治理、业务发展、内控及风险管理、人力资源、IT治理和信息化建设、流程再造、金融生态环境七大要素非平衡面板数据计量模型；其次，利用随机前沿方法（Stochastic Frontier Approach, SFA）的距离函数（The Output – oriented Distance Function）推导并计算广义 Malmquist 生产率指数，并把广义 Malmquist 生产率指数作为非平衡面板数据计量模型的被解释变量；最后进行多元统计计量分析，得到中小商业银行发展要素影响中小商业银行战略效率的关联关系。

这里首先说明中小商业银行发展战略绩效的指标选择为广义 Malmquist

生产率指数的合理性。广义 Malmquist 生产率指数是在不断克服方法缺陷基础上形成的度量银行效率的较先进的统计指标，涵盖了技术效率、规模效率、技术变化效率，考虑了面板数据信息，涵盖了低效率误差和随机误差的影响，是当前银行效率研究广泛使用的较成熟的全要素生产率（TFP）指标。本章需要强调的是，随机前沿分析确立了银行投入产出的最优生产边界，进而通过计算广义 Malmquist 生产率指数考量实际投入产出和最优生产边界的偏离程度，反映银行投入产出的资源配置和绩效程度。考量实际生产和最优生产边界偏离程度的计算视角，较好地契合了中小商业银行发展战略目标和实际情况的联系。因此，以广义 Malmquist 生产率指数作为中小商业银行发展水平战略绩效的替代指标，能够较好地涵盖中小商业银行发展中各类要素的影响和贡献。

关于商业银行战略绩效及其影响因素的既有文献研究主要侧重于两个方面：一是国外研究形成了发达国家、新兴市场国家银行效率、效率比较研究和全球化背景下银行效率研究成果（Kankana Mukherjee，2001；Sik & Hassan，2003；Hui – Lin Lin，2009），其相关研究注重了体制、技术、全球化等因素对银行绩效影响，但影响因素的分类不够系统全面。二是国内关于商业银行绩效及其影响因素的研究总体上呈现出样本维度较为狭小、关于中国中小商业银行绩效研究文献匮乏、绩效影响因素构建不系统等问题。相关文献主要有：姚树洁、冯根福（2004）利用我国 22 家商业银行 7 年非平衡面板数据，运用随机前沿生产函数分析银行的所有制构成和市场化机制对银行效率的影响；谢朝华、陈学彬（2005）从银行和市场的结构层面分析我国商业银行效率的结构性基础因素，得出产权结构、功能重组、市场结构、管制等是影响银行效率的显著因素；郑录军、曹廷求（2005）利用 25 个商业银行数据，采用数据包络方法，分析我国商业银行的效率，得出我国不同所有制形式的商业银行的效率差异程度并不显著，股权结构和治理机制是影响银行效率的显著因素；徐传谌、齐树天（2007）运用四大国有商业银行和 12 家股份制商业银行 1996—2003 年面板数据，利用随机前沿方法研究我国商业银行成本利润效率情况，提出产权改革和金融深化是中国银行业改革推进的趋势和着力点；张健华、王鹏（2009）选取包括大型国有商业银行、股份制商业银行、城市商业银行、外资银行在内的 192 家银行 1999—2008 年面板数据，采用随机前沿方法对中国不同类型银行的技术效率及其影响因素进行了研究；姚树洁、姜春霞、冯根福（2011）运用单阶段随机前沿模型，评估1995—2008年42家中国商业银行的成本效率和利润效率，并对所有制效应、治理结构变化的选择效应以及动态效应进行了实证分析；陈晞、叶宇（2011）运用25家中小商业银行2007—2009年数据，利用DEA方法，讨论了我国中小商业银行跨区域经营效率与影响因素；刘澜庵、王博（2011）运用面板数据包络技术以及Malmqnist指数对中国12家主要银行引进国外战略投资者的效果进行分析。比较而言，本章研究的主要贡献表现为三个方面：一是以大型商业银行以外的股份制商业银行、城市商业银行、农村商业银行为我国中小商业银行的范畴，选取了2001—2010年12家股份制银行、46家城市商业银行、13家农村商业银行等71家中小商业银行相关面板数据，实证分析中小商业银行战略绩效及影响因素的影响关系，样本较为系统宽广，时间序列较长较新，形成了更好揭示中小银行战略绩效及影响因素影响关系的数据基础。二是构建了由银行类型、公司治理、业务发展、流程再造、信息科技建设、区域生态环境、其他控制变量组成的自变量指标体系，指标更为全面系统。三是控制变量中引入了反映全球化情况的指标体系，显性表达了该控制变量的影响作用。

4.2.1　数据来源、模型设定、变量说明

1. 数据来源

在计量经济分析中，我们经常会发现利用时间序列数据（Time Series Data）或横截面数据（Cross Section Data）作为分析样本，往往由于样本容量太小，提供的信息量不足而不能满足模型估计和相关研究的需要。此时，我们希望能将时间维度和空间维度这两种属性结合起来，而结合后的数据被称为面板数据（Panel Data）。面板数据通过对样本中每一个样本单位进行多重观察，得到的一个数据集，这种多重观察的数据集合特征，既包括对样本时点特性的考量，也包括对样本时期特性变迁的关注。

面板数据与时间序列或截面数据相比，具有很多优势：第一，面板数据包含较多的数据点，使得样本具有丰富的信息量，更多的变化性，从而可构造自由度较大的统计量，大大提高估计量的效率；第二，面板

数据回归估计可有效降低变量间的多重共线性对估计量的困扰，并可有效控制截面个体行为差异对回归模型的影响，而使用时间序列数据或截面数据无法做到这一点，可能得到一个有偏估计；第三，面板数据能够更好地研究动态调节，因为截面数据看上去相对稳定却隐藏了许多变化，而包含时间维度信息的面板数据则可深入分析经济政策变化对研究对象的影响。

我们选取 2001—2010 年 12 家股份制商业银行、46 家城市商业银行、13 家农村商业银行相关面板数据，实证分析中小商业银行战略绩效及其影响因素的影响关系。下文实证分析不做特别说明，数据来源于 Bank Scope，《中国金融年鉴》（2001—2010）、《中国统计年鉴》（2001—2010），各银行相关年份的年度报告。个别数据在个别年份有缺失，形成了非平衡面板数据。

2. 模型设定和变量说明

依据经济关联关系，我们选取 Malmquist 生产率指数（$GMPI_{it}$）为被解释变量，公司治理、业务发展、内控及风险管理、人力资本水平、IT 治理及科技信息建设、流程再造、金融生态环境等要素相关指标为核心解释变量，经济状况及经济全球化因素的相关指标为控制变量，构建计量模型如下：

$$GMPI_{it} = \alpha X_{it} + \beta Z_{it} + \mu_i + \eta_t + \varepsilon_{it} \qquad (4-1)$$

其中：Malmquist 生产率指数（$GMPI_{it}$）为被解释变量，X_{it} 表示核心解释变量组成的向量，Z_{it} 表示控制变量向量，具体分量见表 4-1。α 表示核心解释变量向量的系数，β 表示控制向量变量的系数，η_t 为影响的时间趋势，μ_i 反映行间差异，ε_{it} 是随机扰动项。$GMPI_{it}$ 为被解释变量，用广义 Malmquist 生产率指数来反映。其他解释变量和控制变量的选取及规定如表 4-1 所示。

表 4-1　　　　　　　　　模型的解释变量及含义

因素	指标变量	含义
银行类型	JSCBS	为 1 代表其为股份制商业银行，为 0 否
	CCBS	为 1 代表其为城市商业银行，为 0 否
	RCBS	为 1 代表其为农村商业银行，为 0 否

因素	指标变量	含义
公司治理	是否战略引资（selection_foreign）	为 1 代表在样本其间经历了外资参股，为 0 否
	是否上市（selection_IPO）	为 1 代表在样本其间进行了 IPO，为 0 否
	外资参股短期影响（dynamic_foreign）	为 1 代表在外资参股之后，为 0 在之前
	IPO 短期影响（dynamic_IPO）	为 1 代表在 IPO 之后，为 0 在之前
	外资参股长期影响（dynamic_foreign_time）	取值为外资参股后的年数，0 表示参股之前同其他银行
	IPO 长期影响（dynamic_IPO_time）	取值为 IPO 后的年数，0 表示参股之前同其他银行
业务发展	资本收益率（ROE）	净收益与资本比率
	资产收益率（ROA）	净收益与资产比率
	总资产（ASSET）	总资产的自然对数
风险管理	不良贷款比率（NPLR）	不良贷款占总贷款比重
	拨备覆盖率（PCR）	贷款损失拨备占总贷款比重
	存贷比率（LR）	贷款与存款的比率
	资本充足率（CAR）	
	同业拆借率（IOR）	同业拆借占总负债比重
人力资本	本科及以上学历人员比重（BDPP）	本科及以上学历员工占总人数比重
信息科技建设	STRD	科技研发费用占营业费用的比重
	网上银行业务市场占有率（OBMS）	网上银行业务占总体网上银行业务的市场占有率
流程再造	管理费用占总资产比重（MCR）	管理费用/资产总额
金融生态环境	中国市场化指数（CMI）	中国市场化报告（樊纲、王小鲁等，2000—2011）
	贷款占 GDP 比重（LAPG）	贷款余额/GDP
	经济总量 log（GDP）	GDP 的自然对数
其他控制变量	GDP 增长率（GDPR）	GDP 增长率
	资本市场（SMVR）	股票总市值/GDP
	经济全球化（EGI）	Fadzlan Sufian 和 Muzafar Shah Habibullah（2011）

银行类型：JSCBS、CCBS、RCBS 分别代表股份制商业银行、城市商业银行、农村商业银行。哑变量取值 1 表示某一特指的银行，为 0 代表其他类型银行。

公司治理：参照 Berger 等（2005）、Beck Crivelli 和 Summerhill（2005）、Beck Cull 和 Jerome（2005）、Nakane 和 Weintraub（2005）、Williams 和 Nguyen（2005）的研究，构建静态指标（selection – foreign，selection – IPO）、短期动态指标（dynamic – foreign、dynamic – IPO）、长期动态指标（dynamic – foreign – time，dynamic – IPO – time）量化中小商业银行公司治理情况。selection – foreign 为 1 代表在样本其间经历了外资参股，否则为 0；selection – IPO 为 1 代表在样本其间进行了 IPO，否则为 0。短期动态指标用来比较治理结构变化前后的差异情况，从而检验治理结构变化的效应；dynamic – foreign 指标在有外资股权之前及变化的当年取 0，变化以后取 1，该变量衡量了有外资股权的银行在治理结构变化前后的情况差异；dynamic – IPO 指标在银行上市之前及变化的当年取 0，变化以后取 1，该变量衡量了实施上市的银行在治理结构变化前后的差异。长期动态效应指标估测治理结构变化的年数带来的影响；dynamic – foreign – time 哑变量为 0 表示在外资参股前，此后，哑变量取值为变化后的累计年数；dynamic – IPO – time 哑变量为 0 表示在 IPO 前，此后，哑变量取值为变化后的累计年数。

业务发展：用资本收益率、资产收益率、资产的自然对数衡量业务发展情况。

风险管理：用不良贷款率、拨备覆盖率、存贷比、资本充足率、同业拆借比率衡量内控及风险管理情况。

人力资本：用本科及以上学历人员占总人员比重代表人力资本基本情况。

信息科技建设：科技研发费用占营业费用的比重（STRD）、网上银行业务市场占有率（OBMS）来衡量 IT 治理和信息科技建设情况。

流程再造：流程再造的基本目标是降低成本，提升效率。可选择管理费用占总资产比重替代衡量。

金融生态环境：考虑数据的可得性，我们利用中国市场化报告（樊纲、王小鲁等，2000—2011）中的市场指数代表金融生态情况。中国地区市场化进程相对指数五个维度的构成及利用主成分分析法确定指标和权重，见表 4 – 2。

表 4 - 2   中国地区市场化进程相对指数的构成情况

1. 政府与市场的关系	1a. 市场分配经济资源的比重
	1b. 减轻农村居民的税费负担
	1c. 减少政府对企业的干预
2. 非国有经济的发展	2a. 非国有经济在工业总产值中的比重
	2b. 非国有经济在全社会固定资产总投资中所占比重
	2c. 非国有经济就业人数占城镇总就业人数的比例
3. 产品市场的发育程度	3a. 价格由市场决定的程度
	(3a1) 政府对社会零售商品价格的控制
	(3a2) 政府对生产资料价格的控制
	(3a3) 政府对农产品价格的控制
	3b. 减少商品市场上的地区贸易壁垒
4. 要素市场的发育程度	4a. 银行业的竞争
	4b. 信贷资金分配的市场化
	4c. 引进外资的程度
	4d. 劳动力流动性
	(4d1) 外来劳动力就业人数占该省区全部从业人员总数的比重
	(4d2) 单位国内生产总值所拥有的外来劳动力数量
5. 市场中介组织发育和法律制度环境	5a. 市场中介组织的发育
	5b. 对生产者合法权益的保护
	5c. 知识产权保护
	(5c1) 三种专利申请受理数量与 GDP 的比例
	(5c2) 三种专利申请批准数量与 GDP 的比例

其他控制变量：用贷款占 GDP 比重、GDP 的自然对数、经济增长率衡量经济和贷款规模基本情况，用股票市值占 GDP 比重衡量资本市场情况。同时，我们利用 Fadzlan Sufian 和 Muzafar Shah Habibullah（2011）构造的经济全球化指标体系，来衡量经济全球化情况。

表 4 - 3   经济全球化指标构成及权重情况   单位:%

指标结构	指标值所占权重
进出口贸易和服务的总额占 GDP 的比率	19
外商直接投资资本占 GDP 比重	20
外商直接投资的股票市值占 GDP 的比率	24
外商投资股票及债券等资产组合占 GDP 比率	17
外国居民收入所得税占 GDP 比率	20

4.2.2 广义 Malmquist 生产率指数的推导及计算

1. 广义 Malmquist 生产率指数公式推导

广义 Malmquist 生产率指数构建为

$$\ln G_0 = \left[\ln \frac{D_0(t+1)}{D_0(t)} \right] - \frac{1}{2} \left[\frac{\partial \ln D_0(t+1)}{\partial t} + \frac{\partial \ln D_0(t)}{\partial t} \right] +$$

$$\frac{1}{2} \sum_{k=1}^{n} \left[(RTS(t+1)-1) \cdot e_k(t+1) + (RTS(t)-1) \cdot e_k(t) \right] \cdot \ln \left(\frac{x_k^{t+1}}{x_k^t} \right)$$

$$(4-2)$$

其中：第一项为技术效率增长，第二项为技术变化效率增长，第三项为规模效率指数。规模弹性 $RTS(t) = -\sum_{k=1}^{n} \partial \ln D_0(t) / \partial \ln x_k$ ，$e_k(t) = \frac{\partial \ln D_0(t)}{\partial \ln x_k} / \sum_{k=1}^{n} \frac{\partial \ln D_0(t)}{\partial \ln x_k}$ 。$D_0(t)$ 为 t 时刻产出定位距离函数，$D_0(t+1)$ 为 $t+1$ 时刻产出定位距离函数，具体推导如下：

第一步：产出定位距离函数表达式为

$$\ln D_0(x_t, y_t, t) = \alpha_0 + \sum_{k=1}^{n} \alpha_k \ln x_{kt} + \sum_{j=1}^{m} \beta_j \ln y_{jt} + \frac{1}{2} \sum_{k=1}^{n} \sum_{h=1}^{n} \alpha_{kh} \ln x_{kt} \ln x_{ht}$$

$$\frac{1}{2} \sum_{j=1}^{m} \sum_{l=1}^{m} \beta_{jl} \ln y_{jt} \ln y_{lt} + \sum_{k=1}^{n} \sum_{j=1}^{m} \gamma_{kj} \ln x_{kt} \ln y_{jt} + \varphi_t t + \frac{1}{2} \varphi_{tt} t^2 + \sum_{k=1}^{n} \delta_{kt} \ln x_{kt} t + \sum_{j=1}^{m} \lambda_{jt} \ln y_{jt} t$$

$$(4-3)$$

其中：x 表示投入，y 表示产出，t 表示时间。约束条件为 $\sum_{j=1}^{m} \beta_j = 1$，$\sum_{l=1}^{m} \beta_{jl} = 0 (j = 1,2,3,\cdots,m)$，$\sum_{j=1}^{m} \gamma_{kj} = 0 (k = 1,2,3,\cdots,m)$，$\sum_{j=1}^{m} \lambda_{jt} = 0 (j = 1,2,3,\cdots,m)$。

第二步：式（4-3）等价于：

$$\ln D_{0it} - \ln y_{mit} = \alpha_0 + \sum_{k=1}^{n} \alpha_k \ln x_{kit} + \sum_{j=1}^{m-1} \beta_j \ln(y_{jit})^* + \frac{1}{2} \sum_{k=1}^{n} \sum_{h=1}^{n} \alpha_{kh} \ln x_{kit} \ln x_{hit}$$

$$\frac{1}{2} \sum_{j=1}^{m-1} \sum_{l=1}^{m-1} \beta_{jl} \ln(y_{jit})^* \ln(y_{lit})^* + \sum_{k=1}^{n} \sum_{j=1}^{m-1} \gamma_{kj} \ln x_{kit} \ln(y_{jit})^* + \varphi_t t + \frac{1}{2} \varphi_{tt} t^2 +$$

$$\sum_{k=1}^{n} \delta_{kt} \ln x_{kt} t + \sum_{j=1}^{m} \kappa_{jt} \ln(y_{jit})^* t + v_{it} \qquad (4-4)$$

其中：$(y_{jit})^* = y_{jit}/y_{mit}(j=1,2,3,\cdots,m-1)$；根据定义，$\ln D_{0it} \leqslant 0$。进一步定义 $u_{it} = -\ln D_{0it}$，$u_{it} \sim N^+(0,\sigma_u^2)$，服从非负截断正态分布，$v_{it} \sim N(0,\sigma_v^2)$，服从标准正态分布，$u_{it}$ 和 v_{it} 相互独立。

第三步：广义 Malmquist 生产率指数可表示为

$$\ln G_0 = \frac{1}{2}\sum_{j=1}^m \left[\frac{\partial \ln D_0(t+1)}{\partial \ln y_j} + \frac{\partial \ln D_0(t)}{\partial \ln y_j}\right] \cdot (\ln y_j^{t+1} - \ln y_j^t)$$

$$+ \frac{1}{2}\sum_{k=1}^n \left[\frac{\partial \ln D_0(t+1)/\partial \ln x_k}{\sum_{k=1}^n \partial \ln D_0(t+1)/\partial \ln x_k} + \frac{\partial \ln D_0(t)/\partial \ln x_k}{\sum_{k=1}^n \partial \ln D_0(t+1)/\partial \ln x_k}\right] \cdot$$

$$(\ln x_k^{t+1} - \ln x_k^t) \tag{4-5}$$

第四步：由式（4-4）和式（4-5）推导即得式（4-1）。

2. 广义 Malmquist 生产率指数（GMPI）的计算

利用 SFA 随机前沿函数，选择投入产出的生产法，设置基本投入产出指标，构建计量经济模型式（4-6），经计量分析，结合式（4-1），即得样本银行各年度广义 Malmquist 生产率指数。

$$\ln(\text{Output}_{it}) = \beta_0 + \beta_1 \ln(\text{Labor}_{it}) + \beta_2 \ln(\text{Deposit}_{it}) + \beta_3 \ln(\text{Fixasset}_{it})$$

$$+ \beta_t \cdot t + \frac{1}{2}\beta_{11}[\ln(\text{Fixedasset}_{it})]^2 + \frac{1}{2}\beta_{22}[\ln(\text{Deposit}_{it})]^2$$

$$+ \frac{1}{2}\beta_{33}[\ln(\text{Labor}_{it})]^2 + \frac{1}{2}\beta_{tt} \cdot t^2$$

$$+ \frac{1}{2}\beta_{12}\ln(\text{Fixedasset}_{it})\ln(\text{Deposit}_{it})$$

$$+ \frac{1}{2}\beta_{13}\ln(\text{Fixedasset}_{it})\ln(\text{Labor}_{it})$$

$$+ \frac{1}{2}\beta_{23}\ln(\text{Deposit}_{it})\ln(\text{Labor}_{it})$$

$$+ \beta_{1t}\ln(\text{Fixedasset}_{it}) \cdot t + \beta_{2t}\ln(\text{Deposit}_{it}) \cdot t$$

$$+ \beta_{3t}(\text{Labor}_{it}) \cdot t + v_{it} - u_{it}$$

$$\tag{4-6}$$

其中：Output 为各中小商业银行年度产出指标，由贷款总额净值和其他投资项目加总得到；Labor 为员工人数，Deposit 为存款总额，Fixasset 为固定资产总额，均为商业银行的年度生产投入要素；t 为年份。样本银行广义

Malmquist 生产率指数年度平均值情况如图 4 – 1 所示。

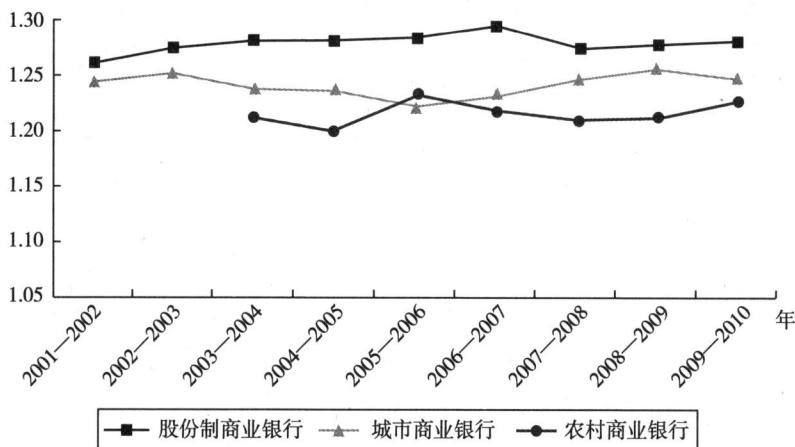

图 4 – 1 2001—2010 年 71 家中小商业银行
中三类银行广义 Malmquist 生产率指数平均值情况

4.3 计量分析和结论

4.3.1 统计检验

面板数据模型估计通常首先实施单位根检验和协整两步数据检验过程，以克服数据非平稳性，实施关联关系统计分析；其次进行面板数据计量分析的统计检验，甄别为固定效应或随机效应分析法；最后选择模型估计方法，实施回归分析。

面板数据模型的计量分析，根据模型中估计参数的不同特性，可以将其分成"固定效应模型"或"随机效应模型"。如果面板数据模型中的截距项可看作是估计的参数，则此种情形下模型为固定效应模型。如果模型中的截距项可看作是随机变量，则此种情形下模型为随机效应模型。面板数据模型的类型不同，估计参数的方法也有所不同。通常可以利用 Hausman 检验来判定是进行固定效应模型估计还是随机效应模型估计较为合适。如果拒绝了"固定效应和随机效应无差别"的原假设，则意味着固定效应模型使用起来是可靠的。下文实证分析中 Hausman 检验结果表明固定效应模型设定对本章研究的问题是可靠的。

固定效应模型可分为变截距和变系数两类基本模型，其中变截距模型假设解释变量系数不变、截距随个体特征差异而变化，而变系数模型假设截距不变、解释变量系数随个体特征差异而变化。变截距模型成为符合研究要求的模型设定形式；同时，在使用变截距模型时，由于模型既包括时序维度和截面维度的信息，直接用普通最小二乘法估计模型，会受到自相关和异方差的困扰，所以本章采用广义最小二乘法（GLS）来估计模型参数。

单位根检验是非经典计量经济学的重要组成部分。当认识到序列的非平稳性会给建立计量经济模型带来严重影响之后，检验经济序列平稳性的单位根检验理论与方法得到迅速的发展，目前已经形成一个比较完整的理论体系。

面板数据单位根检验的方法主要有六种主要的检验方法，其检验各有侧重，具体见表4-4。

表4-4　　　　　　　集中面板单位根检验方法的特征

方法名称	原假设	备择假设	可能确定性成分	自相关矫正方法
LLC 检验	存在单位根	不存在单位根	N，F，T	差分项的滞后
Breitung 检验	存在单位根	不存在单位根	N，F，T	差分项的滞后
IPS 检验	存在单位根	部分截面不存在单位根	F，T	差分项的滞后
Fisher - ADF 检验	存在单位根	部分截面不存在单位根	N，F，T	差分项的滞后
Fisher - PPP 检验	存在单位根	部分截面不存在单位根	N，F，T	核函数
Hadri 检验	不存在单位根	存在单位根	F，T	核函数

注：N 表示无外生变量，F 表示固定效应，T 表示特定截面效应和特定趋势。

在实证分析时，对面板数据做了如下检验：第一，面板数据单位根检验及协整检验。相关指标一方面受中小商业银行同质化竞争策略、趋同的外部监管、经济状况等影响，截面间具有相互关联的特征；另一方面，受差异化竞争策略和差异化区域金融生态环境因素影响，截面间又具有独立的特征。基于关联和独立两类因素的并存情况，我们对面板数据单位根检验时，选取了以截面间相互独立为假设条件的 LLC 检验、Breitung 检验、Hadri 检验、IPS 检验，以及以界面间相互关联为假设条件的 Fisher - ADF 检验、Fisher - PPP 检验方法，协同考察（各检验方法特征见表4-4），结果显示计量模型各变量总体来说一阶单整；进一步用 Pedroni（2004）基于异质面板数据假设的协整检验方法和 Kao（1999）基于同质面板数据假设的协整检验方法，得出面板数据协整。第二，F 检验和 Hausman 检验考量模型选择问题。F 检验甄别是面板数据混合效应模型还是固定效应模型；Hausman 检验甄别是随机效应模型还是固定效应模型。甄别得出固定效应分析更为适合。

4.3.2 固定效应计量结果

表 4 - 5 和表 4 - 6 是中小商业银行发展战略要素的回归模型估计结果。我们工作结果分为两部分：第一部分是利用 71 家中小商业银行面板数据的估计结果，揭示中小商业银行相关变量之间的关系：其中，模型 1 是核心解释变量中公司治理相关变量（Selection - foreign，Selection - IPO，Dynamic - foreign，Dynamic - IPO，Dynamic - foreign - time，Dynamic - IPO - time）、业务发展相关变量［ROE，ROA，log（ASSET）］、内控及风险管理相关变量（NPLR，PCR，LR，CAR）、人力资源变量 BDPP、IT 治理及信息科技建设相关变量（STRD，OBMS）、流程再造变量 MCR 等对中小商业银行广义 Malmquist 生产率指数进行回归估计的结果。模型 2 是在模型 1 的基础上加入金融生态变量 CMI 进行回归估计的结果。模型 3 是在模型 2 的基础上加入国内经济相关控制变量进行回归估计的结果。模型 4 是在模型 3 的基础上加入经济全球化变量进行回归估计的结果。第二部分是区别股份制商业银行、城市商业银行、农村商业银行中小商业银行类型结构的面板数据的回归模型估计结果，解释变量的选择层次同于模型 1、模型 2、模型 3、模型 4，形成了模型 5、模型 6、模型 7、模型 8 的计量回归结果。

表 4 - 5　　中小商业银行发展战略要素影响计量回归估计结果一

	模型 1	模型 2	模型 3	模型 4
C	3. 839 **	4. 46 **	4. 561 **	4. 447 **
	(0. 000)	(0. 000)	(0. 000)	(0. 000)
Selection - foreign	0. 123 *	0. 12 **	0. 118 **	0. 106 **
	(0. 108)	(0. 012)	(0. 010)	(0. 009)
Selection - IPO	0. 209 **	0. 186 **	0. 177 **	0. 158 **
	(0. 076)	(0. 003)	(0. 063)	(0. 059)

	模型 1	模型 2	模型 3	模型 4
Dynamic – foreign	– 0. 174 **	– 0. 159 **	– 0. 153 **	– 0. 085 **
	(0. 035)	(0. 029)	(0. 027)	(0. 033)
Dynamic – IPO	0. 361 **	0. 343 **	0. 329 **	0. 341 **
	(0. 043)	(0. 065)	(0. 038)	(0. 023)
Dynamic – foreign – time	– 0. 012 **	– 0. 011 **	– 0. 085 **	– 0. 093 **
	(0. 078)	(0. 063)	(0. 104)	(0. 013)
Dynamic – IPO – time	– 0. 341 **	– 0. 279 **	– 0. 38 **	– 0. 426 **
	(0. 050)	(0. 031)	(0. 070)	(0. 051)
ROE	0. 407 **	0. 575 *	0. 386 *	0. 347 **
	(0. 042)	(0. 062)	(0. 058)	(0. 012)
ROA	0. 523 **	0. 468 *	0. 519 *	0. 605 **
	(0. 062)	(0. 161)	(0. 198)	(0. 056)
log（ASSET）	0. 107 **	0. 102 *	0. 083 *	0. 079 **
	(0. 162)	(0. 065)	(0. 091)	(0. 075)
NPLR	– 0. 275 **	– 0. 269 *	– 0. 205 *	– 0. 148 *
	(0. 042)	(0. 082)	(0. 0838)	(0. 087)
PCR	– 0. 012 *	– 0. 023 *	– 0. 131 *	– 0. 118 **
	(0. 154)	(0. 092)	(0. 079)	(0. 057)
LR	0. 247 **	0. 321 *	0. 184 *	0. 178 **
	(0. 066)	(0. 078)	(0. 051)	(0. 044)
CAR	– 0. 109 **	– 0. 114 *	– 0. 321 *	– 0. 173 **
	(0. 065)	(0. 068)	(0. 094)	(0. 015)
BDPP	0. 549 **	0. 487 *	0. 462 *	0. 375 **
	(0. 055)	(0. 039)	(0. 076)	(0. 019)
STRD	0. 098 **	0. 105 *	0. 084 *	0. 078 **
	(0. 042)	(0. 062)	(0. 058)	(0. 012)
OBMS	0. 256 **	0. 249 *	0. 195 *	0. 186 **
	(0. 023)	(0. 094)	(0. 089)	(0. 012)
MCR	– 0. 788 **	– 0. 681 *	– 0. 706 *	– 0. 16 **
	(0. 033)	(0. 027)	(0. 069)	(0. 014)

续表

	模型 1	模型 2	模型 3	模型 4
CMI		0.348 ** (0.041)	0.291 * (0.082)	0.227 * (0.068)
LAPG			0.107 ** (0.042)	0.114 * (0.082)
log (GDP)			0.165 ** (0.034)	0.097 * (0.073)
GDPR			0.338 ** (0.033)	0.259 * (0.071)
SMVR			−0.358 ** (0.023)	−0.294 * (0.065)
EGI				0.407 ** (0.034)
Hausman 检验值	29.448 ** (0.0000)	30.596 ** (0.0001)	24.753 * (0.0749)	23.995 * (0.0884)
F 统计量	60.27	61.347	60.798	60.396
样本容量	675	675	675	675
修正的 R^2	0.907	0.894	0.883	0.862

注：（1）括号中的数是标准误差；（2）**、*分别表示在5%和10%的显著性水平下显著。

表4-6　中小商业银行发展战略要素影响计量回归估计结果二

	模型 5	模型 6	模型 7	模型 8
JSCBS	0.309 ** (0.045)	0.292 ** (0.032)	0.288 ** (0.028)	0.283 ** (0.044)
CCBS	0.452 ** (0.065)	0.442 ** (0.060)	0.438 ** (0.055)	0.419 ** (0.053)
RCBS	0.308 ** (0.023)	0.287 ** (0.013)	0.299 ** (0.039)	0.286 ** (0.041)
Selection - foreign	0.108 * (0.098)	0.102 ** (0.023)	0.110 ** (0.020)	0.105 ** (0.014)

	模型 5	模型 6	模型 7	模型 8
Selection – IPO	0.206 **	0.197 **	0.173 **	0.162 **
	(0.064)	(0.012)	(0.045)	(0.052)
Dynamic – foreign	0.165 **	– 0.135 **	– 0.129 **	– 0.088 **
	(0.032)	(0.024)	(0.023)	(0.039)
Dynamic – IPO	0.359 **	0.332 **	0.318 **	0.326 **
	(0.030)	(0.061)	(0.036)	(0.22)
Dynamic – foreign – time	– 0.012 **	– 0.011 **	– 0.078 **	– 0.086 **
	(0.069)	(0.071)	(0.20)	(0.013)
Dynamic – IPO – time	– 0.340 **	– 0.272 **	– 0.284 **	– 0.329 **
	(0.040)	(0.041)	(0.060)	(0.034)
ROE	0.403 **	0.563 *	0.328 *	0.333 **
	(0.032)	(0.059)	(0.062)	(0.009)
ROA	0.489 **	0.475 *	0.502 *	0.561 **
	(0.061)	(0.099)	(0.100)	(0.076)
log (ASSET)	0.104 **	0.103 *	0.073 *	0.071 **
	(0.77)	(0.075)	(0.081)	(0.068)
NPLR	– 0.251 **	– 0.329 *	– 0.203 *	– 0.149 **
	(0.032)	(0.060)	(0.051)	(0.017)
PCR	– 0.014 *	– 0.026 *	– 0.131 *	– 0.113 **
	(0.084)	(0.092)	(0.079)	(0.054)
LR	0.236 **	0.328 *	0.191 *	0.176 **
	(0.068)	(0.076)	(0.093)	(0.041)
CAR	– 0.098	– 0.091	– 0.085	0.082
	(0.168)	(0.173)	(0.174)	(0.0121)
BDPP	0.543 **	0.478 *	0.451 *	0.332 **
	(0.045)	(0.037)	(0.068)	(0.030)
STRD	0.088 **	0.115 *	0.079 *	0.062 **
	(0.033)	(0.089)	(0.096)	(0.029)
OBMS	0.250 **	0.257 *	0.188 *	0.179 **
	(0.026)	(0.090)	(0.099)	(0.026)

续表

	模型 5	模型 6	模型 7	模型 8
MCR	− 0. 611 **	− 0. 645 *	− 0. 425 *	− 0. 265 **
	(0. 038)	(0. 035)	(0. 086)	(0. 021)
CMI		0. 352 **	0. 295 *	0. 226 *
		(0. 031)	(0. 088)	(0. 090)
LAPG			0. 143 **	0. 129 *
			(0. 037)	(0. 084)
log（GDP）			0. 156 **	0. 143 *
			(0. 037)	(0. 079)
GDPR			0. 332 **	0. 246 *
			(0. 031)	(0. 078)
SMVR			− 0. 354 **	− 0. 284 *
			(0. 020)	(0. 083)
EGI				0. 410 **
				(0. 033)
Hausman 检验值	32. 764 **	30. 673 **	25. 653 *	24. 815 *
	(0. 0001)	(0. 0001)	(0. 0525)	(0. 0843)
F 统计量	62. 242	61. 231	60. 481	60. 504
样本容量	675	675	675	675
修正的 R^2	0. 900	0. 891	0. 847	0. 831

注：（1）括号中的数是标准误差；（2）**、*分别表示在5%和10%的显著性水平下显著；（3）计量模型设置去掉常数项，可避免虚拟变量引发的多重共线性问题。

4.3.3　结论

模型1、模型2、模型3、模型4的修正 R^2 分别为0.907、0.894、0.883、0.862，参数估计在10%的水平上均显著，Hausman 检验值在5%的水平上是显著的，表明这里的固定效应模型设定是可靠的，因此它们较好地揭示了解释变量对被解释变量的影响关系。进一步添加虚拟变量，以凸显中小商业银行结构，区分股份制商业银行、城市商业银行、农村商业银行，进行计量回归的敏感性检验。模型5、模型6、模型7、模型8的结果表明，除一些系数值有小幅变动外，模型的显著性、相关因素关联关系没有发生显著变化，模型的稳定性较好，中小商业银行发展战略要素影响关系稳定，公司治理、业务发展、风险管理、信息科技发展、流程再造、金融生态、经济全球化等是中小商业银行发展战略的核心要素。具体来看，在其他要素影响保持不变的条件下，我们可以得到：

第一，公司治理是中小银行发展战略要素之一，外资参股和上市是中小银行公司治理的重要股权治理政策变量。2001—2010 年的实证分析显示：静态来看，Selection – foreign、Selection – IPO 两项制度安排有效提高了中小商业银行绩效；动态来看，Dynamic – foreign、Dynamic – IPO 两项制度安排短期绩效明显，外资参股改进了董事会履行职责的有效性、改善了风险管控、技术改良和业务发展，IPO 改善扩大了资本结构、形成了有效的外部监管渠道和机制，促进了绩效提升；但长期绩效为负（Dynamic – foreign – time、Dynamic – IPO – time），这是由于外资参股和 IPO 对中小商业银行长期发展的两个影响机制出现了问题，第一个是新的治理结构的体系化建设步伐缓慢，没有有效解决引进外资和 IPO 后的相关制度建设问题，增量效应的发挥越来越弱；第二个是公司治理的其他制度建设匹配外资引入和 IPO 的协同性可能出现了问题。地方政府控制是中小银行公司治理的重要特征，中小银行公司治理改革的过程，就是政府控制方式和程度优化、监管优化、内部优化以及市场机制作用不断彰显的过程。实施外资参股和上市是中小银行公司治理改革的重要举措，相关改革举措的实施应放在中小商业银行公司治理改革战略系统路径和策略体系中逐步推进。中小银行公司治理改革需要抓住政府控制的特殊性，通过外部推动和内部提升的综合推动来实施。

第二，业务发展是中小商业银行发展战略要素，通过资产利润率、资本利润率和资产规模的实证分析［ROE、ROA、log（ASSET）］表明：中小银行业务发展的绩效贡献显著。当前中小银行业务创新，需要协同转型发展要求，发挥规模经济和范围经济效应，适应跨区域经营、差异化特色化定位、利率市场化改革、中小企业融资等环境要素的特点和要求，确立业务发展总体思路，实施各类别重点业务策略。

第三，以成本降低为替代变量（MCR）的流程再造对中小商业银行发展正向影响程度显著，面向客户、降低成本、提高效率的流程再造基本目的得到贯彻。但当前，中小商业银行流程再造的改革任务依然任重道远，面临的最大难题有两方面，一是流程再造已形成了较成熟的理论和实务模式，但流程模式的契合性和实用性没有统一的模板，挖掘自身优势和潜力，形成服务自身优势的流程对于每家中小商业银行来说是共性因素存在但模式必须个性化的一项战略任务。二是流程再造过程伴随公司内部利益分割和利益调整，改革的艰巨性和渐进性特征明显，需要高管层从战略全局的角度，高瞻远瞩，把握治理契机、治理进程、治理模式，鼎力推进。

第四，风险管理作为中小银行发展战略要素，相关指标计量系数（NPLR、PCR、LR、CAR）印证了风险管理创造价值的理念和观点。当前，全新的经济金融形势和趋势，以及转型发展的总体战略要求，使得中小银行风险管理的主体特征以及管理要求发生了较大的变化，需要加强风险偏好体系和机制建设，加强全面风险管理，实施积极的风险管理。

第五，信息科技建设变量（STRD、OBMS）的正向影响关系显著。科技载体对中小商业银行的业务发展和创新、管理绩效提升的作用不断显现，技术应用方面大银行的示范效应是明确的，技术引入和外包的制度安排是可行的。当前，中小商业银行需要加强信息科技促进创新、提升绩效的战略认识，明确信息科技面向客户、面向决策、面向流程的战略定位，加强信息科技核心技术应用和信息科技体系和机制建设。

第六，人力资源的正向激励作用，是实证分析（BDPP）的一般结论。中小商业银行人力资源建设的关键是要保持和其他子战略的匹配性和契合性，依据中小商业银行内外禀赋和人力资源建设的内在规律，挖掘中小商业银行人力资源的战略逻辑和经济机制，实施系统性建设策略。

第七，以地区经济发展指数为替代变量的实证分析显示了金融生态改善对中小商业银行发展的重要影响。银行产品和服务，对经济和就业等宏观微观作用机制显示了其准公共产品的诸多属性，而中小商业银行服务地区、服务中小企业和城乡居民、服务薄弱领域金融支持的特点，使得中小商业银行产品和服务的准公共产品属性更加独特，在这种状况下，外部治理的制度供给和制度改善，对中小商业银行的发展影响更显得举足轻重。因此，政府职能、公共政策供给、企业和地区金融政策改革等金融生态研究是中小商业银行发展战略研究的重要方面。

第八，量化经济全球化影响在中小商业银行发展中的关系是我们全新尝试一个实证因素，以进出口贸易、外商直接投资、外商纳税为指标体系的全球化指标（EGI）对我国中小商业银行正向影响作用明显。其作用机制不外乎四个途径：一是经济全球化对中小商业银行金融服务企业业务的正向激励；二是对监管部门引入国际监管标准、加强对中小商业银行监管的市场化、间接性、科学性的制度引进及应用的正向激励；三是经济全球化促进了政府的金融生态管理和治理的改革和改良，持续优化了金融生态；四是经济全球化为中小商业银行引入、吸收、应用国际中小商业银行的先进管理理念、技术、手段提供了良好环境和契机。

本章确立中小商业银行发展战略七大要素：公司治理、业务发展、内控及风险管理、人力资源、信息科技建设、流程再造、区域金融生态环境，并利用我国中小商业银行非平衡面板数据，通过计量经济实证分析各要素对中小商业银行战略绩效的影响程度，完成了中小商业银行发展战略要素及其情况的分析，为后续章节关于中小商业银行发展战略重点内容的确立，以及中小商业银行战略重点的分析形成铺垫和支撑。

5 中国中小商业银行发展战略总体框架设计

中小商业银行发展战略是长久的制度安排，维系的也是区域经济发展和金融支持的长期繁荣。在未来经济金融发展趋势及发展特征与以往历史时期大不相同的大背景下，中小商业银行发展面临的机遇与挑战具有了全新的特点，在经历了以往的改革过程后，我国中小商业银行发展急切需要建立目标明确、特征突出、重点得当的新的发展战略。在前文系统分析了我国中小商业银行发展战略基础理论、战略环境、战略要素实证分析基础上，本章规划和设计中国中小商业银行发展战略总体框架。

5.1 战略目标

基于中小商业银行取得的成就和已经奠定的发展平台，以及未来经济金融趋势和特征对中小商业银行发展的要求，我国中小商业银行发展的战略目标是从改革经营和管理、改善发展生态环境入手，积极稳妥、循序渐进地推进中小商业银行沿着高效、稳健、可持续的方向发展，建立特色鲜明、服务优良的现代银行，实现多层次、差异化、特色化发展和有效市场竞争以及动态匹配经济社会发展需求，充分服务地方经济、中小企业、城乡居民的和谐金融发展。

为实现上述目标，必须建立与中小商业银行自身实际、区域经济和社会情况，以及与我国国情相适应的健全、完备、可持续的中小商业银行发展体系。通过公司治理、业务发展、流程再造、内控和风险管理、信息科技建设、人力资源建设、生态环境七大发展系统的综合、协调发展，满足中小商业银行自身发展、区域经济和社会发展、国家发展的需求，实现中小商业银行发展和有效履行经济社会服务职能的和谐局面。

我国中小商业银行发展战略体系如图5-1所示。它揭示的是在现行经营管理制度安排的基础上，经过未来一定时期的建设需要完成的健全、完备的制度体系。这一体系在未来发展进程中的主要特点是每一项目的内容将不断创新和丰富，不同类型的中小商业银行在不同的发展阶段对项目的侧重点各异,总体的路径是由有选择的制度建设逐步向全面、并重、完备的体系建设发展。为此,既需要不同中小商业银行个体基于自身实际实施优先序列安排,实施差异化、特色化战略安排,又需要中小商业银行群体结成战略联盟,实施协同性战略部署;既需要加强政府主导的统一的金融生态建设,又需要形成针对性、差异化的适合不同中小商业银行发展的差异化、结构性的金融生态环境建设和政策支持;既需要借鉴并有效应用国际中小商业银行先进的经营管理理念、产品、制度体系,又需要保持资源禀赋所决定的传统的优势产品、业务、管理特色;既需要大力发展中小商业银行,又需要不断改革和完善金融业其他主体和要素的体系建设,实现在发展中小商业银行的过程中促进金融业全面、协调和持续发展。

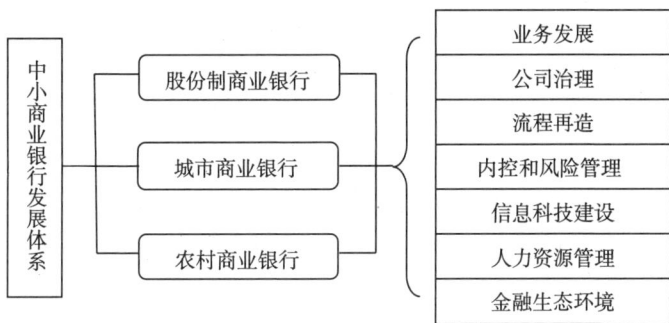

图 5-1 我国中小商业银行发展体系

5.2 战略特征

我国中小商业银行总体发展战略具有六方面的战略特征:多层次发展,差异化和特色化发展,有效市场竞争,服务地方经济、服务中小企业、服务城乡居民,高效、稳健、可持续,发展和服务的和谐。其中,和谐发展与和谐服务,需要处理好四方面关系:外延式发展和内涵式发展关系,中小商业银行和地方政府关系,统一性和差异化关系,本土化和国际化关系。

1. 多层次发展。多层次发展,是由中小商业银行综合实力、银行市场竞争需求、经济社会发展需求等因素决定的且内生为中小商业银行发展战略的一个基本目标和市场格局。多层次基本表现为四个层次:一是发展为全国性甚至具有国际影响力的中小商业银行。股份制商业银行和部分在资本实力、资产规模、市场拓展、产品创新、综合经营、公司治理、风险控制、人力资本、信息科技等方面具有较强综合竞争力的城市商业银行和农村商业银行，可做大做强，实施综合经营，发展为全国性银行，其中优秀的中小商业银行可实施国际化战略。一方面在国际金融市场的重要组成部分——国内市场与外资银行竞争，另一方面走出国门，通过并购和新建并举的多种形式在国外设立分支机构，发挥国际国内市场的互补效应，实施国际化经营，推进国际化进程。二是发展为区域性商业银行。形成所在区域健全的服务网络和服务品牌，塑造较好的区域核心竞争能力。三是发展为社区小银行。依托文化融入、人脉积累、"软信息"掌握较好的资源禀赋和地缘优势，深耕社区，贴身服务，差异化竞争。四是发展为专门类别服务的特色产品小银行。譬如重点倾向小微企业融资、金融薄弱区域信贷服务、科技金融服务、贸易融资等特色产品金融服务。

2. 差异化、特色化发展。差异化、特色化发展就是准确把握宏观形势、政策导向、利益相关者意志转变、市场动态趋势和关键转折点，主动把握自身产业链、客户链、价值链的特征和优势，形成符合自身发展特点、能够彰显自身优势、具有核心竞争力导向的市场定位，并通过集中有限的人财物资源，通过人力、机构、费用、技术、品牌等诸多方面的资源配置，向与自身服务能力相匹配的业务、客户方面倾斜，着力打造具有市场竞争力、影响力，特色鲜明、绩效卓著的产品和服务品牌，实施差异化、特色化经营，形成比较优势。差异化、特色化经营过程，就是比较优势不断强化和突出的过程，比较优势的不断积聚，推动着差异化、特色化经营的不断深化。差异化、特色化发展，是中小商业银行错位竞争、形成核心竞争力的要求。

3. 有效市场竞争。有效市场竞争是覆盖宏观、微观层面的全面的基本目标。以市场化为主导，发展民营企业、推进国有企业改革，有效改革和优化地方政府在中小商业银行中所有者角色，加强地方政府对中小商业银行的监督管理职能，进而推进中小商业银行经营管理的市场化机制建设，供给保障良好的中小商业银行金融生态环境等，是实现有效市场竞争目标的关键。

4. 服务地方经济、服务中小企业、服务城乡居民。中小商业银行的市场定位是"服务地方经济、服务中小企业、服务城乡居民"，这是市场竞争、金融服务区域和领域扩大要求、地方政府要求、中小商业银行经营管理的资源禀赋等内外因素决定的均衡选择。在整体市场定位驱动下，中小商业银行要实施差异化、特色化、错位竞争的转型战略，有力覆盖金融薄弱领域和区域，着力供给中小企业和城乡居民的金融服务，保障地方经济的金融支持。

5. 高效、稳健、可持续。中小商业银行金融服务的高效目标，强调产品供给、服务能力有效满足市场需求，有效推进经济社会发展大战略。稳健目标，是基于风险既是银行获利的手段，又是银行蚀利原因的经营特征，同时考虑了中小商业银行发展初级阶段的管理状况的基本目标要求，要处理好效益、质量、规模协调发展的关系，以效益为目的，以质量为前提，以规模为手段，实施稳健发展。可持续发展目标，旨在强调中小商业银行追求自身可持续发展的同时，要有利于促进社会经济金融的可持续发展。中外实践证明，中小商业银行的发展水平，是经济金融繁荣发展的重要标志。联系我国的实际，可持续发展主要体现在尊重中小商业银行自身和行业发展规律的同时，重点考虑全国及地区长期处于社会主义初级阶段的国情和省情及其发展进程中的重要变化，在相关改革和建设中采取渐进、可持续发展的方式，既要认真考虑自身经营管理的激励机制和效率原则，又要维护好内部的公平机制和满足地区、企业、居民金融服务需求的普惠要求。

6. 发展和服务的和谐。和谐发展与和谐服务，是中小商业银行内部经营管理、外部金融服务的根本目标。内部经营管理，要平衡处理好公司治理、业务发展、风险管理、信息科技建设、人力资源建设、流程再造、生态环境七大发展系统的综合、协调发展，安排优先次序，适时调整重点项目侧重点，实施帕累托改进。外部金融服务，要依托内部经营管理形成的良好服务，有效挖掘市场，巩固优势，处理好存量和增量效应的互动经营格局。政府要持续优化与中小商业银行的关系，处理好控制、管理、改善金融生态环境等职能间的问题、矛盾和关联关系。为此，中小商业银行改革和发展的主体需要处理好以下几方面关系：

一是外延式发展和内涵式发展关系。外延式发展是当前中小商业银行发展的基本方式。我国要素驱动的追赶型经济增长模式、政府对中小商业银行干预和控制、中小商业银行经营管理状况决定了在所处发展阶段，中小商业银行普遍采取了高资本消耗、较低收益的外延式发展模式。这种经营模式的主要特点是以注重大中型企业为服务对象，以批发贷款为主要资产形式、以存贷利差为主要盈利来源，零售银行业务、中间业务、小微企业业务占比较少，虽然取得了规模扩大和有力服务经济发展的显著成效，但也造成了重投入轻效益、重数量轻质量、重规模轻结构、重速度轻管理的经营状况，高风险资产占比较高，业务和产品结构不合理、非利差收入占比较小、收入和资本积累的增长速度远落后于资产的扩张速度、资本约束的管理意识不足的诸多问题。中小商业银行以信贷驱动、融资驱动、成本驱动、利差驱动为典型特征的外延式发展模式在一定时期内将继续存在。

内涵集约型发展是今后中小商业银行注重加强的发展模式。在国家经济战略处于由传统要素追赶型向内生增长型转变的战略环境下，在新资本监管要求的外在约束下，在社会融资需求不断变化情况下，在利率市场化改革深入推进下，外延式发展模式的盈利空间将越来越小，中小商业银行应逐步向内涵集约式发展模式转变。由规模导向向价值导向转变，由粗放经营向集约经营转变，由以大论小向以质论优转变，由单一盈利向多元盈利转变，由被动定价向主动定价转变，由行政调节向利益调节转变，由账面利润向经济利润转变，由控制风险向管理风险转变，由部门银行向流程银行转变。

两种模式的叠加、侧重、转化是模式选择的基本脉络。从规模优先，到规模和质量并重，再到侧重于内涵式发展，这是中小商业银行个体发展模式的基本变化过程，股份制银行和第一、第二梯队的城市商业银行以及农村商业银行，模式转型时期和周期要快于其他类型中小金融机构。在外延式向内涵式转变的过渡阶段，形成业务和客户特色，并不断改善业务结构、客户结构、资产结构、负债结构、收入结构，匹配观念、体制、流程、技术、人才等管理变革，是中小商业银行需要考虑的重要内容。

二是中小商业银行和地方政府关系。政府控股银行机构是世界范围内普遍存在的现象，即使经历了 20 世纪 80 年代的金融自由化浪潮，政府对银行的所有权仍保持较高程度。政府对银行控制在那些人均收入水平低、金融体制欠发达、政府干预较高、产权保护不力的国家或地区表现得更为普遍。政府对银行控制程度与经济金融发展相关（Rafae La Porta，2002）。

　　多数中小商业银行成立之初就与地方政府有着密切的关系，地方政府不仅是中小商业银行公司治理的重要因素，同时也是中小商业银行发展不可或缺的力量。分税制导致的地方财政短缺、地方政府发行债券融资的法律限制、地方官员的政绩考核机制等因素，加上地方经济发展客观上需要地方政府掌握一定的金融资源，促使地方政府控股中小商业银行。地方政府控股的股权安排是中小商业银行成立初期政府主导的制度供给，满足了当时区域金融安全与稳定以及经济发展需要。

　　地方政府控股的正向效应表现为：提高了城市商业银行的信誉，这一点在中小商业银行初创时期非常重要；政府支持稳定并扩大了中小商业银行的资金来源；地方政府是中小商业银行增资扩股的主要力量。地方政府控股的负面效应表现为：地方政府充当实际控制人，干预中小商业银行决策、信贷资金财政化行为、内部人控制、弱化股东大会等，不利于有效的公司治理。

　　在中小商业银行和地方政府博弈动态优化过程中，政府主导的强制性制度变迁和市场主导的诱导性制度变迁交织存在。随着地区间及不同层级地方政府财力均等化改革的深入、地方借贷纳入财政预算管理、地方政府进入金融市场筹资等环境改善，逐步减少地方政府控制，加强市场运作机制在经营管理中的作用，是中小商业银行和地方政府关系优化的基本路径。

　　同时，扩大地方政府对地方银行的监督管理权，是未来优化地方政府和中小商业银行良性互动的制度趋势。五大国有银行实施的纵向垂直管理体制，其分支机构撤并及权力上收致使地方金融服务弱化，"一行三会"的垂直管理体制导致中央和地方监管主体权责不统一，对地方金融机构的监管是由中央垂直监管体系来完成，但是地方金融机构发生金融风险却是由地方承担和化解，监管主体和风险承担主体的分离，导致了监管的不得力。加上影子银行监管的缺失、地方金融监管政策差异化不足、重监管轻发展等，金融监管的服务不能匹配地方中小商业银行发展需求。因此，应逐步建立起中央与地方协调一致、边界清晰、责权明确的金融监管体系。

　　三是统一性和差异化关系。中小商业银行发展可供选择的路径和模式是统一的，但基于地区差别、城乡差别、中小商业银行个体差别，不同中小商业银行发展进程不同，中小商业银行选择的发展战略存在差异。同时，中小商业银行发展进程中不同阶段的模式衔接具有较为清晰的内在统一性。地区金融环境的差异和不平衡，要求地区金融监管政策的差异化和多元性，但针对中小商业银行的制度安排和制度供给，一定要避免制度碎片化，整体制度建设应当努力从统筹走向统一。

四是本土化和国际化关系。在当代世界，经济全球化和金融自由化浪潮扑面而来，中国将步入高收入国家，深度融入全球化事务和管理，成为我国企业的发展趋势。如何尊重本国或地区的国情和有效借鉴国际经验，实质上是如何处理好中小商业银行发展中的本土化与国际化关系问题。国际经验表明，经济放缓且全球化特征明显的时期，就是中小商业银行发展的战略机遇期；利率市场化对中小商业银行冲击巨大，短期负面效应和长期正向效应显著不同，需要着力应对；国际中小商业银行的特色技术优势、创新经营管理成果以及匹配实体经济、资本市场、特色需求的服务延伸渠道对我国具有很大的借鉴意义。以上这些都是中小商业银行发展内外部客观规律的表现，是中小商业银行发展国际性因素的体现。

对中国而言，中小商业银行改革和发展应当将本土化和国际性有机结合起来，在实质上处理好尊重实际情况与尊重发展规律的关系，决定中小商业银行发展内外制度安排的主要标准是现有发展状况下的要素禀赋，内在规定了当前阶段和技术要求，匹配了中小商业银行的规模特征和风险水平，产生了匹配的制度安排，恰好适应了实体经济发展要求的金融结构就是最优金融结构。从横向看，同一时期不同国家或区域的最优金融结构是不同的；从纵向看，各个发展阶段具有与各个阶段匹配的最优金融结构，因而不存在适应所有发展阶段的相对固定的最优金融结构。最优金融结构是动态变迁，不断转型和革新的。应当避免的是，以尊重实际情况为由来扭曲中小商业银行发展的客观规律，结果导致机制和战略的异化。

5.3 战略重点及策略

以下七个领域的政策框架内在协调一致，协同推进，形成了我国中小商业银行发展的战略重点，构成了中小商业银行发展战略的主要支柱。

1. 实施基于特殊约束条件的"三步走"公司治理路径及相关策略。公司治理是现代企业制度的核心，公司治理的效果决定公司的运行质量和发展速度，积极探索和完善公司治理是发展的永恒主题。中小商业银行公司治理兼具我国银行公司治理的普遍特征，同时具有地方政府不同程度控制的特殊之处，中小商业银行公司治理的理论供给匮乏，中小商业银行公司治理的有效路径导向为：不同层次中小商业银行的公司治理培育优化，分类趋同，到大统一标准。一是中小商业银行公司治理的特点是中小商业银行公司治理趋势选择的基础。我国银行公司治理架构兼具大陆法系和英美法系特征，多元化公司治理结构基本形成，内部制衡机制逐步改善，行政激励存在情形下经济激励方式和程度不断显现，《巴塞尔新资本协议》对公司治理的作用得以重视等，中小商业银行公司治理具有这些银行公司治理的普遍特征，而我国中小商业银行公司治理的特殊之处主要表现为地方政府对中小商业银行不同程度的控制。我们分析得出地方政府控制是中小商业银行内外条件下有效的均衡制度安排，同时，地方政府对中小商业银行的控制和大型国有银行政府控制具有明显的不同之处，主要表现为地方政府控制的程度较深、控制范围相对较大；地方政府控制要求和银行监管要求的不一致经常发生；中小商业银行地方政府控制具有结构性差异，城市商业银行和农村商业银行中地方政府控制较股份制银行而言较为强烈。二是转型经济情况下，中国中小商业银行的公司治理具有其特殊的现实条件和背景因素，基于自身现实的公司治理理论建设尤为重要，我们对我国中小商业银行实施了新的分类，并构建了基于地方政府干预、内外条件特征基础上的公司治理模型，梳理得出了体现我国中小商业银行公司治理显著因素的公司治理均衡状态、经济机制和趋势规律，形成了中小商业银行路径规模和策略安排的理论支持。三是中小商业银行应按照政府控制优化和内部治理培育并行推进、公司治理结构性并轨、公司治理一元制建设的三阶段路径，实施渐进改革的策略。第一阶段要改善人事任命的既有制度，发挥人事任命在公司治理中的正向效应；通过所有权和监督管理权分离执行的管理制度安排，弥补地方政府对中小商业银行监督管理职能的长期缺失，通过政府治理优化金融供给的渠道和金融服务的生态环境，不断优化地方政府控制的方式和程度；监管机构按照分层监管的思路，实施差异化的动态监管，促进中小商业银行公司治理；内部治理结合企业资源禀赋和经营管理实际情况和趋势，继续创新改善董事会、监事会、经营层的运行效率和制衡建设，有效提升制衡机制、激励机制建设水平。第二阶段要遵循区域社会经济环境差异，实施多元化的公司治理优化模式，同时，总体按照引进战略伙伴、控股或并购、上市的优先次序，提升公司治理水平，促使区域中小商业银行的公司治理水平靠拢并接近上市中小商业银行。第三阶段在前两阶段成效基础上，不断总结有效模式和好的做法，并重视普惠式金融服务职能对中小商业银行公司治理的特定要求，加强新资本协议对公司治理的约束和提升，着力加强地方小银行公司治理建设。通过三阶段路径和策略实施，形成多元机制渠道畅通、特色因素不断吸纳、治理规范和治理机制体制健全的现代、特色、优化的中小商业银行公司治理模式和体系。

2. 实施巩固和扩大传统业务，创新开拓新型业务的发展战略。依据总体战略目标，把握中小商业银行规模经济、范围经营的阶段性属性，突出差异化、特色化发展要求，结合跨区域经营和理论利率市场化趋势要求，中小企业金融服务要求，确立了实施传统业务和新兴业务并行，粗放经营和集约内涵发展并行，业务重心适时调整的业务发展战略。一是规模经济和范围经济的内在特点是中小商业银行业务决策的基础条件。中小商业银行的发展阶段、规模状况，以及经营管理状态决定了中小商业银行当前及今后一段时期具有显著规模经济和范围经济的特征，我们理论和实证相关分析支持了这一判断，规模经济和范围经济是业务发展的基础条件。二是跨区域经营对业务发展提出了新要求。在现有阶段内，跨区域经营带来了中小商业银行市场竞争力的巨大提升，股份制银行的全国牌照迅速提升了其市场份额和竞争力，始于 2007 年、盛行于 2008—2010 年、调整抑制于2011 年的城市商业银行和农村商业银行的跨区域发展，通过设立分支机构、新设合并、控股村镇银行、设立异地代表处等多元化方式迅速提高规模和竞争力。在跨区域经营监督要求严格、中小商业银行战略转型的新形势下，坚持跨区域经营总体趋势不变，通过强化特色，有效践行市场地位，遵循经济一体化对跨区域业务服务的要求，以有效的特色服务复制能力扩大跨区域经营，并形成跨区域经营和本地服务相互支持的互动格局，这是对跨区域经营新的理论认识。新形势下跨区域经营对业务发展具有全新的要求：应巩固和扩大传统业务，不断形成基于小微企业和零售业务的产品和服务品牌，以品牌的核心竞争力和有效复制性展开跨区域经营业务；创新开拓新兴业务，形成后发优势，弥补网点缺陷，扩大服务半径。三是差异化、特色化、集约化经营模式转型要求业务发展形成品牌和服务优势，发挥中间业务和电子银行业务的中心作用，逐步实现以低资本消耗为导向的业务发展路径。四是中小企业融资难的问题，在中小商业银行市场定位的条件下，对业务发展具有特殊的影响。中国银行业整体的战略转型、中小企业在内需倚重趋势中的重要性、地方政府社会经济服务的重点任务，这几方面的吻合程度处于历史上趋同的最好时期，因此，中小企业金融服务的开拓，是业务发展重要方面。五是利率市场化的推进将步入关键的阶段，对中小商业银行的冲击巨大，机遇的把握要求业务发展切实拓展小微企业、城乡居民，在金融服务薄弱领域占有重要市场份额，实现有效业务特色，以错位竞争，发展壮大。六是中小商业银行传统业务发展的效应仍然巨大，帕累托改进空间充沛，新兴业务的增量效应要不断显现；同时，要积极发挥中间业务和电子银行业务对传统和新兴业务的发展支持，传统和新兴业务的增长和结构性调整在不同阶段要动态掌握。

3. 实施流程再造，促进业务发展。在中小商业银行切实践行服务地方经济、服务中小企业、服务城乡居民的战略转型期，流程再造被赋予重要的意义和机遇。流程再造的特点和功能较好地吻合了市场定位的要求，能够促进差异化、多样化、特色化的小微企业业务和零售业务的扩展和创新。中小商业银行流程再造是一个较系统、深层次的改革，首先应结合总体改革推进情况，通过体系和制度改革，加强地方政府监督管理职能的发挥，获取地方政府对于流程再造的要求和支持，并统一高管认识，把流程再造规划系统纳入中小商业银行整体战略规划中，以形成流程再造的较好动力支撑；其次，应按照循序渐进的原则，实施业务战略模块的流程改造，匹配组织架构的整合和优化，配套流程再造的保障支撑。

4. 匹配总体战略，夯实传统风险管理基础，逐步构建基于风险资本约束机制为核心的全面风险管理体系。要着眼于中小商业银行发展外生影响和内生变化对风险管理的新要求和新趋势，确立风险管理目标，重点推进风险偏好的体系和机制建设，逐步实施全面风险管理。一是中小商业银行风险管理建设要重点考量内外因素带来的新要求和新趋势，表现为七个方面：第一，中小商业银行科学发展以资本约束下的稳健发展为基础，注重风险调整下收益考量，注重顺经济周期和逆经济周期的系统安排，着重业务和产品创新的风险管控，努力形成吻合自身特色的风险管理模式。第二，中小商业银行处于着力缩小现实规模和潜在规模较大差距的规模扩张阶段，又处于新环境下错位竞争、创新发展的内涵集约发展时期。外延发展和集约发展并重、相互促进、适当侧重的战略定位，决定了中小商业银行风险管理"二元管理模式"的定位特征：深化外延发展匹配的传统风险管理模式，逐步建立基于风险资本管理为核心的全面风险管理模式。第三，风险管理在规模扩张中，保持对信用风险、市场风险、操作风险等全面风险的有效覆盖，同时强化传统信贷业务的风险管理，重视基于中小企业、中间业务的特色业务的风险经营，局部提升创新业务发展和信息科技建设中的风险管理手段和技术。第四，以客户为中心的风险经营是中小商业银行差异化、特色化经营的出发点。客户需求变动驱动风险管理模式发生变革：从银行产品推销中的风险管理逐步转变为客户风险价值的管理；对大中型客户、小微企业、零售客户差异化风险管理。第五，统筹处理上市规划和风险管理建设的关系，规划先行，有机平衡，协调考虑，加快实施风险管理战略规划和项目，保证资产规模的安全性，促进上市目标实现。第六，风险管理是核心竞争力的重要内容和实现途径，中小商业银行风险管理建设对于核心竞争力形成具有更加重要的作用。第七，监管趋势促使中小商业银行构建吸纳标杆做法并提升自身特色的全面风险管理体系。二是中小商业银行要确立传统风险管理和全面风险管理并行推进、适时倾斜、逐步转化的基本建设思路基础上，重点推进风险偏好体系和机制建设，重点推进全面风险管理建设。风险偏好体系建设的重点工作是确立整体风险偏好、优化均衡利益相关主体博弈、构建风险偏好指标体系，设置指标值；风险偏好机制建设核心任务是：通过授权审批、限额资本和绩效考核等分解和传达风险偏好到各层级单位，实现风险偏好自上而下的布局，同时通过自下而上实践反馈，建立沟通改进机制，实现风险偏好战略的微观调整和宏观改进。全面风险管理建设要统筹规划，选择优先次序，循序渐进。

5. 匹配总体战略，服务业务发展、流程再造、风险管理，着力实施中小商业银行信息科技建设。一是把握中小商业银行信息科技现状及发展规律，按照总体发展战略要求，坚持面向客户、面向流程、面向决策的基本导向，以创新和流程再造为核心思想，以业务信息化、管理系统化为主要内容，以现代化支付体系、银行公共服务平台、标准体系、信息安全保障体系为基础平台，建立中小商业银行信息科技创新体系，加强业务创新、技术创新、营销方式创新中的支付手段创新及应用，流程再造、客户竞争和客户关系管理的信息建设及应用，防范信息科技风险的管理能力建设。二是加强信息科技管理体制与机制建设。在核心业务价值链管理、客户关系管理、网络资源配置与管理等阶段性任务进程中，遵循以客户为中心、提高竞争力、增强内控和市场反应能力、降低管理成本、创新的总体原则，把握好集中与分散相结合、业务与管理相结合、流程重组与风险管理相结合、依靠自身与外结联盟相结合的策略，加强信息科技管理体系和组织体系建设。把握信息系统安全运行、新的信息需求、新的信息产品需求的关联关系，保持流畅、安全、高效的信息化机制，为此，一方面要按照业务电子化和管理信息化带来的人力资源需求规律和特点，着力抓好技术研发队伍、技术维护队伍和信息化管理队伍的人力资源建设工作；另一方面，要加强信息资源管理，着力实现信息资源管理数据基础操作层、数据共享转换层、数据分析决策层三个层面管理环节的有机协同，并做好服务外包、信息项目的决策机制与管理。三是围绕信息科技建设中长期战略，安排好战略措施。

6. 加强人力资源建设。中小商业银行人力资源建设的战略目标是：匹配总体发展战略，有效契合经营管理各子战略，逐步建立和形成有效健全、特色突出的现代市场化人力资源管理体系，大力提高人力资本的数量和质量，塑造和强化人力资源的资产专用性，提升人力资源的核心竞争力，保障发展战略有效实施和稳健推进。要依据中小商业银行人力资源状况，遵循发展战略要求，挖掘中小商业银行人力资源特点，探求其在人力资本塑造、促进中小商业银行发展中的中长期战略逻辑和经济机制，实施系统有效的人力资源建设措施。我们研究表明：中小商业银行发展战略的总体目标和要求，对中小商业银行人力资源建设提出了较高的要求，在市场招聘渠道和内部教育培训渠道构成的人力资源建设路径中，由于发展战略赋予的创新要求和经营管理能力要求的大幅提高，以及中小商业银行发展逐步对自身禀赋要求的人力资源资产专用性的依赖，依靠市场招聘形成的人力资源贡献的边际收益递减，依靠内部教育培训提升存量人力资源质量的人力资源建设渠道需要大力加强；中小商业银行人力资源教育培训通过增加产品产出和提升人力资本，实现了公平和效率兼顾的帕累托改进过程，内生的人力资源建设促进效率、促进公平的循环经济机制发挥作用的关键依赖于能够形成有效的人力资源建设体系，有效发挥人力资源建设的作用。中小商业银行人力资源建设需要加强七个主要方面：优化岗位管理体系，夯实人力资源建设基础；确立人员规划，优化人力资源管理机制；加强教育培训，提升人力资本；坚持战略导向，加强绩效考核；建立兼具公平和效率功效的薪酬管理体系；提升人力资源运营管理水平；构建以和谐为主要内容的提升员工幸福感的人力资源文化建设。

7. 培育和深化区域生态环境建设，形成中小商业银行发展的有效支撑。区域金融生态环境是中小商业银行改革和发展的支撑和保障，实现经济金融的良性互动发展，是区域金融生态环境建设的重要目标。区域金融生态环境建设是系统性的复杂工程，在国家总体发展战略框架内，在金融发展战略要素驱动下，依据中小商业银行发展战略的外部要求和内在规范，中小商业银行发展的区域生态环境支撑需要建设和优化市场化的环境，并注重过渡期的渐进化的改革次序安排，重点需要加强三个方面：加强地方政府治理建设，促进金融服务公共职能的发挥；加强金融市场化改革，提供中小商业银行发展的协同支持；加强金融基础设施建设，改善中小商业银行发展的基础条件。以上三方面改革相互关联，协同一致，合力推进，形成我国中小商业银行区域金融生态环境的有效支撑。地方治理要加强分权激励优化改革，改变行政控制资源的激励扭曲状态，通过推进地方政府机构改革、建立与地方政府公共职能相匹配的财政体系、实施城镇化进程中农村土地征用改革、清理规范地方融资平台贷款、审慎扩大预算内借款、实施地方政府金融管理改革等一体化改革的整体推进，彰显政府金融管理的公共服务职能；要通过有序的利率市场化，配套资本市场的改革深化，来加强金融市场改革，协同支持中小商业银行发展；金融基础环境建设的重点是征信体系、支付体系、会计审计体系、金融法制体系、逆周期的金融宏观审慎管理体系、基于存款保险制度的危机管理和破产机制等方面的整体、全面、系统、深化的改革和建设。

本章规划和设计了我国中小商业银行发展战略总体框架。战略目标的核心内涵是从改革经营和管理、改善发展生态环境入手，积极稳妥、循序渐进地推进中小商业银行沿着高效、稳健、可持续的方向发展，建立特色鲜明、服务优良的现代银行。总体发展战略具有六个方面的战略特征：多层次发展，差异化和特色化发展，有效市场竞争，服务地方经济、服务中小企业、服务城乡居民，高效、稳健、可持续，发展和服务的和谐。需要处理好四个方面关系：外延式发展和内涵式发展关系，中小商业银行和地方政府关系，统一性和差异化关系，本土化和国际化关系。七项战略重点及相关策略协调一致，协同推进，构成了中小商业银行发展战略的主要支柱。

6 中国中小商业银行公司治理战略

从本章至第 12 章，逐章分析七大战略重点。本章分析中国中小商业银行公司治理战略。在梳理我国中小商业银行公司治理特点、现状和问题基础上，基于中小商业银行三元分类和治理特点，构建了地方政府控制约束下公司治理成本效益的分析框架，设置局部均衡模型，刻画其经济机制和均衡路径，据此形成了我国中小商业银行公司治理战略安排。

6.1 中小商业银行公司治理的特点、现状及问题

6.1.1 特点

中小商业银行公司治理具有银行公司治理的普遍特点，又兼具中小商业银行自身禀赋所决定的特殊之处。这种普遍规律和特殊性的积聚，要求中小商业银行广泛吸纳国际、国内银行公司治理的最佳做法和先进经验，又要深入挖掘自身禀赋的特定规律，形成先进与特色兼备的我国中小商业银行公司治理范式和优化路径。

1. 我国银行公司治理的普遍特征

我国银行公司治理的普遍特征。公司治理理论和实践表明，国别或区域因素、行业特征是影响公司治理机制和模式差异的显著因素，与一般企业相比而言，银行业金融机构具有资产负债比率高、期限错配、负债主体分散、资产交易信息不对称性较强、外部监管严格等独特的行业特征，这些特征影响商业银行内外部公司治理机制，导致商业银行公司治理机制与一般企业公司治理机制的差异化（潘敏，2006）。公司治理并不存在统一的范式，不同公司治理模式均有利弊之处，没有标准统一的公司治理最优模式（肖远企，2011）。在经济全球化和金融深化不断推进形势和趋势下，各国依据自身政治、经济、文化等内在禀赋情况和特征，相互借鉴，吸纳创新，创建着传承和创新有效结合的特色公司治理模式，实现治理主体有机协同，促进企业科学发展。

　　借鉴公司治理国际经验和规范，依据我国商业银行公司治理发展和改革的实践积累，《股份制商业银行公司治理指引》界定我国商业银行公司治理概念为：建立以股东大会、董事会、监事会、高级管理层等为主体的组织架构和保证各主体独立运作、有效制衡的制度安排，以及建立科学高效的决策、激励和约束机制。

　　从治理架构来看，我国商业银行公司治理架构兼具大陆法系和英美法系特征，又广泛契合了自身特色。我国商业银行既采用了大陆法系模式的"三会一层"为主体的治理架构，同时又纳入了英美法系制度中的独立董事制度。此外，监管推动，建立了具有我国自身特色的审计委员会、薪酬委员会等专门委员会，加强董事会效能的发挥。股东大会、董事会、监事会、高级管理层职责边界和议事规则基本明确，各司其职、有效协调、相互制衡的机制初步形成；董事会下设战略委员会、风险控制委员会、审计委员会、薪酬与绩效委员会、关联交易委员会等专门委员会，成为履行董事会相关职责，发挥董事会决策效能的重要制度安排；独立董事从经济、金融、法律等相关领域专业角度出发，就业务发展和重大决策发表客观意见和建议，有效促进董事会决策的科学性。

　　股权结构逐步多元化。股改、上市等银行业改革的深入推进，使得一些银行形成了包含国家、境外战略投资者、机构投资者和社会公众共同持股等多元化股权结构。

　　制衡机制不断加强。"三会一层"的相关工作制度不断修正和完善。譬如，规范了股东大会对董事会的授权方案、董事会对行长授权管理方案、董事会专门委员会工作细则、独立董事工作制度等。

　　行政激励强、经济激励弱的激励机制缺陷正逐步改善。历史和体制的因素是我国银行业的重要环境禀赋，行政激励成为特定时期的较好激励约束机制，环境和内在经营管理条件的变迁，使得年度业绩考核、员工个人利益和银行利益、股东利益相结合的经济考核机制不断强化。同时，信息披露广度和深度加强，规范性不断提高，信息披露的约束机制逐步发挥作用。

　　普遍重视《巴塞尔新资本协议》对于银行公司治理的重要作用。新资本协议所倡导的不仅是全面风险管理的理念和先进的资本计量方法，更蕴含着银行发展战略与资本配置的匹配与协调、激励政策对追求公司长远利益的引导、信息披露对公司透明度的提升等深层次的公司治理问题（中国工商银行董事会办公室课题组，2011）。新资本协议规定了银行发展战略取向、激励约束机制、信息披露机制、风险管控机制的组织重心和实施重点，在实施新资本协议的政策促进下，关于公司治理的理念和思想对于我国商业银行公司治理将产生重要的影响和促进作用。

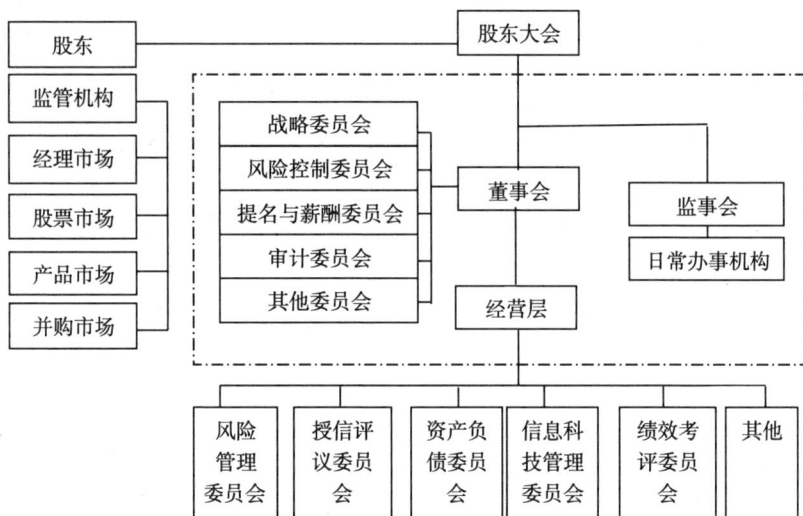

图 6-1 我国商业银行公司治理基本架构

2. 中小商业银行公司治理的特殊性

与我国大型商业银行比较而言，中小商业银行公司治理的特殊之处主要表现为：地方政府对中小商业银行的控制较为普遍、城市商业银行和农村商业银行公司治理的整体基础薄弱，公司治理状况相对落后。

地方政府控制中小商业银行是局部均衡的理性选择。关于政府控制中小商业银行的理论梳理主要有三类观点：巩固论认为地区经济发展和社会稳定的客观需求，要求地方政府掌握金融资源。地方政府担当大股东，有利于地方中小商业银行的发展。金融资源适当划拨地方政府，矫正了金融资源为中央政府高度垄断的局面，有利于风险分散；摆脱论认为地方政府和地方国企控股，产权结构不合理，产权不易流动。高管为政府任命使得中小商业银行经营管理易于受政府干预，不利于市场化经营，不利于大企业集团、民营企业、境外战略投资者入股，实施中小商业银行产权改革，鼓励按市场化原则进行中小商业银行的重组联合；稳定论认为政府及地方国企法人股现阶段应维持现状，基本不变。理由为在政企分开改革任重道远的基本环境下，中小商业银行弱小地位、历史包袱等依然需要政府扶持和帮助。稳定的政府股权有利于政府发挥纠正市场机制失灵、提供管理和服务支持、提供信誉保障等作用。结合实践来看，笔者认为地方政府对中小商业银行的控制是特定因素下的优化选择。一是地方政府控股中小商业银行是分税制、国有银行改革、地方政府金融控制权收窄等环境变化的选择。1994 年的分税制改革使得地方政府在财权与事权上不匹配，财权上移与事权下放使得地方政府在支持地方建设过程中的资金缺口加大，财政赤字加重；1995 年《中华人民共和国预算法》实施，其第二十八条明确规定地方政府不得发行地方政府债券，举债融资的渠道受阻；国有银行改革向纵深发展，一级法人体制强化，机构网点收缩和业务审批权限上收，使得地方经济间接融资需求缺口加大；地方官员政绩考核的 GDP 模式强化了地方政府对地方中小商业银行控制权的要求。地方政府控制金融资源的途径越来越狭小，中小商业银行成为地方政府控制金融资源的主要途径。以上因素使得地方商业银行在组建之初，地方政府控股地位就得以形成（欧明刚，2010）。二是地方政府对要素市场的行政控制，强化了中小商业银行对政府控股的依赖。分税制改革使得地方政府独立利益因素凸显，地方政府成为经济增长的重要主体，分税制体系、GDP 政绩考核体系、政府对于地方金融资源控制和配置的权力体系，显著影响地方金融体系，具体表现为：各级地方政府财权事权不对等，地方政府财政压力增大，利用政策空间博弈经济利益的动机不断加强；GDP 政绩考核加剧了地方政府驱动的投资扩张；利用制度建设期的政策空间，控制和支配土地、税收、市场准入等要素价格和配置机制，支配银行信贷依赖的风险缓释标的，实现行政权力配置金融资源，促使资本对权力的高度依附（中国社科院金融研究所课题组，2008）。中小商业银行在实力较弱的时期，依赖于这种信贷环境和政府信用支持，有利于促进其发展壮大。

地方政府控制中小商业银行与国有大型银行政府控制具有显著区别，具体表现为：一是控制的程度和范围不同。地方政府控制的程度较深，范围较大。国有银行改制上市，公司内部治理较为规范，国际化战略以及新资本管理的实施，使得国有银行公司治理的规范性、商业化程度较高，股权结构优化程度较高，政府在遵循公司治理的机制和原则基础上，适当发挥国有银行的社会经济宏观调控职能和服务职能，政府控制和规范化公司治理的边界较为清晰。而地方政府一方面担当地方社会经济管理者身份，另一方面担当中小商业银行控股股东，双重身份使得其在履行社会经济管理目标和控股股东职能的时候往往不能平衡关系，在经济发展的特定时期以经济社会职能为侧重点，偏离了控股股东公司治理的职能定位，在一定程度上干预了公司治理的运行机制，影响了其他利益相关者的权益。二是中小商业银行公司治理的两种外在力量趋同程度较弱，中小商业银行难以平衡监管部门和地方政府不同的管理要求。地方政府以宏观背景下地方经济发展的特定要求来影响中小商业银行的风险偏好和信贷投向，公司治理协调经济效益和社会稳定的双重目标要求突出；监管机构以合规、审慎的风险管理要求规定了中小商业银行的公司治理要求，监管机构的要求和地方政府要求的契合性、协调程度较弱，其冲突的情形也会出现，中小商业银行公司治理要协调地方政府、外部监管和自身经营管理要求，同时要在机制灵活、决策链条短的管理特色与内控管理的高标准要求方面平衡协调，其公司治理的运行机制难以平衡协调这些因素，公司治理机制的效能性难以充分发挥。三是从整体上看，中小商业银行公司治理又具有不同于大型银行的结构性情形。大型股份制银行公司治理相对较为完善，政府控制较为合理，政府控制程度回归常态；城市商业银行和农村商业银行公司治理基础较弱，对法人公司治理的顶层设计、运作机制、公司治理的战略地位等认识缺乏积累，特色化的公司治理因素和先进性的公司治理规范的融合、塑造，还具有漫长的历程。同时，地方政府金融控制资源狭小，对中小商业银行金融资源的依赖程度较高，在内部公司治理发展程度较弱的情况下，强政府控制是城市商业银行和农村商业银行公司治理的显著特征。

6.1.2 现状和问题

通过对以上中小商业银行公司治理本身的普遍特征和特殊因素分析，结合经济转型、银行转型、公司治理转型的过渡阶段环境，总体来看，当前我国中小商业银行公司治理处于转型的过渡阶段，现代公司治理的框架和机制建设不断深入，境内外战略投资者的引入、上市推动等优化了股权治理，监管要求推动了公司治理的规范性和深化程度，政府控制程度在理性调整，公司治理的市场环境在逐步改善，股东约束的有效性逐步加强，中小商业银行外部治理逐步加强和改善。中小商业银行"三会一层"的内部治理架构基本确立，相关治理机制和制度建设深入推进，中小商业银行内外资源禀赋如何有效根植于公司治理的框架和结构中的特色制度建设被利益相关者高度重视，公司治理从"形似"到"神似"的转型趋势逐步显现。当前，我国中小商业银行公司治理存在的主要问题有四个方面：一是如何有效优化政府控制的方式和手段，有效优化政府对中小商业银行公司治理的帕累托效率改进；二是监管政策如何优化形成差异化的监管政策，约束并培育中小商业银行公司治理建设；三是政府关于中小商业银行公司治理的外部环境的一体化、系统性改革问题，如何改善；四是中小商业银行，特别是城市商业银行和农村商业银行如何加强公司治理基础建设，形成体现自身功能定位和服务职能、统筹利益相关者均衡目标、契合内外资源禀赋、兼具现代公司治理规范的中小商业银行内部治理模式和机制。

6.2　中小商业银行公司治理均衡模型的构建

我国中小商业银行公司治理改革必须在外部推动和内部提升两个层面综合推进。中小商业银行的差异性和地方政府干预方式及程度的变化，构成了影响中小商业银行公司治理的关键因素。基于银行利益相关者构成的多重目标的现实，我国中小商业银行公司治理改革和建设需要合理的路径设置。本节基于结构变迁、地方政府转型、中小商业银行转型的要求，构建中小商业银行公司治理改革的均衡模型，通过静态分析和比较静态分析，刻画中小商业银行公司治理的机制和均衡状态，为中小商业银行公司治理的路径选择和安排提供理论依据。

6.2.1　因素

第一，中小商业银行三元分类的结构。中小商业银行中上市银行和申请上市银行为第一类，非上市的区域性中小商业银行为第二类，地方小银行为第三类。上市、跨区域经营对中小商业银行公司治理的要求存在明显差异。同时，对中小商业银行公司治理的改革和提升赋予了不同的治理环境和弹性空间。因此，将中小商业银行的三元分类，作为公司治理的基本条件和因素，把握了中小商业银行公司治理的现状和基础。

第二，地方政府控制中小商业银行的程度和范围。如前文所述，中小商业银行公司治理的特殊之处，在于地方政府的控制和干预程度较大型银行而言更为突出，这是环境、政府需求及中小商业银行发展基础共同决定的状态。按照一至三类中小商业银行分类次序，政府控制和干预的程度逐步加强，市场机制的作用逐步弱化，这种政府控制与市场机制此弱彼强的态势，蕴含了中小商业银行公司治理的渐进逻辑。从静态现状来看，地方政府控股是中小商业银行公司治理的显著约束条件和治理特点，其控制范围和程度调整的过程是中小商业银行公司治理变化的过程。因此，地方政府的控制构成了中小商业银行公司治理的第二个影响因素。

第三，外部监管要求和监管推动。监管要求是中小商业银行公司治理的重要力量，有效的监管将对中小商业银行的公司治理形成良好的约束和推动。监管机构和地方政府管理的有效协调是中小商业银行公司治理迫切需要解决的课题。差异化的监管是匹配中小商业银行公司治理的重要需求，但差异化监管的成本、有效性和可操作性是制度安排的关键。外部监管要求构成了第三个影响因素。

第四，外部市场环境。外部市场环境包括资本市场、经理市场、产品市场、并购市场、独立审计评价体系等。资本市场包括股权市场和债券市场，两类市场依据银行资产专用性的程度、经营管理状况，利用"用脚投票"和投资机制，实现对中小商业银行的约束；经理市场的逐步完善，能够形成人才结构全面、人力资本专用性程度较高的银行经理人才供给，通过人力资本股价和评估机制，激励约束在职人员工作；产品市场竞争和淘汰机制，对中小商业银行经营管理形成外在激励约束；并购市场的收购、接管和控制压力，是影响中小商业银行治理的重要组成部分，资本的高流动性、经济法律体系和制度建设，是实施并购的基础环境；会计、审计、税务机构作为独立的市场中介机构，客观、全面地评价和披露中小商业银行信息，有效约束银行经营管理行为。

把握中小商业银行公司治理的特征和内容，从中提炼出了中小商业银行公司治理改革中的四类重要因素。这些因素的作用既有独立改革的内容，又依靠彼此的搭配和协调来影响中小商业银行公司治理作用的发挥。

6.2.2 模型框架

在对以上四个基本要素梳理的基础上，可将我国中小商业银行公司治理的改革建立在以我国中小商业银行三元分类结构为基础，以政府控制优化、内部治理优化、监管优化为支点，以市场机制发挥作用为增量的整体框架分析，刻画中小商业银行的均衡变化和动态状况，指导并探求我国中小商业银行公司治理改革的实践方向和路径。我国中小商业银行公司治理理论模型如图6-2所示。

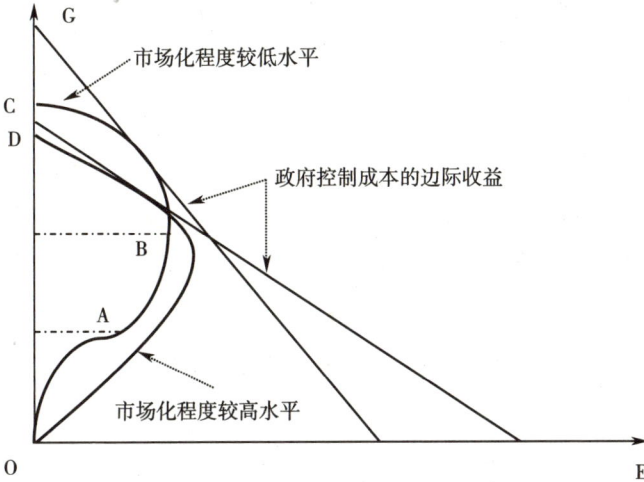

图6-2 我国中小商业银行公司治理理论模型

图6-2总体描述了我国中小商业银行公司治理的均衡状态。横坐标OE表示我国中小商业银行公司治理的绩效，纵坐标OG表示政府控制和干预公司治理的成本和程度，坐标原点用O表示。OD曲线表示市场经济发达条件下政府控制成本影响中小商业银行公司治理绩效的变化曲线，OC曲线表示我国经济发展转型环境下政府控制成本影响中小商业银行公司治理绩效的变化曲线。两条切线表示各自状况下政府控制成本的边际收益。

6.2.3 均衡机制

从图6-2看：OD曲线为凹向纵轴的曲线。这是国际银行业基本普遍的态势和规律。该曲线是无差异效率曲线和成本约束线的切点集合而成。每一个切点都是成本约束情况下效率最大的点，是静态均衡点，无数静态均衡点构成了动态趋势曲线。凹向纵轴的经济机制为：银行风险控制不力对社会经济产生较大的负外部性，对政府信用产生负的外部性。因而，银行的信息收集与监督干预显然是一种"公共产品"（德沃特里庞、泰勒尔，2002）。同时，市场失灵需要适度的政府干预，尤其银行业是壁垒较高和相对垄断竞争的行业，政府适当对银行的干预是必要的。政府适当的干预，克服了市场失灵，减弱了垄断利益，表现为银行公司治理收益递增；随着政府干预的程度加强，部分抑制了市场机制在公司治理中的作用，政府干预的边际收益递减；持续增强政府干预引起所有权和经营权不能有效分离、利益相关者收益侵蚀，就使得政府干预边际效应为零，以至于为负时，拐点出现，公司治理的效率损耗，凹形曲线形成。赵昌文等（2009）实证文献也得出了相同的结论。

OC 曲线为我国经济发展转型环境下政府控制成本影响中小商业银行公司治理绩效的变化曲线。由于我国中小商业银行三元分类结构呈现的复杂性，OC 曲线相比 OD 曲线较为复杂。OC 曲线同样是无差异效率曲线和成本约束线的切点集合而成的，每一个切点都是成本约束情况下效率最大的点，是静态均衡点，无数静态均衡点构成了动态趋势曲线。我国中小商业银行市场化程度有限，经营时期不长，初始时期，政府控制带来了显著递增的公司治理效率，且边际效率不断增大，表现为 OC 曲线中 OA 段形态；伴随着中小商业银行规模扩张和市场化程度发展，其公司治理到了一定阶段后，政府控制带来的公司治理效率递增的速度减缓，效率增速为正，边际效率为正，但边际效率递减，表现为 OC 曲线中 AB 段形态。中小商业银行继续扩张规模、上市、优化股权的相应阶段，政府对公司治理效用的负面效应逐步突出，公司治理效率减弱，效率增速为负，边际效率为负，表现为 OC 曲线中 BC 段的形态。对照三类中小商业银行来看，第一类中小商业银行政府影响公司治理效率的情况处于 BC 段和纵轴构成的区域内；第二类中小商业银行处于 AB 段和纵轴所夹的区域内；第三类中小商业银行处于 OA 段和纵轴所夹的区域内。

需要说明的是：第一，地方政府控制的成本和程度是相对的变量，同样方式和力度的控制成本，对于不同状况的中小商业银行，或者对于不同发展阶段的中小商业银行而言，其带来的公司治理效率是不同的。第二，我国中小商业银行初始阶段，政府控股的治理模式较为普遍，公司治理的市场机制较为缺乏，随着中小商业银行外部环境的变迁和内部治理程度的提高，公司治理效率的发挥需要市场机制的补充带来的增量效应，因而政府控制和市场机制在中小商业银行公司治理中的关联关系至少有两个方面：一方面是两者之间互为补充、有时又相互矛盾，是辩证统一的两个因素。另一方面，政府控制到一定程度后，市场机制发挥治理效能的需求较为强烈。第三，选取政府控制的纵轴变量，包含了不同时期市场状况和机制对政府控制效能的关联影响。第四，一至三类中小商业银行处于 OC 曲线内的不同区域的判断，是考虑了 OC 曲线是均衡点构成的曲线，是静态优化的最优点，它不是现实公司治理的常态，因而现实的公司治理状况一般都在曲线内。第五，中小商业银行转型时期政府控制和市场机制发挥效能的变化过程，就是政府和市场边界不断甄别和取舍的过程，边界不清晰的地方很多，公司治理对特有资源禀赋的依赖，造成在我国中小商业银行公司治理中政府和市场边界缺乏既有国际经验和理论支撑。

6.3　中小商业银行公司治理战略安排

在挖掘政府控制对中小商业银行公司治理绩效影响一般规律的基础上，梳理我国中小商业银行三元分类的结构特征，以及政府控制、监管约束、市场影响的因素，刻画了我国中小商业银行公司治理演进的均衡机制和均衡路径，形成了我国中小商业银行公司治理的理论模型。借助这一模型，可以看出我国中小商业银行公司治理优化路径为有机统一的三个阶段：一是政府控制优化和内部治理培育并行推进阶段；二是向第一类中小商业银行公司治理标准并轨阶段；三是中小商业银行公司治理一元制建设阶段。三个阶段是递进、关联的关系。第一阶段是第二阶段的基础和保障，第二阶段是第一阶段的必然要求和路径延续，第三阶段是公司治理外部环境和自身建设提升的递进要求和趋势。

6.3.1　政府控制优化和内部治理培育并行推进

1. 增强地方政府对中小商业银行人事治理，加强人事体系中人员的甄选、培养、升迁与激励机制。在公司治理市场环境薄弱、市场机制难以发挥公司治理效能的情况下，地方政府应主导增强中小商业银行的人事治理，发挥其配置资源和有效履行激励约束的职能。

2. 加强地方政府对中小商业银行的监督管理，逐步实施中小商业银行的所有权管理和监督管理分离，并改善所有权职能效率。当前，地方政府对中小商业银行集中行使所有者权利，而监管权利尚未有效履行，这与承担中小商业银行经营责任的职责并不匹配。对此，应建立有效的省级政府金融监管框架和政策，逐步培育和发展地方政府的监管能力，使得地方政府有效协调国家监管机构，履行对中小商业银行的监管责任，实现权责对称。具体而言，由省级人民政府在现有金融工作办公室的基础上，设立相应的监管组织机构，实施中小商业银行所有权和监督管理权的适当分离。同时，着力于中小商业银行所有权职能效率的提高，通过立法和政策，明确地方政府在中小商业银行所有者权利的范围、履行权利的方式、途径，建立中小商业银行业绩考核体系、问责机制，以及地方政府对中小商业银行所有权职能体系的组织模式。中小商业银行监管职权改革，应按照"倾斜地方、分类调整、相互协调"的原则推进：省级政府监管机构重点履行对第三类中小商业银行，即地方小银行的监督管理，国家监管机构予以指导；省级政府监管机构和国家监管机构协同履行对第二类中小商业银行，即区域性中小商业银行的监督管理；国家监管机构重点履行对第一类中小商业银行，即上市和申请上市中小商业银行的监督管理。

3. 地方政府依据国家整体战略规划的调整和变化，及时调整对中小商业银行控制的方式和程度，改善中小商业银行公司治理。在推进整体改革的过程中，财政分权的财权改革将会推进，地方发债政策将逐步放松，地方政府有可能适度参与资本市场筹融资，地方政府财力和资金融通来源将多样化，地方政府控制中小商业银行的程度和方式将产生变化。在这种调整区间内，地方政府应对中小商业银行公司治理赋予新的更高要求，鼓励其通过引进战略伙伴、上市等优化股权，加强公司治理有效投入，提升信息披露、风险管控等公司治理的先进性、规范性、内外约束性，并通过经理人市场加强激励约束的市场机制和方式，促进中小商业银行不断完善公司治理。

4. 加强地方政府公共服务职能转变，积极培育公司治理的外部市场环境。随着公共财政职能的不断发挥，政府公共服务水平不断提升，政府应加强培育和逐步建立有效的社会信用、法制和市场体系，这对于增强中小商业银行引进战略合作伙伴、优化股权结构、发挥市场化作用的激励约束机制，不断完善公司治理，将逐步产生重要的推动作用。

5. 实施动态和分层监管，推动中小商业银行公司治理建设。在外部市场机制薄弱、内部激励约束机制不足的状况下，中小商业银行公司治理的动力不足。目前，监管机构的相关监管政策和要求，缺乏差异化管理措施。对此，监管机构应根据中小商业银行公司治理的现状差异及布局，设立基于不同层次公司治理状况和水平的分层次监管标准和要求，并配合以动态弹性的监管政策，保障监管的适合性、合理性和科学性，有效地约束和促进中小商业银行公司治理建设。

6. 加强中小商业银行董事会、监事会、经营管理层管理机制建设。中小商业银行董事会应重点围绕制定发展战略规划、激励约束政策和机制、落实董事诚信义务和"看管责任"、提高透明度建设、完善工作机制等方面工作，强化在公司治理与银行经营决策中的核心地位；监事会应加强对董事会确立稳健经营理念和发展战略论证过程的积极参与和有效监督，通过参与重大决策过程，提出合理化建议和意见，保障董事会决策过程的严谨性、科学性，并把工作的重点放在监督稳健经营理念和发展战略的有效实施，以及监督经营管理层落实股东大会和董事会决议执行情况及其效果。建立经营管理层与董事会、监事会之间明晰的汇报路线和顺畅的信息沟通机制，加强授权管理体系建设，明确授权的范围、形式、程序、执行和监督等具体内容，不断完善对经营管理层的经营目标考核工作制度及机制建设。

7. 加强中小商业银行党委会在公司治理中的职能和作用。坚持党的领导，充分发挥党组织的政治核心作用，是我国商业银行公司治理的重要特色和独特优势。商业银行高管人员"双向进入、交叉任职"的领导体系，已成为实现公司治理与党组织政治核心作用有机结合的重要管理机制和成功经验。进一步发挥党委会在中小商业银行公司治理中的职能和作用，需要着力于以下几点：一是明确和完善中小商业银行公司治理框架。党委会是公司治理的组成部分，应明确其在公司治理架构中的地位和职能。二是制定运行规则和治理内容及重点。制定党委会议议事规则，主要是结合中小商业银行各自实际，根据中央有关规定，研究贯彻落实国家有关经济金融政策的措施，对公司发展的方向性和重大问题的研究，推动公司党风廉政建设工作，促进中小商业银行高级管理人员"双向进入、交叉任职"管理模式作用的发挥。三是建立有效的运行机制。以党组织的政治优势，把党委会议作为董事会、监事会、经营管理层、纪委和工会等公司治理主体以及通报、交流和推动工作的重要平台，推动公司治理结构的功能优势和职工民主参与的管理优势，充分发挥党委会联系公司各治理层协调沟通、凝聚共识、明确职责、各负其责、合作共事、把握方向、推动发展的重要作用。

8. 强化中小商业银行战略规划，加强资本管理。包括明确董事会战略规划制定和监督执行的主要责任、强调关注人力资本战略、资本管理战略、信息科技发展战略等配套子战略，依据外部环境变迁和内部资源禀赋，确立比较优势，指导制定总体发展战略，以建立优良的企业价值准则，塑造独特的企业文化，提高核心竞争力。

9. 强化激励约束机制建设。优化经营考核指标，强化利益相关者长期利益指标在指标体系中的权重，兼顾规模和短期利润指标的优化，形成长期利益和短期利益科学匹配的经营管理考核指标体系；加强经济资本管理，发挥经济资本对于合理覆盖风险、有效节约资本、优化资源配置的激励约束作用，保证银行战略定位的实施和稳健发展；加强薪酬管理的激励和约束机制建设，突出对公司治理各主体尤其是高级管理人员的考核与问责。

6.3.2 二类中小商业银行向一类中小商业银行公司治理标准并轨

如前理论模型所示，第二类非上市的区域银行地方政府控制边际收益逐步递减，中小商业银行规模扩张、公司治理的效能不断提升，需要由其步入第一类发展阶段。二类中小商业银行向一类中小商业银行并轨的相关措施至少应包括以下方面：

1. 根据区域差异实现区域中小商业银行公司治理的多元化推进。目前，第二类区域中小商业银行由于区域金融生态环境和政府治理程度的差异，形成了公司治理程度各异的治理模式。一类中小商业银行所在区域中的第二类中小商业银行公司治理的金融生态环境相对较好，经济发达地区的区域银行公司治理层次相对丰富，制衡机制、激励约束机制作用相对完善。经济欠发达地区中小商业银行的公司治理相对较为欠缺。因此，应坚持差异、渐进的原则，依据区域生态环境、政府治理状况、公司治理需求，逐步形成并改进具有特色的公司治理模式和机制。

2. 结合实际，区别情况，确定中小商业银行公司治理建设的优先次序。在公司治理成本约束条件下，公司治理建设需要安排优先次序。区域中小商业银行规模基础和经营管理积累较为雄厚，内部公司治理建设已形成良好积累，对其进一步改革应按照引入境内外战略合作伙伴、控股或并购、上市等方式，分别先后次序实施渐进改革。引进战略合作伙伴，对于股权优化、股东制衡、人力资本和技术提升、降低融资成本、提高公司治理水平和银行绩效，一般会起到较好的帕累托改进效率（Bonin et al.，2005；Boubakri et al.，2005；Hao et al.，2001；Fries 和 Taci，2005）；控股或并购，对于稀释大股东股权、优化地方政府控制行为有显著效应；上市选择能够规范股权结构和公司治理的制衡机制、外部约束机制，是区域银行公司治理战略的重要选择（Huibers，2005；Clarke et al.，2005）。

6.3.3　中小商业银行公司治理一元制建设

根据金融全球化的趋势和特点，应高度重视巴塞尔新资本监管及其他公司治理新理念要求，全面提升我国中小商业银行公司治理水平，逐步形成统一、现代、特色、有效、不断吸纳和提升的公司治理格局和态势，相关措施有：

1. 有效吸纳前两阶段公司治理模式和管理经验，着力促进地方小银行公司治理建设。政府控制优化和内部治理培育并行推进阶段、第二类向第一类中小商业银行公司治理标准并轨阶段，形成的公司治理理论和实践经验，可为地方小银行公司治理建设所应用。譬如政府控制的方式和范围及优化经验、纳入自身内外资源禀赋所形成的公司治理的特色因素、股权优化和公司治理的新范式等。

2. 供给适合普惠式金融服务的中小商业银行公司治理的政策安排。金融服务具有促进经济增长和改善低收入群体贫困状况的双重功效，在金融体系健全、金融广度和深度较为充沛的国家和地区，普惠式金融服务普及程度较高，显著降低了收入差距，改善了贫困状况。普惠式金融服务的重点工作一方面是为贫困的家庭和个人提供信贷支持，另一方面要使金融服务覆盖面逐步扩大到所有金融薄弱的区域、行业和人群（Word Bank，2008）。普惠金融（inclusive finance），以增强金融服务的公平职能为目标，着力于为社会弱势人群、薄弱领域、贫困地区提供金融服务，实现金融服务的可获得性（access to financial cervices），是国家或地区金融政策的重要内容之一（孟飞，2009）。致力于面向社会低收入阶层、面向金融服务薄弱领域和地区，提供全面周到、卓有成效的金融服务，是普惠式金融服务的基本要求（韩俊，2009）。普惠式金融服务是地方小银行需要承担的重要职责，也是地方小银行的核心竞争力形成的重要比较优势之着力点。因此，国家应从立法、政策、监管、银行公司治理特定因素等方面，依据普惠式金融服务的特点，提供有利于完善和提升中小商业银行公司治理的制度、政策和机制支持。

3. 优化中小商业银行公司治理的多元化制度和机制。重视新资本监管对公司治理建设的全面塑造，形成多元机制、渠道畅通、特色因素不断吸纳以及治理规范和机制体制健全的现代、特色、优化的中小商业银行公司治理模式和体系。依托金融生态建设成果、政府治理成果、中小商业银行经营管理成果，以及中小商业银行公司治理改革成果，以新资本监管和其他先进管理模式建设为重点，提升公司治理、协调公司治理和银行经营管理水平的协同性，进一步疏通先进公司治理的内外建设渠道，促进中小商业银行公司治理的全面建设。

本章在地方政府控制是我国中小商业银行公司治理的显著因素和特征、地方政府控制程度和方式的优化是中小商业银行公司治理效率改进的重要途径认识基础上，构建以政府控制优化、内部治理优化、监管优化为支点，以市场机制发挥作用为增量的中小商业银行公司治理效率模型，分析我国中小商业银行公司治理均衡状态和优化路径。分析表明：从我国单体中小商业银行公司治理发展阶段看，初创期地方政府控制带来的公司治理边际效率递增；规模扩张和市场化发展一定阶段，相应效率为正但边际效率递减；上市、优化股权的一定阶段，相应效率为负且边际效率递减。从我国中小商业银行业当前整体结构来看，地方小银行（第三类中小商业银行）、非上市的区域性中小商业银行（第二类中小商业银行）、中上市银行和申请上市银行（第一类中小商业银行），依次对应处于以上的三个阶段。据此理论分析，提出了我国中小商业银行公司治理"三阶段"战略，即政府控制优化和内部治理培育并行推进、向第一类中小商业银行公司治理标准并轨、中小商业银行公司治理一元制建设，以实现不同层次中小商业银行公司治理培育优化，分类趋同，到大统一。

7　中国中小商业银行业务创新战略

本章研究我国中小商业银行发展战略重点之二：业务创新战略。分析中小商业银行业务发展环境和影响，形成了中小商业银行业务创新发展的总体思路，据此规划传统业务和新兴业务中各类具体业务的发展策略。

7.1　中小商业银行业务创新环境及影响

规模经济和范围经济的效率特征、根治地方和跨区域经营相互支撑的战略协同、差异化、特色化经济的经营特征、小微企业融资困境、利率市场化趋势等构成了中小商业银行业务发展的重点环境因素，并对中小商业银行业务发展形成了规定性内容和趋势性引导。

7.1.1　中小商业银行规模经济和范围经济

中小商业银行的发展阶段、成本效益特征等决定了其发展具有规模经济和范围经济的经济机制和经济效应。实证分析也支持了规模经济和范围经济的经济效应。规模经济为中小商业银行扩大传统业务、规模扩张提供了理论支持，范围经济为中小商业银行业务多元化提供了理论支撑。

1. 概念内涵

《新帕尔格雷夫经济学大辞典》关于规模经济（规模不经济）的定义为：考虑在既定的（不变的）技术条件下，生产 1 单位单一的或复合产品的成本，如果在某一区间生产的平均成本递减（或递增），那么，就可以说这里有规模经济（或规模不经济）。规模经济（economics of scale）的成因：专业化分工和协作带来的经济性，大型高效固定设备的经济性，标准化和简单化的经济性，批量采购、销售、运输的经济性，现代管理的经济性（Kaoru Tone，Biresh K. Sahoo，2003）。规模经济可分为四个类型：生产的规模经济、交易的规模经济、储藏的规模经济、专业化分工效益。

范围经济（economics of scope）是指利用原有经营单位内单一的生产或销售过程来生产多于一种产品而增加的经济效应。范围经济源于三个方

117

面：一是生产要素多种属性的充分使用；二是人力、物力投入的有效搭配；三是增加的产品降低了原来产品的边际成本。

银行规模经济和范围经济。银行规模经济指的是规模扩张、人力资源建设加强、分支机构和网点布局的扩大，使得平均运营成本降低，而平均收益提高的状况。规模经济较好地衡量了规模、成本、效益的平衡关系。银行规模经济分为内部经济与外部经济两类情形。内部经济侧重于单体银行的局部均衡分析，表明外在环境相对稳定情况下，银行内部成本效益的规模经济状态；而外部经济侧重于整体银行业的一般均衡分析，表明银行业整体的规模经营对单体银行的人才获得、信息获得、行业服务获得的成本减少的情形。非内部经济的内部情形成为内部不经济，非外部经济的外部情形成为外部不经济。银行范围经济是指银行资产、负债、同业、中间业务等业务领域和种类的不断丰富和扩展，促使人力、物力、设备、服务的投入使用具有了范围经济的效应。

2. 机制因素

银行规模经济和范围经济的来源表现为四个方面。一是投入产出产生的规模经济和范围经济。银行的投入产出的分析具有多个视角：对于存款，利息支出是投入、存款额度为产出；对于贷款，为市场中的企业提供融资等服务为投入，贷款利息为产出；对于银行整体服务，人力、物力、服务为投入，存、贷款客户服务为产出。综合来看，银行投入产出过程就是吸纳市场中剩余资金并转而供给市场中资金需求者的过程。这一过程规模经济和范围经济的形成表现为：存款、贷款内部的期限搭配和相互间的期限搭配的合理性，有效实现银行金融服务的稳定和可持续性，可以带来规模经营和范围经济；人力、物力、资金、固定资产投资的规模投入，在业务连续性活动中表现为平均成本的持续下降和服务品种的持续增多和协同，带来了规模经济和范围经济。二是银行支付功能、流动性创造功能、信息生产功能产生的规模经济和范围经济。银行支付功能主要为货币结算、收付、兑换和国币转移，支付工具是人民银行提供的支付清算系统或银行内部开发的支付清算系统。清算系统的整体性、协同性供给，随着银行支付业务的持续丰富和壮大，产生规模经济和范围经济；流动性创造功能主要表现为存款期限的组合设置和贷款期限的组合设置，支撑规模扩大的流动性需求的维护成本增长比率小于规模扩张的比率，产生了规模经济和范围经济；银行的市场准入、客户评级、债项评级、贷后管理等风险管理职能，有效分析、掌握了市场主体的信息状态，为市场融资服务提供信息，有效抑制了信息不对称情况下的逆向选择和道德风险，提高了整体银行业的服务效率，增加了单体银行的市场收益，银行业的信息生产功能带来了规模和经济效益，随着电子信息程度和风险管理信息化、集成化程度的提高，规模和范围经济效应不断彰显。三是交易成本产生的规模经济和范围经济。交易成本包括交易的货币成本、信息搜寻成本和信息管理成本。银行中介的产生，对于市场主体筹融资活动的相关成本起到有效的降低作用。四是资产专用性带来的规模经济和范围经济。资产专用性是指在不牺牲其生产价值的前提下，某项资产能够被重新配置于其他替代用途或是被替代使用者重新调配使用的程度，而具有此类属性的资产称为专业化资产。资产专用性划分为场地专用性、物质资产专用性、人力资源资产专用性、专项资产、品牌资本和临时专用性六类（Williamson，1975，1985；Grossman 和 Hart，1986；Hart 和 Moore，1990；Hart，1995）。资产专用性越强，规模经济和范围经济发挥的作用就越有限。在银行金融机构、非银行金融机构业务交叉、相互延伸的趋势下，银行的专用场地、信息科技为特征的物质资产、转型资产等的资产专用性程度越来越弱化，为规模经济和范围经济的发挥提供了支持；而银行的人力资源的有效性具有内生性，在干中学的过程中囊括了企业文化、制度执行、情感契合、专项技能的人力资源资产具有很强的资产专用性，是规模经济和范围经济发挥作用必须突出加大投入的方面；品牌资本通过创新发挥独特服务，形成了开拓市场、业务、客户资源的声誉效应和示范优势，产生了较好的规模经济和范围经济。

中小商业银行除了具有以上规模经济和范围经济的普遍属性外，普遍处于初创期和成长期，规模扩张、成本利用、人力资本建设、管理能力持续提升和有效支撑，形成了帕累托改进的效率格局，更有利于规模经济和范围经济的发挥。

3. 实证分析

国外实证研究普遍表明，中小商业银行具有较好的规模经济和范围经济，而大型银行规模不经济和范围不经济的状况较普遍（Lawrence，1989；Ashton，1998；Cavallo 和 Rossi，2001），国内实证没有形成统一的结论，认为五大国有商业银行、中小商业银行规模经济、范围经济或规模不经济、范围不经济的结论均存在，导致研究结果差异的主要原因是样本数据、模型设置等差异形成的。王聪、邹朋飞（2003）研究表明：大部分商业银行规模不经济而范围经济，规模不经济的程度与银行资产规模呈正相关关系，股份制商业银行的范围经济系数高于国有商业银行的范围经济系数，范围经济与银行资产规模没有必然的联系。刘宗华、邹新月（2004）研究表明：国有商业银行存在规模经济而股份制商业银行存在轻微的规模不经济，国有商业银行和股份制商业银行都存在范围经济。本节选取2001—2010年12家股份制商业银行、46家城市商业银行、13家农村商业银行相关面板数据，构成时间序列更长、横截面样本更多的数据结构，通过广义超越对数函数建立计量模型，考量中小商业银行规模经济和范围经济的总体情况。

总体规模经济和特定产品规模经济计算公式。总体规模经济 $=\sum_{i=1}^{m} \partial \ln TC / \partial \ln y_i$，即总体规模经济等于成本与产出的弹性，弹性值小于1规模经济；反之，规模不经济。其中 m 表示产品种类，i 表示第 i 种产品。

特定产品规模经济 $= [C(y_1, y_2, \cdots, y_i, \cdots, y_n) - C(y_1, y_2, \cdots, y_{i-1}, 0, y_{i+1}, \cdots, y_n)] / TC / \varepsilon_i$，即第 i 种产品规模经济指标值等于生产第 i 种产品成本增加率与第 i 种产品产出弹性间的比值，值小于1规模经济，大于1则规模不经济。

特定产品范围经济 $= \{[C(y_1, \cdots, y_{i-1}, 0, y_{i+1}, \cdots, y_n) + C(0, \cdots, y_i, 0, \cdots, 0)] - C(y_1, y_2, \cdots, y_n)\} / C(y_1, y_2, \cdots, y_n)$。

总体范围经济和特定产品范围经济计算公式：

总体范围经济 $= \{[C(y_1, 0, \cdots, 0) + C(0, y_2, 0, \cdots, 0) + C(0, \cdots, y_n)] - C(y_1, y_2, \cdots, y_n)\} / C(y_1, y_2, \cdots, y_n)$ 即单个生产 n 种产品的总成本与组合生产 n 种产品总成本的差额与组合生产总成本的比值，比值大于0，为总体范围经济，比值小于0，为总体范围不经济。特定产品范围经济 $= \{[C(y_1, \cdots, y_{i-1}, 0, y_{i+1}, \cdots, y_n) + C(0, \cdots, y_i, 0, \cdots, 0)] - C(y_1, y_2, \cdots, y_n)\} / C(y_1, y_2, \cdots, y_n)$，即独立生产第 i 种产品的成本加上其他组合产品生产成本再减去 n 种商品组合生产总成本形成的差额与总成本的比重，值大于0存在特定产品范围经济，值小于0存在特定产品范围不经济。

构建计量模型如下：

$$
\ln TC = \alpha_1 \text{loan} + \alpha_2 \text{deposit} + \alpha_3 \text{invest} + \beta_1 \ln p_l + \beta_2 \ln p_c + \frac{1}{2}\chi_{11}(\text{loan})^2
$$

$$
+ \frac{1}{2}\chi_{22}(\text{deposit})^2 + \frac{1}{2}\chi_{33}(\text{invest})^2 + \chi_{12}\text{loan} \cdot \text{deposit} + \chi_{13}\text{loan} \cdot \text{invest}
$$

$$
+ \chi_{12}\text{deposit} \cdot \text{invest} + \frac{1}{2}\gamma_{11}(\ln p_l)^2 + \frac{1}{2}\gamma_{22}(\ln p_c)^2 + \gamma_{12}(\ln p_l)(\ln p_c)
$$

$$
+ \varphi_{11}\text{loan} \cdot \ln p_l + \varphi_{12}\text{loan} \cdot \ln p_c + \varphi_{12}\text{loan} \cdot \ln p_c + \varphi_{21}\text{deposit} \cdot \ln p_l
$$

$$
+ \varphi_{22}\text{deposit} \cdot \ln p_c + \varphi_{31}\text{invest} \cdot \ln p_l + \varphi_{31}\text{invest} \cdot \ln p_l + \varphi_{32}\text{invest} \cdot \ln p_c
$$

$$
+ \eta \text{JSCBS} + \lambda \text{CCBS} + \tau \text{RCBS} + \varepsilon
$$

约束条件：$\chi_{12} = \chi_{21}$，$\chi_{13} = \chi_{31}$，$\chi_{23} = \chi_{32}$；$\gamma_{12} = \gamma_{21}$。

$\beta_1 + \beta_2 = 1$，$\gamma_{11} + \gamma_{12} = 0$，$\gamma_{12} + \gamma_{22} = 0$，$\varphi_{11} + \varphi_{21} + \varphi_{31} = 0$，$\varphi_{12} + \varphi_{22} + \varphi_{32} = 0$。

其中：TC 是总成本，loan 是贷款余额，deposit 是存款余额，invest 是投资额。p_l 是劳动力价格，p_c 是资本价格。SCBS 为虚拟变量，当为股份制商业银行时取值 1，否则取 0；CCBS 为虚拟变量，当为城市商业银行时取值为 1，否则为 0；RCBS 为虚拟变量，当为农村商业银行时取值为 1，否则为 0。ε 是计量模型的随机误差项。

计量结果如表 7 - 1 和表 7 - 2 所示：

表 7 - 1　　　　　　　　　　　　总体规模经济

	中小商业银行	股份制商业银行	城市商业银行	农村商业银行
总体规模经济	0.893	0.674	0.901	0.926
p 值	(0.026)**	(0.033)**	(0.038)**	(0.046)**

注：**表示在 5% 水平上显著，*表示在 10% 水平上显著。

表 7 - 2　　　　　　　　　　　　总体范围经济

	中小商业银行	股份制商业银行	城市商业银行	农村商业银行
总体范围经济	1.145	2.477	0.469	1.105
p 值	(0.104)*	(0.033)**	(0.569)	(0.843)

注：**表示在 5% 水平上显著，*表示在 10% 水平上显著。

实证分析表明，中小商业银行规模经济效应明显，相比较而言，股份制商业银行规模经济效应最大，次之为城市商业银行和农村商业银行。中小商业银行总体上存在范围经济，股份制商业银行范围经济的效应最明显，城市商业银行和农村商业银行存在微弱的范围经济，但统计不显著。

众多中小商业银行处于发展的成长期阶段，人力、物力、资本投入使用效率正在展开，规模经济效应明显。股份制商业银行差异化特色化经营，传统业务和创新业务的协同实施，范围经济效应显著；而城市商业银行和农村商业银行，由于传统业务相对比较单一，创新业务不足，差异化、特色化经营正初步实施，范围经济效应不显著。

发挥规模经济效应是中小商业银行加大规模扩张的重要因素之一，中小商业银行规模扩张的主要形式有：产品创新、网点和分支机构的设立、横向并购、纵向并购等。

中小商业银行业务多元化是发挥中小商业银行范围经济效应的有效途径，业务多元化的实践路径应是：扩大传统业务，创新新兴业务，加强中间业务。

7.1.2 跨区域经营

股份制银行依赖我国经济的高速增长和监管政策支持，有效扩大资本金实力，实现了从区域性银行向全国性银行的转变。城市商业银行和农村商业银行通过做大做强、寻求规模化优势、增强风险抵御能力，进而实质性促进服务中小企业、服务城乡居民、服务地方经济的市场地位，这种诉求越来越强烈。扩充资本、更名、跨区域经营、上市、布局全国成为中小商业银行发展基本路径，跨区域发展成为关键战略。跨区域发展有效解决中小商业银行跨区域延伸客户和市场，跨区域发展客户和市场，跨区域占领中小企业和金融薄弱真空领域，有效优化金融服务区域不平衡，有力践行市场定位，具有重要战略意义和策略价值。

1. 跨区域经营状况

城商行跨区域经营形成一定的规模。截至 2010 年末，全国共计 78 家城商行实现省内及省外跨区域经营，占城商行总数的 53%；跨省域经营的城商行 40 家，占城商行总数的 27%。

跨区域扩张成为趋势。2008 年 34 家城商行设立异地分行 56 家；2009 年 49 家城商行设立异地分行 81 家；2010 年 65 家城商行设立异地分行 103 家；2011 年 22 家城商行设立异地分行 28 家。跨区域经营监管政策供给要项：2006 年银监会出台了《中国银行业监督管理委员会中资商业银行行政许可事项实施办法》，规定了城商行跨区域经营的条件；2007 年银监会出台了《关于允许股份制商业银行在县域设立分支机构有关事项的通知》，促使城商行在县域设立分支机构；2009 年银监会出台了《关于中小商业银行分支机构市场准入政策的调整意见（施行）》，解除了城商行监管指标、营运资金及审批程序的诸多限制，放宽了城商行跨区域经营的条件；2011 年国家对城商行跨区域经营政策收紧，设立村镇银行门槛提高，上市城商行没有新增，城商行跨区域发展趋缓，但转型和调整，将为中小商业银行更好更快跨区域发展提供积累，跨区域发展路径趋势没有改变。

跨区域银行多类型、跨区域路径多元化。跨区域银行既有诸如北京银行、南京银行、宁波银行等上市银行，也有诸如杭州银行、大连银行、锦州银行等中型非上市银行，还有诸如威海银行、长江商业银行等小型银行，各类城商行全面跨区域经营。城商行跨区域主要形成了七类路径。一是直接设立分支机构，如北京、上海、宁波银行、盛京银行、宁夏银行、厦门银行等。二是联合重组、新设合并，如徽商银行、长安银行、吉林银行、江苏银行等。三是整体收购，如哈尔滨银行整体收购双鸭山城市信用社、包商银行整体收购赤峰市城市信用社；四是参股控股异地机构，如北京银行参股日照市商业银行、芜湖津盛农村合作银行，北京银行参股廊坊银行，石嘴山银行参股乌海市商业银行，齐商银行参股长安银行，武进农村商业银行入股金坛农村信用联社，常熟农村商业银行入股江苏省启东农村信用合作联社，张家港农村商业银行入股海门市农村信用联社，吴江农村商业银行入股射阳县农村信用联社，东吴商业银行入股江苏泗洪农村信用联社、盐城市区农村信用联社等。五是接收国有银行网点，如锦州银行收购建设银行辽宁分行黑山县和北宁县支行。六是借道村镇银行，如包商银行发起成立北京昌平兆丰村镇、华溪建设、毕节发展、回商、鄂温克旗包商、固阳包商惠农等六家村镇银行，东莞银行发起成立开县泰业、东莞市长安等村镇银行，长安银行控股宝鸡市岐山村镇银行，北京农村商业银行发起设立湖北仙桃村镇银行，常熟农村商业银行发起成立咸丰村镇银行，东吴农村商业银行发起成立嘉鱼吴江村镇银行等。七是设立异地代表处，如威海市商业银行利用山东高速有限公司大股东，设立济南代表处，再逐步升格为济南分行。

区域布局不平衡。2010 年 103 家异地分行区域布局为：东部 54 家，占比 54%；西部 30 家，占比 29%；中部 18 家，占比 17%。相比较而言，金融服务薄弱区域和领域跨区域经营覆盖不足。

2. 跨区域经营策略调整

在后金融危机时代，我国经济发展要求和银行业战略转型背景下，在中小商业银行跨区域发展成效基础上，中小商业银行跨区域发展存在策略调整的紧迫要求。跨区域经营策略转型需要着力于以下方面：

一是坚持跨区域经营是中小商业银行发展壮大重要策略的基本认识。中小商业银行跨区域经营是扩大银行服务覆盖面、弥补现有布局服务真空和服务匮乏的有效途径；是创新服务手段，加强中小企业服务的有效方式，是改善中小商业银行经营管理、发展壮大的有力举措，是践行"差异化、特色化，服务中小企业、服务城乡居民"市场定位的科学选择。各类中小商业银行应坚持跨区域经营，将实现跨区域经营作为整体发展要求的重要部分，促进整体战略的实施，将跨区域经营作为提升业务及管理水平的内在要求，坚持"合理布局、重点突破、带动整体"原则，按照"先省内、后省外，先周边、再延伸"的层次安排，渐进实施跨区域经营。

二是努力塑造本地业务及经营管理优势和特色，借助优势和特色，拓展异地业务及经营管理。当前中小商业银行跨区域政策收紧，政策的着力点是基于跨区域经营的盲目性、粗放同质化、风险管控水平不足现状，要求中小商业银行先练内功，再优化本地业务特色，提升风险管理水平基础上，再继续实施跨区域经营。中小商业银行应加强本地业务优化，依据形成的业务优势和特点，匹配相应信息化建设、流程管理建设、风险管理建设，打造差异化、特色化的产品和市场，形成核心竞争优势；同时，积极把握优势产品和市场的外延，积极拓展跨区域业务，为跨区域异地分行的设立提供条件。

三是以积极实施跨区域经营带动银行整体壮大。没有跨区域经营的战略部署，本地的业务和经营管理的提升，将失去动力支撑；同时，经济一体化的趋势，促使本地业务服务的半径逐步延伸，跨区域业务金融服务的有效性要求尽早实现跨区域经营。这种发展战略的动力要求和业务经营的延伸属性和趋势，要求积极实施跨区域经营，以促进单体银行的发展壮大和竞争优势。

四是优化中小商业银行跨区域经营政策环境。中小商业银行自身发展的差异化、跨区域经营实现程度差异、环境变化、市场需求变化等要求监管政策的调整和适应，建立差别化的准入政策。引导市场成长好、内控水平高、区域辐射能力强的中小商业银行实现和扩大跨区域经营；引导中小商业银行在跨区域战略实施中实现战略转型。适当放松西部大开发、东北振兴、中部崛起等战略区域内中小商业银行的跨区域经营；区别已实现跨区域经营、未实现跨区域经营的中小商业银行，实施差异化的市场准入政策。对于中小商业银行进入东部、西部城市设置差异化的政策准入标准。

3. 跨区域经营对业务发展的要求

新形势下跨区域经营对业务发展提出了四个方面的要求：一是巩固和拓展传统业务，集中资源，改革体制机制，实施专业化经营，努力培育优势，形成在市场上有影响力的产品或服务品牌；以具有核心竞争力的产品和品牌去延伸跨区域业务。二是创新发展新兴业务，特别是那些较少依赖网点的业务、具有并能够形成后发优势的业务，以及可以弥补物理网点不足劣势的电子银行业务等，拓展业务服务半径。三是切实加强小微企业金融服务，形成卓有成效的小微企业服务产品和运营机制，以小微企业的业务服务为路径，促进跨区域经营的实现。四是风险管控水平将是跨区域经营市场准入的重要指标，也是保证特色化服务的必要手段，因此，应着力提升内控和风险管理水平，为跨区域经营提供保障。

7.1.3 差异化、特色化经营

差异化、特色化经营是中小商业银行的普遍战略定位，2011 年，围绕"专业、特色"主题，以特色行业、特色领域、特色产品、特色经营等为突破口，致力于打造服务和业务特色，形成差异化。概括来看，有四种类型：第一，针对地方经济特点，开展特色业务，如吉林银行积极开展人参产业相关金融业务；汉口银行努力打造科技金融服务特色，长安银行努力打造"小型和微型企业金融、科技金融、能源金融、小城镇建设金融"为主的四大核心产品体系，并以核心产品体系，促进品牌战略、差异化创新战略的实施；齐商银行着力对塑料化工行业的上下游产业链提供专业化服务。第二，抢抓新兴产业机遇，提供专属服务，如北京银行进一步强化文化创意产业金融服务特色，创新担保方式、建立文创特色支行、培育专业团队，提升对文化创意产业的服务能力。第三，开辟蓝海，错位竞争，如哈尔滨银行将小额贷款作为全行发展战略，打造小额贷款品牌和产品体系；潍坊银行利用地方政府配套政策支持，进军农村金融市场。第四，利用地缘优势，开发特色产品，如厦门银行积极构建两岸三地金融服务平台，利用引入具有台资背景的香港富邦银行为契机，在海峡西岸中心城市和台商聚居的地区设立异地分行；富滇银行启动了中老（老挝）本币跨境结算业务，并在全国商业银行中首推老挝基普对人民币现汇交易业务。

业务发展是差异化、特色化经营的核心，中小商业银行差异化、特色化经营的基本路径是：在做好传统业务的过程中实施差异化、特色化经营，在创新发展新型业务的过程中实施差异化、特色化经营，这是由中小商业银行发展现状和转型背景双重因素决定的。一是同质化、粗放型经营和竞争，是包括中小商业银行在内的我国银行业的普遍发展状态，而中小商业银行传统业务中大客户服务不如大银行，小客户服务的体系和机制仍在不断探索中，规模效应体现不足，这种状况要求中小商业银行继续围绕转型阶段经济趋缓但仍保持较好的速度、跨区域准入趋紧但仍适度放开、利率市场化进程加快但仍相对控制的有利形势，通过差异化、特色化经营，将传统业务做快、做实、做强、做大。二是要依据战略转型的要求，做好资本密集型、创新型、中间型新型业务，实施差异化、特色化经营。

7.1.4 中小企业融资

中小企业促进就业、培育创业、引领科技创新的作用突出。在欧盟国家，中小企业占企业规模总额的99.8%，创造了利润总额的60%，占就业人数的60%（Gertrude Tumpel－Gugerell，2009）。《"十二五"中小企业成长规划》统计了我国中小企业规模、利润、促进就业、培育创业、引领科技创新情况：2010年末，中小企业约有1 100万家，规模以上中小工业企业44.9万家，占规模以上工业企业总数的99.3%；中小工业企业利润2.6万亿元，占规模以上工业企业利润总额的66.8%；"十一五"期间中小企业新增城镇就业岗位4 400万个以上，占城镇就业岗位总数的80%以上；中小企业发明专利、技术创新、开发的新产品分别占全国总量的65%、75%、80%。

中小企业融资难是世界性普遍现象。中小企业融资困难的基本缘由有两个：一是中小企业的单体发展阶段及内部治理状况，使得信息不透明情况普遍，资本市场融资渠道受限，70% 的融资规模需要依靠银行服务（Gertrude Tumpel - Gugerell，2009）；二是银行的信贷配给要求，中小企业中的合格信贷配给企业数量有限，其成长的波动性、自身抗风险能力较弱以及企业真实信息不易掌握、抵押担保条件较差等，影响了银行的信贷配给。

我国银行中小企业金融服务不足问题突出，获得信贷融资的中小企业数量仅为我国中小企业总数量的 20%，且信贷成本偏高（国务院发展研究中心，2011）。2011 年全国银行业金融机构新增小微企业贷款 19 311 亿元，其中，大型国有控股商业银行新增贷款 5 476 亿元，占比 28.37%；股份制商业银行新增贷款 2 568 亿元，占比 13.31%；城市商业银行新增贷款 3 493亿元，占比 18.10%。

我国银行中小企业金融服务薄弱的基本原因有以下三点：一是中小企业处于发展初级阶段。我国中小企业的数量低于发达国家，高于发展中国家的平均水平。个体工商户为我国中小企业的主体，家庭作坊的经营状况较为普遍，中小企业经营管理水平较低，粗放经营的特征较为突出，经营管理水平不够，公司治理框架和机制不健全（张承扩，2011）。二是准入管制和前置审批、市场垄断、税负总体较重、服务体系不完善等妨碍中小企业市场进入和发展。三是银行同质化、粗放型发展模式没有改变。没有匹配形成支持小微企业的信贷产品、风控机制和营销队伍等。

中小商业银行服务中小企业的比较优势显现，成为理性选择。文献关于中小商业银行服务中小企业的必然性没有形成统一的认识：Stein（2002）、林毅夫（2001）认为关系贷款是银行信贷服务的基本方式，大银行倾向于为具有良好信用记录和标准财务信息等硬约束较好的企业服务，小银行错位竞争倾向于硬约束不足，但彼此了解等软约束条件较好的小微企业贷款；Augusto de la Torre（2008）对 128 个国家的融资情况调研发现，大银行对于中小企业的服务倾向趋势和中小商业银行差异不大，中小企业也是大银行竞争服务的战略重点。欧明刚（2010）总结认为，四个方面因素促使中小企业成为中小商业银行服务的主体和理性选择。一是与大银行相比而言，中小商业银行在解决与中小企业信息不对称问题上更具优势，对于地方经济的熟悉和掌握程度、对于中小企业的了解程度都是其优势所在；二是中小商业银行决策链条短、效率高的管理特征匹配了中小企业的融资需求；三是中小商业银行，特别是城市商业银行和农村商业银行等在城市信用社时期、农村信用社时期就积累了和中小企业普遍持久的业务关系，具有服务中小企业经验及教训的历史积累；四是当前一些中小商业银行创新形成了有效服务中小企业的信贷供给和风险防控的较好成果。

在经济趋缓、内需倚重的经济增长战略突出、利率市场化利差收缩、银行传统盈利模式不可持续环境下，在中小企业服务体系逐步改善、财政扶持逐步加强、中小企业技术和结构调整不断开展基础上，中小商业银行和小微企业的银企关系将更为密切，中小商业银行服务小微企业的比较优势将逐步形成和扩展。

中小商业银行服务小微企业的业务创新正逐步展开。适合小微企业信贷特点的审批机制、担保方式、管理机制、营销机制、产品创新正在探索，形成了支持区域战略重点行业和领域的服务产品，如为科技型企业提供的"一条龙"金融服务、为文化创意类小微企业提供的创新金融产业、为商贸流通类企业提供的"一站式"金融服务（楼文龙，2012）。

7.1.5 利率市场化

我国渐进实施的利率市场化改革不断深入，当前利率市场化改革的重心是逐步放宽存款上限和贷款下限的利率管制，目标是逐步构建市场供求主导存款和贷款利率的形成机制，实现利率替代货币供应量 M_2 充当货币政策中介目标，引导金融资源优化配置。国际经验表明，利率市场化对中小商业银行的冲击主要表现在存贷利差短期收窄，揽存压力加大，经营风险加剧；中间业务要求提高，经营模式转型加快。

1. 存贷利差短期收窄，经营风险加剧

存贷利差短期收窄。美国、日本、韩国采取渐进实施的利率市场化改革，提供了可供参考的样本。随着利率管制逐渐放开，存贷款利率、存贷利差变化的基本轨迹是短期上升，中长期逐步回落。美国存款、贷款名义利率分别由 1978 年的 8.2% 和 9.06%，增加到 1981 年的 15.91% 和 18.87%，同期存贷款实际利率也分别从 1978 年的 0.6% 和 1.46% 上升到 1981 年的 5.61% 和 8.57%（美国 1986 年完成利率市场化改革）。日本在利率市场化改革初期，存贷利率小幅度上升，经济萧条的特殊环境，使得利率水平持续走低（日本 1994 年完成利率市场化改革）。韩国在利率市场化改革之前，存贷款名义利率均保持在较为稳定的水平。随着1996年利率管制的完全放开，存贷款利率短期内出现了较为明显的上扬，分别从1996年的7.5%和8.84%上升到1998年的13.28%和15.28%，然后经历了一个逐步回落的过程。

经营风险加剧，主要表现为：一是利率市场放开，利率波动加剧，中小商业银行资产负债期限管理能力较弱，资产负债期限不匹配风险加大；二是贷款利率定价上涨趋势明显，融资成本提高，中小企业客户道德风险加大；三是揽存竞争激烈，存款流动加剧，中小商业银行流动性风险加大；四是经营管理转型不及时，部分小银行经营可能恶化，机构倒闭风险加大。美国中小商业银行倒闭数量从利率市场化前的年均20家，发展到1989年的531家，代表性事件是"美国储蓄协会危机"。日本1994年后，相继发生木津信用金库、兵库银行、大阪信用组合、北海道拓殖银行等中小商业银行倒闭情形。同时，中小商业银行适应利率市场化环境，小银行并购的概率加大。

2. 中间业务份额提高，经营策略调整

中间业务份额提高。银行传统资产负债业务在整个社会融资中的比重将逐步下降的趋势显现，利率市场化改革促使存贷利差收缩将加快这个趋势的形成，为此，中小商业银行应加快扩展中间业务发展，挖掘中间业务的增量空间。美国实践表明，非利息收入在1979—1989年保持了16.4%的年均增长率，非利息收入占比则由1979年的18.28%迅速上升到1989年的31.27%。同时，中间业务在依赖于中间业务品种的增加和规模扩大基础上，逐步由低层次的代收代付向代客理财等高附加值业务发展，形成符合区域消费特征的中间业务品牌和产品。

中小商业银行需要建立负债业务可持续发展、中间业务快速发展的精细化经营策略。在注重中间业务发展的同时，加强负债业务管理平台建设，及时把握新增存款业务品种，同时通过延伸营销和交叉营销，扩大负债业务市场和客户空间，实现负债业务的可持续发展。加强利率管理和客户管理的信息化程度，提高管理的精细化、深入化、有效性、便捷化，以精细化管理支撑业务持续发展。

7.2　中小商业银行业务创新战略总体思路

在总体外部环境和内部条件基础上，确立中小商业银行业务发展的总体思路。依据总体战略，重点考虑规模经济、范围经济内在属性要求，差异化、特色化经营要求，根据当地和跨区域经营相互促进要求、利率市场化和中小企业融资要求，确立巩固和扩大传统业务、创新加强新型业务的中小商业银行业务发展总体思路。依靠传统信贷经营管理方面的较好积累，扩大小微企业业务、公司业务、零售业务等传统业务的市场范围、客户范围，并增强传统业务中中间业务和电子银行服务功能，提高传统业务的规模经济和范围经济效应；同时，依托传统业务，适应市场和客户融资服务需求，创新扩展新型业务，逐步增强新型业务资本集约贡献。逐步形成传统业务优势突出，新型业务优势递进，传统业务和新型业务相互支撑，外延扩展充分体现，内涵集约业务不断发展的业务格局。

中小商业银行业务发展思路包括三个层次：

第一层次：业务发展总体思路和总体发展战略的匹配。业务发展要充分匹配、契合于实现多层次发展、有效市场竞争、动态匹配经济社会发展需求，充分服务地方经济、中小企业、城乡居民的和谐金融服务的总体发展战略。业务发展要着力处理好外延式发展和内涵式发展关系、中小商业银行和地方政府关系、统一性和差异化关系、本土化和国际化关系。

第二层次：业务发展重点环境及其影响。业务发展思路的形成和制定要重点考虑中小商业银行规模经济、范围经济的内在属性和形成机制影响，规模经济、范围经济与传统业务和中间业务的关联关系；要把跨区域经营和本地精耕细作的相互依赖、相互促进结合起来；要把利率市场化突出影响内化于业务发展调整、安排到内生驱动机制中；要基于中小企业本身变革、中小企业和中小商业银行服务的契合性、中小商业银行服务的比较优势形成等系统性认识高度，把中小企业服务的创新性、有效性扩展到整体业务发展的各个层面。上节已论述了第二个层次的各个因素及影响。

第三层次：创新开拓传统业务，大力拓展新兴业务。总体思路重点强调如下：

第一，以存贷利差为收益主要来源的传统业务，仍是中小商业银行的重要业务方式；中小商业银行的有效规模扩张空间、地方经济、中小企业、城乡居民的市场主体的有效服务空间仍然广阔，传统业务拓展的帕累托改进效率较大；传统业务服务实体经济的比较优势依然突出；传统业务拓展的人力资源优势存在。以上因素决定了中小商业银行业务发展要继续发挥传统业务的比较优势。

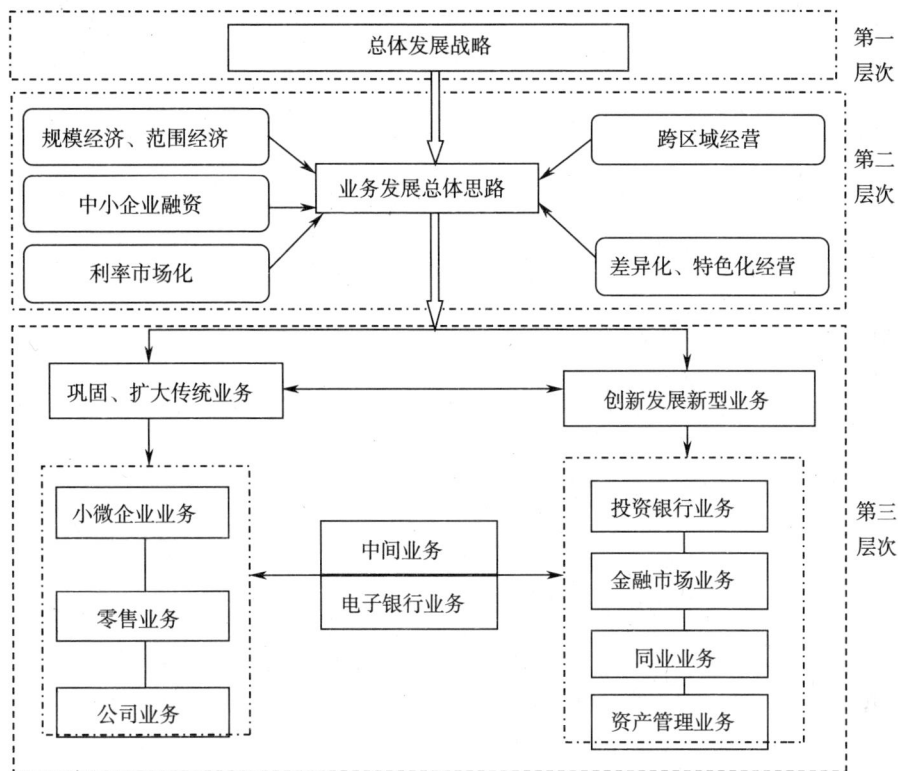

图7-1　中小商业银行业务发展总体思路

第二，新兴业务是中小商业银行发展进程中业务扩展的必然阶段要求，同时，新型业务的集约型、信息化、综合化经营特征，是中小商业银行集约内涵式发展的选择趋势，因此，要大力拓展新型业务。

第三，要立足传统业务，适当加强传统业务中技术应用和创新手段，促进传统业务的效率和规模；同时，适时加强新兴业务的培育和拓展，实现传统业务和新兴业务间的互补和适度替代。

第四，创新开拓传统业务、大力拓展新兴业务都要在外延扩展模式巩固基础上，逐步加强内涵集约的策略要求。

第五，客户结构匹配于业务优势和特色、收入结构匹配于资本消耗型业务向资本节约型业务的转化、电子信息化程度匹配于业务创新和业务优势，是中小商业银行业务发展的外部特点。

第六，传统业务包括公司业务、小微企业业务、零售业务，新型业务包括金融市场业务、投资银行业务、同业业务、电子银行业务。这样分类是基于对传统业务发展的重视，及新型业务增量效应发展的战略安排而设置的结构。两种业务发展中都贯穿了经济金融新形势及趋势下业务创新和业务结构优化的整体要求。

第七，中小商业银行发展层次差异较大，全国型、区域型、特色精品型、社区型等不同类型中小商业银行的业务定位和业务发展策略各异，因而对于以上业务的侧重和倾向程度不同。我们的业务发展安排，是基于中小商业银行普遍特征、分类特征基础上的一种总体安排。

7.3 扩大巩固传统业务 创新开拓新兴业务

7.3.1 小微企业业务

1. 小微企业金融服务定位

创新思维，发挥优势，坚持市场化运作，增强对市场反应能力，突出"速度、特色、服务"，不断创新提高小型和微型企业金融服务水平和效率，做广、做细，做强、做好小型和微型企业金融业务，努力在区域小型和微型企业金融服务中发挥骨干作用。

依据区域经济特点和优势产业，实施重点类型小型和微型企业金融服务：

1. 科技型小型和微型企业金融业务。建立符合科技型小型和微型企业特点的营销和服务模式，以优质客户为重点，积极支持电子信息、软件开发、生物医药、新材料、新能源等领域的创新型、科技型小型和微型企业。

2. 配套型小型和微型企业金融业务。围绕装备制造、高新技术、能源化工等现代大工业配套发展的小型和微型企业，支持专业化水平高、配套能力强、产品特色明显的小型和微型企业；在装备制造领域重点支持"专、精、特、新"的零部件、配套生产企业；在能源化工、冶金、建材领域支持技术密集型、资源节约型、清洁环保型能源、新材料生产企业；在轻纺工业领域重点支持"新、优、特"产品为主导的专业化水平高、市场竞争力强的小型和微型企业。

3. 现代服务业类小型和微型企业金融业务。支持为生产生活提供基本服务的文化产业、现代物流、社区服务、商业、餐饮、住宿、旅游房地产、信息、创意、会展、娱乐等领域内优质小型和微型企业发展，支持利用现代经营方式、新型业态和信息化技术改造的小型和微型企业。

4. 农产品深加工和农业产业化服务小型和微型企业金融业务。围绕现代农业的产业体系和服务支撑体系，积极支持农业产业化经营及其配套服务企业、设施蔬菜和现代农业示范园区、农村商品流通体系中的优质客户。

5. 小城镇化和基础设施金融业务。支持有可靠还贷来源的小城镇化发展项目和节能环保工程。稳妥介入县域优质土地储备和房地产良性开发。按照规划先行、环保先决、顾问先入、政府推动、运作灵活、专家评审和管理到位的原则，支持县域工业集中区建设，促进县域小企业园区化、集群化、规模化发展。

6. 个人经营性金融业务。区分不同生产经营特点，稳步开展个人经营性贷款业务，加强对小型和微型企业主、个体工商户、发达地区和城市郊区富裕居民的综合金融服务。

2. 业务措施

一是加快推进小型和微型企业金融服务体制变革。优化小型和微型企业金融服务组织体系，严格按照"四单管理"（小型和微型企业专营机构单列信贷计划、单独配置人力和财务资源、单独客户认定与信贷评审、单独会计核算）、"六项机制"（利率的风险定价机制、独立核算机制、高效的贷款审批机制、激励约束机制、专业化的人员培训机制、违约信息通报机制）的运作模式，建立健全有别于公司业务的制度体系和运行机制，进一步提高小型和微型企业金融业务整体经营能力和管理水平。

二是积极打造小型和微型企业特色产品体系。围绕小型和微型企业金融服务重点领域和关键环节，按照不同客户金融需求特点，开发订单融资、履约保险担保、经营性物业抵押贷款、融资租赁、应收账款质押贷款等小型和微型企业产品，逐步形成高中低端产品搭配，资产、负债和中间业务有机组合的梯级小型和微型企业特色产品体系。基于小微企业融资需求，实施各类业务的复制、改造、嫁接，以形成适用于小型和微型企业的产品和服务。

三是不断加强小型和微型企业金融服务渠道建设。按照走差异化、特色化发展道路的要求，通过市场客户细分，在小型和微型企业集中区域建立专营支行，加大各类资源配置力度，并制定专门的业绩考核和奖惩机制，增强小型和微型企业的综合金融服务能力。加快小型和微型企业金融电子服务渠道建设，利用电话银行、网上银行等渠道提升小型和微型企业金融服务覆盖率。探索与小额贷款公司合作模式，拓展小型和微型企业业务渠道。

四是引进外脑技术，提高决策能力。与有经验的咨询公司和商业银行建立战略合作关系，引进先进的技术，开发小型和微型企业评级授信系统，实现小型和微型企业评级、授信科学管理。优化小型和微型企业贷款业务的审批速度及操作流程，为业务发展提供科技保障。

五是积极推进小型和微型企业信贷业务结构调整。积极推进区域小型和微型企业业务发展，促进贷款区域结构调整，使各机构业务发展与地方经济发展相匹配；密切关注地区产业结构调整实际，积极引导全行小型和微型企业贷款投放由传统行业向新兴行业转变；以小型企业信贷客户为业务重点，小企业信贷客户为补充，按照有进有退、择优扶持的原则，逐步退出不符合准入条件的存量客户，加大优质客户营销，提高客户质量；以抵押担保方式为主，专业担保公司担保及各种创新担保方式为辅，优化贷款担保结构，强化信贷风险管控。

六是加强政策研究和外部沟通宣传。深化对国家宏观经济政策、小型和微型企业政策的研究，建立覆盖重点小型和微型企业的研究体系。建立健全外部沟通、协调和宣传机制，积极争取政策支持，树立小型和微型企业服务的良好社会与公众形象。按照多元化模式，分别建立小型和微型企业业务品牌、产品品牌。

7.3.2　公司业务

1. 公司业务定位

公司业务战略定位。公司业务按照"结构调整、重点跨越、流程优化、品牌创立"的原则，以提升核心竞争力为目的，以加快发展传统业务、培育特色业务和推动创新型业务发展为重点，以体制机制创新为动力，采取有效的战略保障措施，促进公司业务发展。

2. 公司业务策略

一是分类管理，差别服务，拓展优质客户。"二八定律"（认为银行

80%的利润来源于20%的客户）要求中小商业银行巩固、选择、培育、发展既有优质客户和潜在优质客户，分类管理，差别服务。第一，要加强客户基础建设，搭建企业级公司业务平台，实施企业金融客户分层分类营销和精细化管理，根据不同客户维度，区分大、中、小型客户以及优质基础客户、战略基础客户、有效基础客户。实施差异化营销维护，巩固、扩展、提高、改善企业金融客户群体。第二，完善差别化服务体系。依据客户结构和分布，针对行业和客户的差异，实施综合性金融服务，实现传统业务、特色业务、创新业务的全面推进，实现差异化、针对性的差别服务。

二是专注国家及区域宏观经济发展战略重点，专注行业和企业发展的新型特征，不断培育新的客户增长极。从我国发展中长期来看，中国将步入现代、和谐、有创造力的高收入国家，技术创新、企业改革、要素市场改革、城镇化程度、绿色经济、财政分权制度改革、社保公共服务改革等方面的战略性变革将逐步深入展开。在这个大变革的总体趋势下，区域行业和企业的变化表现为两个方面，一方面是原有企业和行业的服务需求有了全新的变化和要求，中小商业银行要及时跟进；另一方面是新型行业和新型企业不断出现，匹配的金融服务主动介入，建立新的优质客户增长极。

三是围绕外延粗放向资本节约转化的路径，加强业务创新，建立创新品牌。第一，加强占用资本较少或几乎不占用资本的中间业务的发展，加快新兴业务发展，重点推进单位人民币结算、保证业务、代理保险、承兑业务、单位代收代付、银团贷款等业务的发展，促进公司业务在资本约束下的价值优化；第二，公司业务创新要坚持集中突破、在红海中寻找蓝海的思想，建立创新服务体系，改进创新传统业务，实施品牌工程。

四是优化业务结构。中小商业银行整体资产结构的优化是一个长期动态的过程，公司业务资产占比适当调整、中间业务收入占比增加趋势都是优化业务结构的重要方面。第一，优化资产结构。信贷资产比重普遍较高，非信贷资产占比较小，决定了公司业务高风险、高资本占用的特点，这是经济高速增长过程中信贷资产支持实体经济的特点决定的，但短经济周期的发展特征对信贷资产质量形成巨大的潜在风险。因此，要在保持适当增加的基础上，在增长的过程中调整资产结构。第二，重视非信贷资产，通过中间业务提高非信贷资产比重。第三，加强信贷业务结构调整。

围绕基础优势行业落实信贷投向；围绕优质企业调整信贷结构。第四，深化结构调整，培育特色业务。按照国家的产业政策和要求，重点拓展盈利能力强、区域性的大型集团企业和公司客户，并建立战略合作伙伴关系，开展深层次、宽领域、可持续的业务合作。不断调整信贷结构，重点关注能源化工、先进装备制造、新兴产业，大力发展"绿色信贷"业务，积极支持县域经济。

五是突出区域重点，促进协调发展。把握宏观经济及行业形势，分析地区差异，掌握主流经济、特色经济、优势行业和企业，确立差异化信贷投放策略。

六是依托科技力量，加强业务系统建设，实施业务流程再造和优化，实现公司业务全流程管理，提高市场营销拓展的专业化、精细化和系统性、针对性。

七是建立高效、专业的营销服务团队，在业务拓展中树立专业形象，提高客户服务的专业能力和团队作战能力。

7.3.3 零售业务

1. 零售业务定位

坚持以深化体制机制改革为动力，以持续的业务政策和资源配置为保障，以银行卡为载体，以营业网点、自助设备和电子银行为渠道，立足个人负债业务，积极开展个人资产业务和中间业务产品创新和业务创新、打造特色产品，培育个人金融业务服务品牌，提升服务质量、改善客户体验，整合内外资源、探索新型销售、服务和作业模式，快速壮大有效客户群体，扩大业务规模和盈利水平，实现条线发展的良性循环，提高个人金融业务综合竞争力。

2. 业务策略

一是拓展并加强基础营销工作。以储蓄存款和个人信贷两大基本业务为基础，做好基础客户群的培育和积累；以银行卡、代发工资和POS收单等三项重点业务为手段，做好基础客户群的开发和提升。

二是大力拓展个人中间业务，逐步开展代理保险、代理贵金属、三方存管、代销基金、个人外汇业务，产品逐步向高收益、高附加值的业务品种转变。

三是按照"先内后外、内外兼顾"的原则,实施自助服务渠道拓展工作。自助设备先行合理布局在行式,接着适当布局离行式。争取在政府部门、监管机构、股东单位、人口密集区、繁华商业区等布放离行式自助设备,拓宽自助服务渠道。

四是以新兴业务的突破性发展和经营模式的持续改进,推动储蓄存款、个人按揭贷款、信用卡、理财卡以及代发工资、代收代缴、代理销售等各类零售基础业务持续稳定增长。

五是业务深化和创新。业务突破上,把握国家扩大内需、保障民生带来的新机遇,围绕人口结构、居民财富、消费模式深刻变化带来的金融新需求以及长期被市场忽视的个人经营性融资需求,持续加大创新力度,开发新的产品和服务,打造经营特色。大力拓展以个人经营性贷款、个人综合授信为重点的资产业务,以高端客户的专业化、个性化理财和基础客户的标准化理财为重点的财富管理业务,以移动互联时代年轻客户群、活跃客户群现金管理、移动支付等为重点的新型支付结算业务。适应高端客户需求,适当发展私人银行业务,逐步建立与私人银行业务发展相适应的业务管理和服务体系。

六是加强零售品牌建设。充分发挥区域银行优势,整合内外资源,积极与区域内实力雄厚、集团型知名企业等合作,提高个贷业务的社会影响力。增加和完善个人贷款品种,推出特色个人贷款产品与服务,加快个贷业务电子渠道建设,提高业务效率。细化业务流程,加强个人贷款业务的监督管理,确保稳健经营。打造支付结算、融资、理财、贵宾服务等业务品牌,扩大市场号召力。

七是经营模式拓展及突破。经营模式突破上,加大零售业务流程、产品组织、销售服务以及机具配备等的改革创新,建立健全适合零售业务规模发展、既统一规范又高效灵活的业务经营模式;积极探索开展"银银合作"、"柜面通"等同业合作模式,延伸网点服务领域,并通过建立策略联盟,共同开发产品、深度合作提供金融服务方案,扩大个人高端客户基础,提升客户服务能力;加大与券商、基金、保险等金融同业以及电信运营商、第三方支付公司、电子商务类企业等机构的战略合作,整合社会资源,开发推广新的营销和服务模式,用"批发"的方式扩大客户群体,打开销售渠道;有效整合行内各板块、各条线、各控股公司的产品、服务和业务资源，积极开展多产品、多服务、多渠道的精准式交叉销售，提升客户经营深度，挖掘客户综合价值。

八是客户建设和服务。有计划、有步骤地调整个人客户结构。加强市场细分，向不同层次的客户群提供差异化服务和梯次服务，努力推进由面向大众客户的无差异、大众化服务逐步向兼顾大众客户与中高端客户服务的差别化服务转变。推进多维、精细化的零售客户分层分类管理，深入分析未来不同年龄段、不同职业零售客户群体的消费、经营和理财行为变化，按照金融服务有效需求能力和对本行综合收益贡献程度，区分高端客户、基础客户、低端客户，设计相应的产品、服务和业务模式，实施分层分类营销，切实提高营销针对性和实际成效。以深化、细化客户分层分类管理为基础，深入、扎实贯彻执行服务立行战略，把客户服务放在与业务发展同等重要的位置，关注产品、技术、流程、队伍、设施、营业环境等各个服务环节的每个细节，建立长效机制，持续改进，推动客户服务体验有明显改善，客户对本行服务满意度和忠诚度明显提升。

九是加强全行零售服务的组织管理体系建设，确保服务管理的任务明确、责任落实、推动有力。逐步强化有形和无形服务渠道、硬件和软件服务设施、技术运用和维护等的统筹管理。建立健全服务管理和推进落实的制度、工具、方法，持续强化服务制度和服务指引发布实施、服务质量监测和评估、服务过程监督和反馈等的全流程管理。

十是加快零售各专业团队建设，改革完善考核分配和激励机制，显著提升销售能力、服务能力和管理能力。

7.3.4 投资银行业务

1. 投资银行业务定位

依据中小商业银行整体发展规划，适应资本市场发展情况，应对非银行机构金融全面渗透银行业务的挑战，坚持"有所为、有所不为，循序渐进，特色发展"的原则，发挥中小商业银行自身优势，实施金融创新，优化资产结构，进一步完善投资银行产品体系和运作机制，提高金融服务供给能力，加快推动自身转型、创新和跨越发展，构建结构合理、充满活力、特色明显、优势互补的投行业务发展格局。

2. 投资银行业务策略

一是构建差异化、特色化的较为完整的业务产业体系和组织体系。把握投资银行业务区别于传统银行业务的新特点，建立总行统一协调、管理的垂直管理组织模式，并安排实施参股、收购兼并证券公司形成专业化投资银行业务平台的战略规划。挖掘业务资源禀赋，由易到难、由简到繁，循序渐进开展投资银行业务，逐步建立包含财务顾问、证券承销、项目融资与银团贷款、资产托管、理财、重组与并购业务等业务体系，并重点加强财富管理、政府财务顾问、并购重组、与贷款等债务融资业务相协调的投资银行业务，注重业务板块的相互配合、优势互补，逐步形成以中小商业银行传统业务为基础的特色投资银行业务体系。

二是加强与相关机构的业务合作，积累业务经验，培养人才队伍，并建立和优化有效的人才激励约束机制。

三是加强电子信息化建设，形成吻合自身整体风险偏好、体现投行业务特点的风险管理，促进和保障业务持续稳健发展。

7.3.5 金融市场、资产管理和同业业务

1. 定位

金融同业、金融市场和资产管理业务把握市场各类交易和创新、发展机会，形成鲜明的经营特色和独特的竞争优势，对全行业务发展、盈利增加、经营转型、资产负债管理和运作、产品和服务支持等的贡献持续增大。金融市场客户实行统一风险评级、统一服务与管理，提升金融同业合作层次和金融市场业务整体运作能力。

2. 策略

金融同业业务。着眼培育、扩大同业核心客户群体，增加同业客户金融往来，不断创新产品和服务，在扩大业务规模和收入来源的同时，为资产负债和中间业务拓展、产品销售和渠道延伸提供有力支持。全面深化银银、银证、银信、银财、银保等同业合作。

金融市场业务。立足地方市场优势，把握利率、汇率市场化机遇，进一步延伸产品线，提高做市交易水平；适应人民币国际化趋势，探索资金交易业务的国际化路径，研发和设计人民币资金产品组合和财富管理方案，逐步实施境内外人民币产品对接，推动业务国际化步伐。

资产管理业务。自营投资业务优先满足全行司库管理需要，同时，积极把握市场机遇，科学制定业务策略，提高资产收益率。打造业务特

色和品牌、做大业务规模、提高市场占比、增加收入来源，形成基础型理财产品供应体系和个性化理财产品供应体系。构建货币市场、债券市场、资本市场、股权投资等分门别类、多元化的资产管理产品和服务支持平台。

7.3.6 电子银行业务

1. 定位

加大科技创新，完善电子银行业务基础设施，建成包括网上银行、电话银行、手机银行、自助银行、信息服务，及其他新型电子渠道在内的全方位整合、全天候服务的电子银行渠道体系。着力于基础信息资源建设和优化，整合服务渠道，实施流程创新，提高信息科技对于经营管理的服务支持的功效。发挥门户网站的公众效应，提升互联网品牌形象。完善业务应用系统，实现 7×24 小时全天候服务，支持金融产品的可定制化、快速开发和组合打包，提升服务渠道间的协同能力，支持传统业务和新型业务的产品创新和体制、机制创新。

重点发展个人电子银行业务和企业电子银行业务：（1）个人电子银行业务。依托网上银行、电话银行、手机银行及自助银行等多元化渠道，积极拓展新业务领域和业务范围，满足客户金融服务需求，推动本行零售业务发展；快速发布支付结算和代理业务等适合电子银行的标准化服务，逐步向投资理财、财富管理等高价值业务延伸。（2）企业电子银行业务。以网上银行为主、电话银行为辅，积极拓展标准化产品，提供个性化的金融产品组合和综合服务方案。小型和微型企业客户，以账户管理、本外币结算、代收代付、电子商务支付等标准化服务为主，辅以企业理财及灵活的操作管理模式；大中型公司类客户，围绕其财务结构优化、发展决策支持、员工福利计划等方面的新需求，量身定制投资银行、现金管理、企业理财等一揽子电子银行服务方案；机构类客户，重点拓展银银、银保、银证、银税等行业应用，制订个性化金融方案。

2. 策略

一是拓展电子服务渠道。密切关注国内外先进的电子银行技术、同业电子银行业务产品，有效吸纳、整合创新，提高服务内容和质量。努力打造网上银行、电话银行、手机银行、短信银行、消息服务及其他新型电子交易渠道的全方位整合、全天候服务的电子银行渠道体系，并逐步外延扩展至手机终端、iPad 终端、Web 银行等多项电子产品终端。利用多媒体语音视频交互技术和网络安全技术，充分整合各类电子交易渠道，构建全天候、全功能、客户体验优异的智能虚拟银行，充分发挥电子银行竞争优势。

二是完善和创新电子商务支付品种和服务方式，打造电子商务支付品牌。依托先进的电子商务信用平台，建设涵盖 B2B（企业与企业之间的电子商务贸易）、B2C（企业与消费者个人之间的电子商务贸易）、C2C（个人与个人之间的电子商务贸易）等电子商务形式、多种结算模式的全系列支付产品线，创新电话支付、移动支付等服务模式。加强与第三方支付公司、专业电子商务服务商合作，实现电子商务各主体融资服务的深入参与，实现金融服务和金融产品的网上商城模式。

三是建立符合县域经济特点的电子银行业务，强化对县域的金融服务支持。面向广大居民，创新特色产品，并利用电话、手机、转账终端等高普及率渠道推广应用；面向县域小企业，积极创新自助可循环贷款、财务分析工具等特色电子银行服务，提高小型和微型企业信息化水平和财务管理水平；面向农村信用社、村镇银行、小额贷款公司等县域中小金融机构创新特色代理行服务；针对产业化龙头企业，提供特色代收付、供应链融资等创新产品，推广企业理财、金融信息等高价值服务。

本章在分析规模经济和范围经济、跨区域经营、差异化特色化经营、中小企业融资、利率市场化等五方面环境状况及其对中小银行业务发展影响基础上，确立了中小商业银行业务创新总体思路和具体业务种类策略安排。中小商业银行业务发展应以转型发展战略为依据，坚持"服务中小企业、服务城乡居民"的市场定位，按照差异化、特色化、集约化的经营要求，利用中小商业银行规模经济和范围经济的成长期企业效率属性，协同根据当地和跨区域经营相互促进的要求，协同利率市场化、小微企业融资对业务发展的要求和约束，确立巩固和扩大传统业务、创新加强新型业务的中小商业银行业务发展总体思路。一方面依靠传统信贷的经营管理资源积累，扩大小微企业、公司、零售等传统业务的市场范围、客户范围，并增强传统业务中中间业务和电子银行服务功能，提高传统业务的规模经济和范围经济效应；另一方面依托传统业务，适应市场和客户融资服务需求，创新扩展新型业务，增强新型业务资本集约贡献。逐步形成传统业务优势突出，新型业务优势递进，传统业务和新型业务相互支撑，外延扩展充分体现，内涵集约业务不断发展的业务格局。

8 中国中小商业银行流程再造战略

本章研究我国中小商业银行发展战略重点之三：流程再造战略。流程再造是中小商业银行总体战略的重要组成部分，是差异化、特色化、集约化发展的重要内容，是业务发展的重要支撑。本章针对中小商业银行流程再造理论和路径研究相对匮乏的现状，在梳理国际、国内银行流程再造理论和实践的基本脉络、挖掘我国中小商业银行流程再造的特点、现状和问题基础上，形成了中小商业银行流程再造战略重点及策略安排。

8.1 银行流程再造理论及实践

流程再造源于欧美的企业理论和实践。随着市场竞争环境变迁和公司竞争程度加剧，相继产生了分工理论、科学管理、福特主义、后福特主义、全面质量管理、流程再造理论，相关理论吻合并支持了所在历史时期的企业发展和环境要求。柏拉图的《理想国》、亚当·斯密的《国民财富和性质的研究》、马克思的《资本论》阐述了分工是企业和市场发展的组织基础，泰勒的科学管理理论强调了企业利益相关者财富最大化的公司治理目标，福特的福特主义理论强调了以规模生产、分工协作以及雇工福利提高为特征的公司经营管理形态，后福特主义从理论上进一步强化了规模生产和多样化经营的结合，全面质量管理理论以全流程、全员管理为管理口径，强调统计和量化管理的技术特征。流程再造（Business Process Re-engineering，BPR）是在信息化时代环境下，企业应对"3C"内外挑战和机遇的产物，即应对顾客（Customer）日益多样化、个性化服务要求，应对同业竞争（Competition）的日益加剧，应对科技发展的环境变化（Change）。Hammer 和 Champy（1993）首次提出并界定了流程再造概念。流程再造的概念内涵为：以业务流程为改造对象和中心、以关心客户的需求和满意度为目标、对现有的业务流程进行根本的再思考和彻底的再设计，利用先进的制造技术、信息技术以及现代的管理手段、最大限度地实现技术上的功能集成和管理上的职能集成，以打破传统的职能型组织结构，建立全新的过程型组织结构，从而实现企业经营在成本、质量、服务和速度等方面的巨大改善。Ligus（1993）研究得出流程再造可使企业销售成本降低 30%～35%，产品生产和经营周期缩短 75%～80%，库存降低 60%～80%，生产成本降低 65%～70%，市场份额提高显著；Holland 和 Kumar（1995）强调由于流程再造与总统战略匹配程度不足、与客户为中心的需求吻合度差及其他原因，流程再造的成功率仅为 20%～40%。

流程再造理论总体包括五个方面的内容：一是关于流程再造的工具、技术和人力资本要求。Cypress（1994）、Yu 和 Wright（1997）强调可视化技术和工具在流程再造中的中心作用，Mumford 和 Beekma（1994）、Kennedy（1994）说明了体现管理的动态变化是流程再造需要注重核心点之一，Chang（1994）、Vantrappen（1992）进一步讨论了以客户为中心的流程再造要求和机制。二是流程再造和全面质量管理（Total Quertity Management，TQM）关系。主流的认识是认为全面质量管理是企业经营管理的日常化工具，流程再造是企业经营管理的变革工具，两者可统一于企业过程管理框架内；流程再造注重于公司治理的变革，流程再造对于全面质量管理具有促进作用，两者间的互补作用较为明显（Klein，1993；Gadd 和 Oakland，1996）。三是关于流程再造的组织系统。认为 IT 系统的供给是流程再造的基础，原有组织机制、流程梳理和认识是流程再造的起点，原有流程和机制的优化是流程再造的基本内容，流程再造要防范新组织系统的非效率性、防止忽略组织系统中文化的根植性（O'Neill 和 Sohal，1998；Grover 和 Malhotra，1997）。四是关于流程再造的机遇。Champy（1995）基于欧洲和北美的实证调查表明：497 家美国公司中的 69% 以及 124 家欧洲公司中的 75% 都实施了不同程度的流程再造，剩余公司中的一半以上也已着手流程再造项目计划。Day（1994）认为流程再造需要重视外部环境譬如客户体验和客户需求、过程管理要重视文化的作用、未过滤信息的有效性使得流程再造具有学习和示范效应。五是关于流程再造的重点。流程再造是较剧烈的深度变革，流程再造的成果是目标，成效来源于过程，要明确区分核心因素（core process）和非核心因素，核心流程的再造是核心竞争力的渊源（Schaffer 和 Thomson 1992；Zairi 和 Leonard，1994）。流程再造是自上而下的过程，企业决策者是流程再造的推动者，高管是流程再造过程的监管者（Petrozzoand Stepper，1994），要防控流程再造中的组织风险和信息科技风险（Carr 和 Johansson，1995）。

20 世纪 80 年代后期，美国银行业的竞争加剧，并购浪潮涌起，银行效率问题突出，基于竞争和效率要求，结合信息科技和流程再造理论的基础，依据银行业的行业属性和特征，美国的银行业大力实施了流程再造工程，基本实现匹配客户需求为中心的经营管理体系，具有扁平化、集中化、垂直化、专业化的事业部制的组织架构。在美国银行业再造的影响下，北美洲、大洋洲、欧洲等效仿美国纷纷实施了银行业的流程再造工程。

从 2005 年开始，我国经济改革加速推进，银行业竞争加剧，监管力度加强，在银监会主导推动下，我国银行业流程再造的实践活动开始实施，以转变经营管理模式，提高市场应变能力，有力服务经济发展。目前，在经济趋缓、竞争加剧和监管要求提升等外在环境下，中国银行业在规模扩张的同时，寻求内部新的价值增长点，流程再造成为匹配集约内涵式发展的要求，中国银行业不同程度地推动流程再造工作，并依据自身实际，实施以业务战略为导向，以服务客户为中心，加强中后台集中处理建设和各层级的组织架构改造的流程再造。策略重心总体集中于后台集中处理、产品创新体系、信息系统改造升级、业务流程平行作业、事业部制改革、管理层级优化、非核心业务外包等环节，部分银行已引入了"客户之声"、"六西格玛管理"、"平衡记分卡"等管理工具。

总结中资银行流程再造的实践，体现出三个基本策略。一是流程再造从"以我为主或以产品为主"逐步向"以客户为中心"转变，强调客户需求和体验对流程的需求和要求；二是"职能导向"逐步向"流程导向"转变，"部门银行"逐步向"流程银行"转变。打破职能部门边界，通过组织重构、授权改革，建立与流程相适应的组织架构；针对直线职能制下部门银行的缺陷，逐步实施事业部制或准事业部制的管理模式。部门银行在总行以下按行政区划及层级设置分支机构，并设立系列职能部门，按对应层级逐级负责，管理和信息链条较长，分支机构独立性强，不利于基于市场变化的快速反应，加大了经营利润考核下分支机构的风险控制，管理部门比率偏高，不利于资源优化配置；事业部制模式是按业务产品或客户划分并设立作为独立利润中心的事业部，实行条线内人员的垂直管理的扁平化管理模式，能够贴近市场，有效缩短管理层级，实现以客户为中心、市场为导向的集约化经营。三是在流程控制中嵌入风险控制，经营客户增值与风险控制相结合的收益率优化。

《中国银行家调查报告》（2011）显示：中国银行业流程再造的实施已取得了一定的成效，68.5%的银行家认为，其银行内部运营效率得以提升；60.9%的银行家认为提高了客户需求的响应程度；56.7%认为更好地满足了客户的多元化需求，反映出当前银行以客户为中心，以效率为导向的流程银行建设重点。

8.2 中小商业银行流程再造的特点、现状及问题

8.2.1 特点

我国中小商业银行内外部条件特征决定了中小商业银行流程再造的几个特点：

1. 总体战略对中小商业银行流程再造要求迫切。流程再造是践行市场定位的有效途径。服务中小企业、服务城乡居民的市场地位，体现了中小商业银行错位竞争、弥补金融服务欠缺的要求。中小企业层级较低、治理欠缺、抗经济周期和行业竞争波动能力较弱的现状和特点，决定了中小商业银行要创新形成切合中小企业状况和融资需求的金融服务产品、业务流程和管理流程，而流程再造具有程度改变现有业务和管理链条，深度改造形成以客户为中心、以效率为导向的管理变革特点，流程再造吻合了切实服务中小企业需求，是现有条件下改善中小企业服务的有效途径。社会经济发展使得中产阶层人数剧增，个性化金融服务需求剧增；城乡金融服务薄弱区域的金融服务需求旺盛，中小商业银行的金融服务覆盖不足，金融服务供给匮乏。以上呈现的变化，迫切要求中小商业银行改变既有金融服务供给模式，依据服务主体差异化、复杂性、动态变化的相关特征和规律，改造业务流程、匹配组织变革和保障支撑，形成有效的金融服务供给，有效覆盖、有力提供、多样化支持，践行市场定位要求。

2. 流程再造是业务发展策略的题中之意。第 7 章我们分析确立了巩固扩大传统业务、创新扩展新兴业务的策略，体现了扩大外延粗放经营，渐进实施内涵集约经营的业务发展路径。在新的经济政策形势下，流程再造是巩固和扩大大中型企业客户业务，开拓服务小微企业和个人金融业务，有效提高新兴业务及中间业务的全新经营模式，对于巩固和扩展市场和客

户、提升服务类别和层次、支撑外延扩张和内涵集约并存和转型而言，流程再造是适应中小商业银行业务发展的创新制度供给。

3. 外部环境趋势形成了支持中小商业银行流程再造的有利条件。未来一定时期内，国内外经济金融形势发生了巨大的变化，应对变化的改革深度和广度将大大加强，内需倚重、技术创新依赖的经济增长模式成为主流，金融生态环境将得到极大改善。特别是技术创新推动和中小企业自身变革，将为中小商业银行流程再造提供有利条件。一是技术创新驱动，将形成支撑流程再造的先进技术体系和系统，流程再造的技术支撑加强，适合于中小商业银行流程再造的技术和系统供给扩大；二是技术创新对绿色经济的主导作用，增加了中小商业银行服务项目和服务产品的多样化特征，对应于多样化客户服务需求的流程再造更为需要；三是银行具有信息产业的属性，流程再造是中小商业银行依靠技术创新的实现方式，通过流程再造，发挥电子商务和网络经济资源的整合作用，创造新的利润增长点，也是中小商业银行克服网点不足、弥补区域扩张限制的策略。

4. 中小商业银行流程再造的成本相对较小，易于实现。流程再造绩效显著的银行是民生银行，一方面源于股份制银行市场机制较为充沛，行政阻力较小，易于变革的情况；另一方面，中小商业银行层级较少，政策性义务相对较少，客户和业务品种较少，特色化经营较为突出，流程再造成本相对较小。中小商业银行中股份制商业银行具有流程再造的成本优势。

5. 地方政府控制对流程再造影响显著。公司治理章节阐述指出地方政府控制是中小商业银行公司治理的特点之一，政府控制是中小商业银行内外因素约束的优化选择，政府控制的程度和方式将适时渐进优化。政府控制对于流程再造的影响体现为四个方面：一是流程再造是2005年开始在监管推动下逐步实施的银行再造工程，是相对全新的制度理念，城市商业银行和农村商业银行的改制或重组中考虑了现代公司治理的要求，但没有强调流程再造的必需性，因此，城市商业银行和农村商业银行依然沿袭了部分银行的基本架构，在政府控制高管任命的人事体制下，惯有的管理方式在中小商业银行中较为主流，流程再造的难度和阻力相对突出。二是从政府治理的角度看，政府治理基本遵循自上而下的路径，中央政府及相关部委的治理水平和改革深度早于、优于地方政府治理，地方政府治理中经济发达地区优于、快于经济落后地区。依据地方政府治理的路径规律，地方政府对中小商业银行流程再造的认识和重视具有滞后性。三是目前中小商业银行差异化竞争趋势较为清晰、中小商业银行在服务中小企业、弥补金融薄弱区域服务上和政府公共服务要求的吻合程度较高，流程再造是实现相关差异化竞争的有效制度，政府和中小商业银行对流程再造的认识和要求趋同性较强。因此，地方政府对流程再造的要求逐步显现，在政府控制能有效克服改革阻力条件下，政府关于流程再造的外在要求将成为城市商业银行和农村商业银行流程再造的重要推力。四是基于国际经验，流程再造失败的概率较高，流程再造的改革风险较大，如何激励和约束地方政府明确要求和支持中小商业银行流程再造，这是地方政府对中小商业银行监督管理改革应充分考虑的问题。

6. 人力资源状况对中小商业银行流程再造形成掣肘。先进的经营管理理念的践行，需要执行者和参与者认识、知识、行为协同和配合，这是先进经营管理模式发挥效能的关键。流程银行对经营管理人员全面性、综合性的人力资源要求将发生变革，这是现有体制和机制下每位员工必须努力提高、逐步适应的一个基本人力资源问题。相对大型银行而言，中小商业银行的人力资源积累和提升相对不足，人力资源较为薄弱，适应新型业务和中间业务的人力资源建设尚在努力中，流程再造项目建设和流程再造后经营管理的全新要求，使得中小商业银行人力资源的数量缺口和质量缺口将加大，配套人力资源的提升和补充是流程再造的基本内容。

8.2.2 现状及问题

中小商业银行遵循循序渐进、持续推进的原则，按照以客户需求为根本出发点，设定、修正、优化业务流程，匹配建立扁平化、集中化和专业化的组织架构，实施前、中、后台分离的一体化流水作业的流程再造目标，对业务流程整合、再造、优化。基于竞争和转型要求，部分中小商业银行已将流程银行建设纳入中长期战略规划，流程再造逐渐成为中小商业银行践行市场定位、实现错位竞争、构建核心竞争力的有力改革途径，成为集约化经营管理的改革途径。一些股份制银行以零售业务流程整合和构建为起点，渐进延伸到小微企业和大中型客户对公业务的业务流程修正和优化，并以事业部制为组织架构的改造重点，推进流程再造工作，民生银行的流程再造工作走在股份制银行的前头。城市商业银行和农村商业银行在改制或新设合并时不同程度地实施了流程优化的工作，但基本没有前瞻布局流程再造的战略规划，流程再造没有打破部门银行的基本布局和思路，是局部范围内、既有框架下的局部优化。在监管要求提高、利率市场化改革推进、服务主体的有效性和覆盖面急需扩大和深入的环境约束下，众多城市商业银行和农村商业银行注重流程再造对业务突破、规模扩展、集约化经营的重要战略意义，流程再造纳入了其重要议事日程或战略规划之中。

中小商业银行流程再造的问题存在于流程再造准备、实施、应用的全过程中，主要表现为：一是在现有格局下，地方政府控制是中小商业银行改革需要考虑的显著影响因素，如何促使地方政府把流程再造作为对控制的中小商业银行的管理要求，形成流程再造的外在推动力，配合中小商业银行自身转型的流程再造内在拉动力，共同克服障碍，促进流程再造规划和实施，这是中小商业银行，特别是城市商业银行和农村商业银行流程再造需要解决的外部条件和动力。二是流程再造大总行、小分支机构的模式倾向，对于分行权力的削弱将大幅度削弱分行既有的激励机制，如何把审批权限上收的同时，合理赋予分行适当的激励，是流程再造模式转型期需要创新补充的制度安排之一，也是流程再造有力推进需要解决的问题之一。三是业务拓展是众多中小商业银行经营重心，如何处理好惯性下的业务拓展和流程再造改革的关系问题，是中小商业银行流程再造需要妥善处理的问题之一。四是深层次的改革，需要克服既得利益者的阻碍，需要配套条件的及时跟进，需要高管统一意志的持续推进，一些改革带来的深层次问题需要高度重视，谨慎处理，充分化解，以取得流程再造改革的成效。

8.3 中小商业银行流程再造战略安排

以上梳理了银行流程再造的理论和实践，明确了中小商业银行流程再造的特点、现状和问题，表明中小商业银行流程再造是涉及利益相关者整体利益，重塑业务流程、组织架构和保障管理，激励约束机制重新配置、利益分配重新配置、经营管理理念革新的深层次改革，是涉及中小商业银行内外环境和条件变革的体系化过程。地方政府支持的推动力、战略规划内在要求的拉动力，董事会、监事会、经营层认识的统一性，是流程再造的动力源支撑；依据渐进实施的原则，以客户需求为中心，以多元化、差异化、特色化的业务流程为基础，逐步改革组织架构和保障支撑，优化形成流程银行模式是中小商业银行流程再造的战略安排。

8.3.1 构建流程再造的动力源

1. 加强地方政府对中小商业银行的监督管理，形成流程再造的政府推动力。政府控制中小商业银行，仍然是今后一定时期内中小商业银行公司治理的显著特点，也是地方政府和中小商业银行相互依托的均衡制度安排，地方政府在改善银行所有者权责的同时，应弥补监督管理职责的缺位，加强对中小商业银行的监督管理。监督管理职责涵盖了对公司治理、战略规划、业务经营管理等诸多方面的考核和评价。在地方政府关于中小商业银行所有权和监督管理权分离管理模式的基础上，地方政府将统筹考虑中小商业银行经营管理目标和地方政府社会公共管理目标的协同性，实施针对性监督管理。当前趋势下，中小商业银行的市场定位和模式转型吻合了地方政府的公共服务难点和重点问题，在流程再造对中小商业银行战略转型和核心竞争力影响效应认识的基础上，地方政府关于中小商业银行流程再造的要求将是其监督管理职能的重要管理内容。在高级管理人员由地方政府行政任命的干部管理体制下，这种要求必然形成流程再造启动和实施的巨大推动力，也有利于消除流程再造的一些障碍，为流程再造实施创造条件。

2. 研究流程再造对未来经营管理的影响，将流程再造有机纳入战略规划。业务发展战略和组织机构改革是战略规划的基本内容，也是流程再造的基本内容，当前战略规划关于组织机构改革，沿袭既有组织架构内业务体系的扩张和创新，与流程再造的基本理念有较大偏差。流程再造强调以业务流程再造为基础，配套扁平化垂直化的集约型组织架构整合和优化。因此，众多中小商业银行要重新审视流程再造在总体战略规划中的重要性、内在性和关联关系，明确是否要实施流程再造、何时开始实施、实施流程再造和其他战略发展要求如何匹配和协同。

3. 加强流程再造战略知识培训和交流，统一中小商业银行"顶层设计者"认识和意志。通过外出考察、专家培训、内部讨论逐步明确流程再造的原理、机制和方法论，厘清流程再造在中小商业银行阶段性成长中的重要性和战略地位，搞清楚未来国家经济发展趋势、金融发展趋势、银行发展趋势下流程再造的机遇和挑战，使得高级管理层提高认识，增加共识，便于自上而下开展流程再造工程。

8.3.2 实施业务战略模块的流程再造

1. 选择粒度递增的业务流程再造模式。流程再造中的粒度是凸显业务特征和业务服务要求、涵盖业务基本环节、人员配置、组织架构支撑的体系和框架，流程粒度具体包含资金运营体系、战略管理体系、成本管理体系等。粒度递增的业务流程再造，以核心流程为突破点，遵循帕累托效率改进的原则，逐步扩大和加深业务流程再造的程度和范围，是当前流程再造较好的工程模式。

2. 实施以核心业务为重点的业务流程再造。按照巩固和扩大传统业务、创新加强新型业务的中小商业银行业务发展总体思路，确定小微企业、公司、零售等传统业务以及新兴业务为核心业务，并注重传统业务及新兴业务中中间业务和电子银行业务的突出要求，依据价值贡献对核心业务进行排序，实施基于核心业务的流程再造工作。对于规模型信息科技建设项目、后勤保障、专业培训等非核心业务，选择外部专业化的社会机构，实施部分外包或整体外包。通过非核心业务外包，有效调整和聚集行内资源，统一到核心业务的经营管理活动中去。

3. 建立与客户需求动态匹配的业务流程。技术创新、绿色经济、城镇化扩张、中产阶层扩大、全球化融入程度加深等新的经济金融形势和趋势，促使中小商业银行客户种类、范围、金融服务需求发生重要的变化，中小商业银行应供给产品和服务安排，实施基于客户特征的差异化业务流程。对于小微企业而言，要抓住单体融资需求量小但整体需求量不断增大、业务品种较单一、受市场外在影响利润波动较大、企业融资和企业所有者融资相互关联等特点，建立有效贯彻"四单管理"、"六项机制"的小微企业业务流程。对于零售客户而言，区分高端客户和普通客户，实施差异化业务流程。要适应中产阶层扩大，融资需求精细多样的趋势和特征，实施面向高端客户和优质客户的精细化业务服务模式；针对普通零售客户量大、服务要求较为统一集中的特点，实施标准化业务流程。对于公司客户，一方面要适应技术创新、企业改革、要素市场改革、城镇化程度、绿色经济、社保公共服务改革等方面的战略性变革带来的原有企业和行业服务新需求，以及带来的新型行业和新型企业不断出现，实施相应的业务服务和流程配置；另一方面，利用银行客户和利润间的"二八定律"，针对优质客户，在服务理念、服务机制、服务手段、服务效率、服务价格、服务产品等方面细分市场，实行差异化的业务及配套流程。同时，要加强信息管理系统建设，有效甄别和跟踪客户信息，实施全面的客户关系管理，为差异化的业务流程的科学制订、有效实施、合理优化提供条件和依据。

4. 整合优化，精简业务流程。坚持优化网点布局、有效控制风险、着力提高效率的原则，分析原流程问题，形成简化流程的机会选择，通过归并、删减、改良、业务集约模式、操作同步、标杆管理等方式，实施核心业务战略业务单元的流程简化。譬如，可以现金、非现金、混合业务类别标准，重新梳理个人、公司、小微企业、结算、资金、清算业务，归纳集中处理的区间和环节，实施业务的集中和归并处理；可以客户评估替代原先逐项评估，实施综合授信，变逐级审查为一级审查，简化流程；实施以客户经理为主的一体化、综合式金融业务服务，合理凝聚资源，实施团队营销；通过统一标准、批量处理、操作自动化、集中处理量大且复杂的业务，提高效率；实施标杆管理，广泛学习、有效吸纳、有机组合到自身业务流程的设计和实施过程中去。

5. 实施六西格玛管理，为业务流程再造提供科学的管理工具。六西格玛管理，是以摩托罗拉公司管理应用为起点，逐步为各类企业管理采用的现代管理工具。它以6个维度的标准差反映企业经营管理的成效，以统计概论为工具、以改善客户满意度和提高企业绩效为目标，通过将量化评估分析工具和策略过程设计相结合，实施分析甄别经营管理活动中的系统性问题，实现管理改进和变革的有效分析和管理工具。中小商业银行应在业务战略确立基础上，科学应用六西格玛管理，分析业务流程存在的问题，实施集中整合、改进优化的流程设置，构建科学的流程再造方案、策略及流程运行机制。

8.3.3 匹配组织架构的整合和优化

1. 坚持垂直条线经营为主、横向管理为辅的组织架构。组织架构是业务流程的基础，业务流程再造需要依据以客户为中心的原理，实施前中后台相互分离，垂直经营为主、横向管理为辅的矩阵型的组织架构体系，根据组织架构的框架，设计顺畅的流程。采用以业务条线垂直运作和管理为主的组织架构模式，即总分行之间按照大的业务板块的划分实行上下垂直的一体化运行和管理，业务条线相对独立的事权、人权和财权，实现集中于分行行长的权力被有效分解到各业务条线。这种架构模式使得委托—代理关系得到根本的改善，法人的战略意图得以较好地通过各条线细分贯彻；有利于业务流程的优化、合理资源配置、经营效率提高和强化风险控制。

2. 实施前中后台有效分离、相互牵制的有机统一。依据前台、中台、后台分离和不相容职责分离的原则，形成前台、中台、后台分离的模块格局，明确前台、中台、后台职责。同时，注重模块间的联系和制约，有效控制重点环节的风险。

3. 中后台逐步集中管理。中后台的集中管理，凸显了前台营销服务职能，且有利于中后台业务处理的效率和风险控制。中后台集中的基础是形成健全先进的信息科技支持系统，提供科技平台和供给支持；中后台管理集中的关键是集中模式较好地吻合核心业务流程的要求；中后台集中模式的实现途径是业务处理中心和专项管理分中心，实施结算、票据、单证、信用卡、放款、会计核算、财务管理、风险管理、信息科技、人力资源等分类集中管理。

4. 实施以业务单元纵向为主、分行及部门横向考核为辅的矩阵考核。匹配业务单元制的业务流程模式，突出业务单元制的考核制度，淡化既有分行和部门考核，形成以业务单元纵向为主、分行及部门横向考核为辅的矩阵考核模式。

8.3.4 配套流程再造的保障支撑

1. 人力资本支撑。流程再造的核心导向是面向客户、面向市场，优化经营管理层次，总行的一级法人职能强化，管理重心逐层级上移。在总分行层面需要培养和积聚高层次人才，提高人力资本的资产专用性，匹配流程再造的人力资本支持。

2. 功能完善的 IT 信息系统支撑。坚持面向流程的导向，围绕组织流程、管理流程、运作流程，建立包含业务系统、信贷系统、客户系统、风险管理系统等内外数据仓库，建立客户关系管理的数据库应用系统，实施信息科技建设。实现以创新和流程再造为核心思想，以业务信息化、管理系统化为主要内容，以现代化支付体系、银行公共服务平台、标准体系、信息安全保障体系为基础平台的中小商业银行可持续发展的信息科技管理框架。

3. 风险管理支撑。流程再造对风险管理提出了新的更高的要求，流程再造的经营管理变革要求风险管理的相应跟进，防范系统集成环境下系统性风险和外包风险等问题。因此，应通过完善风险管理组织体系、制度体系、技术体系来识别、监测、缓释、防范、处置风险。

4. 企业文化支撑。流程再造是面向客户、利用信息技术、以流程导向替代职能导向的系统化流程改革的企业哲学，是贯彻银行长期战略的系统工程，流程再造对员工的学习能力、创新能力、协作精神、厚德精神、全局观念提出了更高的要求，流程再造的基础就是相应企业文化建设和提升。因此，在巩固既有企业文化精髓的基础上，要形成和宣传企业战略，改善既有观念、经验、知识、价值形成的心智模式，塑造更好的企业文化元素，实现流程再造中技术性和社会性的协同再造。

5. 监管支撑。流程再造促使营运中心分散化、后台处理集中化、资金统一配置，新的经营管理特征要求监管调整和配置相应的监管方式、模式及途径。

本章梳理银行流程再造的理论和实践，明确了中小商业银行流程再造的特点、现状和问题，形成了中小商业银行流程再造的战略安排。分析表明：中小商业银行流程再造是涉及利益相关者整体利益，重塑业务流程、组织架构和保障管理，激励约束机制重新配置、利益分配重新配置、经营管理理念革新的深层次改革，是涉及中小商业银行内外环境和条件变革的体系化过程。以客户服务为基础，以业务流程再造为重心，以管理流程和保障流程再造为支撑，实施流程再造，最终实现流程银行建设目标，是中小商业银行流程再造的基本内容。构建流程再造动力源，实施业务战略模块的流程再造，并匹配组织架构的整合优化，配套人力资本、信息系统、风险管理、企业文化及监管的保障支撑，是中小商业银行流程再造的战略安排。

9 中国中小商业银行风险管理体系和机制设计

本章研究我国中小商业银行发展战略重点之四：风险管理。总体战略促使中小商业银行风险管理的主体特征、管理要求发生了较大的变化，积极的风险管理是中小商业银行转型的关键。匹配总体战略要求、外部监管要求、同业竞争要求的新变化，形成适合于自身资源禀赋又广泛吸纳先进风险管理精髓的特色、高效、先进的风险管理模式、机制和体制，成为中小商业银行转型战略的重要内容。本章立足于我国中小商业银行的状况、问题，重点梳理了中小商业银行风险管理的新要求和新趋势，明确了中小商业银行风险管理的战略目标和重点内容，构建了中小商业银行风险偏好体系和机制建设的框架和内容，设置了中小商业银行全面风险管理建设的路径安排。

9.1 中小商业银行风险管理状况及问题

1. 国际银行业风险管理状况及问题

商业银行风险管理模式依次经历了 20 世纪 60 年代前的资产风险管理模式阶段、60 年代的负债风险管理模式阶段，70 年代的资产负债风险管理模式阶段，80 年代至今的全面风险管理模式阶段。

当前，全球银行业风险管理发展形成了以《巴塞尔新资本协议》为核心的理论体系，形成了以风险调整的资本收益率（RAROC）为核心的全面风险管理模式。该模式主要有四个特点：一是建立了战略、执行、操作三个层次的较为完整的风险管理组织架构。董事会与总行高管层为战略层面，总行风险管理部、主线主管与分行高管层等为执行层面，每个风险管理岗位为操作层面。风险管理的重点从关注单笔交易、单项资产和单个客户，扩大到高度关注所有风险暴露的总体风险控制。二是形成了全行、全员、全程的独特的风险管理文化。三是不断更新风险管理技术，大量采用工程技术，识别、衡量和监控风险，风险管理越来越多地体现出客观性和科学性相结合的特征。四是既注重个人和组织行为的定性管理，又逐步加强基于模型的动态量化管理。

本次金融危机暴露出国际银行业在风险管理方面的薄弱环节。主要是金融产品创新过度，金融监管滞后与不足问题突出。从历史的视角来看，全球金融创新经历了四个阶段，即 20 世纪 70 年代以转移风险为特征的金融创新、80 年代以规避监管和防范风险为特征的金融创新、90 年代以金融自由化和监管推动为主要环境的金融创新、21 世纪以来以资产证券化和影子银行为特征的衍生品金融创新。杠杆率过高、影子银行促使大量资产从表内转到表外、资产证券化过度发展、金融资产规模膨胀严重脱离实体经济发展需要等是这些金融创新过度的基本表现。金融监管的滞后与不足问题主要源于四个方面的因素：一是衍生产品复杂隐秘的风险转移机制和不断延伸的金融产业链条加大了监管当局的监管难度；二是金融机构实现混业经营的同时，监管机构的分业管理框架没有改变，在复杂的业务、市场、机构传递过程中，监管协调机制不到位，监管重叠和监管真空状况并存；三是大量次级债券、混合债券等权益工具降低了资本质量，复杂衍生品和结构性产品加大了金融机构的杠杆率；四是金融业薪酬体制造成的激励与处罚不对称，也助长了金融机构的过度创新和其他高风险经营行为，加剧了市场的脆弱性。加强金融衍生产品风险定价的科学性和风险管理的有效性是风险管理需要加强的重点内容。

2. 国内中小商业银行风险管理状况及问题

从国内银行业风险管理现状上看，目前大型银行、股份制银行、部分城市商业银行和农村商业银行建立了相对健全的风险管理体系，对于重点风险领域都采取了各种定性与定量的方法进行管理，并且新资本达标协议或自愿协议银行以落实新资本协议为契机，逐步实现资本对风险资产的有效配置，不断建立起适合银行实际的系统、全面和既满足风险管理、高层管理需要又满足外部监管要求的风险管理模式。风险管理总体特征是被动管理方式为主，逐步向主动性的风险管理模式转变。风险管理水平差异较大，股份制银行以自愿加入新资本协议为契机，风险管理建设取得长足进步，城市商业银行和农村商业银行中不同规模和梯队的单体银行间的风险管理水平差异较大。

总体来看，中小商业银行风险管理普遍存在的问题有：一是风险管理以外生驱动为主，内生机制作用较弱，表现为监管要求对中小商业银行风险管理的推动和影响效果显著，而大部分中小商业银行不具备上市的外部治理机制和缺乏优良的股权结构等影响，风险管理的内生机制作用微弱。二是理念上受长期风险管理环境和较低的风险管理水平约束，认为风险管理与业务发展相互对立，认识论较片面，形成了风险管理和业务发展关系的两种认识理论，即对立论和依附论。在对立论指导下，存在极端重视风险控制或极端重视业务发展两种情形。前者将风险看作经营的负面因素，一味追求规避风险，选择低风险业务，缺失"选择风险—安排风险—消化风险"的管理过程，这种消极预防型风险管理策略在拒绝风险的同时，也可能丧失了机遇，错失了发展的机会；后者过分强调业务发展和规模扩张，忽视预期损失和非预期损失，形成了莽撞冒进的经营格局，丢掉了风险管理是银行经营管理核心活动的主旨，致使短时期客户和市场份额扩大，但风险聚集，难以化解。依附论克服了简单隔离风险管理和业务发展关联关系的错误认识，形成了风险管理是业务经营管理手段的认识，但在经营管理实际决策时，风险管理依附于业务发展，风险管理流于形式。三是部分银行风险管理局限于后台的风险控制，全面风险管理建设滞后。四是风险管理信息系统建设滞后，风险管理手工操作现象普遍；风险管理技术手段缺乏，定性分析较多，定量分析工具匮乏。五是风险管理的重心面向单项业务，对于组合风险管理的意识淡薄，工具缺乏。在当今市场化程度加快、全球化创新加强的环境下，在多项单项业务组合过程中，风险通过转移、扩散、相关性等因素作用，风险的形态和状况与单项风险全然不同，组合风险需要加强管理。六是部分中小商业银行风险战略没有形成，风险偏好的体系和框架缺乏，风险管理全面性、系统性不足。

3. 国内银行业金融监管状况及趋势

银监会把防范金融风险，完善监管制度和政策、提高监管的手段和技术作为核心工作，并在制度、方法、理念和手段上也与时俱进，完善提高。一是通过动态弹性的监管政策和措施，促进银行风险管理能力和风险防控水平的提高，实现银行自身风险管理的第一道防线作用。同时，设置了信贷资产质量分类、风险拨备充分、基于风险的资本充足率达标的风险控制指标体系，保障风险管控的稳健性。二是坚持微观监管和宏观审慎监管协同，实现微观监管的体系化、健全性和动态弹性，同时，加强对重点行业和领域的风险管理，保障宏观监管的重点化、前瞻性以及与总体宏观调控的协同性。三是加强了逆周期宏观审慎监管。新资本协议中资本充足性要求是亲周期的，在经济上升时期会导致信贷膨胀而在经济下行时则出现信贷紧缩，同时它没有对流动性风险管理给予足够的重视，过度依赖内部风险管理模型和评级公司评级。考虑到当前面临的经济危机，监管重点应进一步加强逆周期监管。四是扩大金融监管的领域、范围，合理设置监管差异化监管标准。五是推进银行业金融机构全面实施新资本协议，努力建设以新资本协议为基础的资本监管制度。

4. 国内外研究状况

既有研究形成了关于银行风险管理的大量理论和实践成果，主要归纳为：一是国际研究形成了以国际银行业发展特定阶段为基础，关于资产风险管理模式、负债风险管理模式、资产负债风险管理模式、全面风险管理模式研究，以及关于美国次贷危机中商业银行风险管理发挥机制、效果、缺陷及风险管理改进的研究成果。二是国内风险管理研究中以加入新资本协议达标的大型国有银行为对象，研究以新资本协议为核心的全面风险管理规划和实施中的认识和经验：诸如对新资本协议和全面风险管理理论、方法、技术、国际先进实践成果分析、总结和介绍，国内银行规划和实施条件的匹配度，项目规划和实施战略安排、经验总结，以及全面风险管理和相关战略、业务、组织、技术及人力资源的协同性问题。从而形成了分析现状和问题、实施全面风险管理的技术、模式、机制、体制的文献成果，大银行较长时期的经营积累和人力、财力支持为其全面风险管理建设提供了较好基础和保障。三是以自愿加入新资本协议达标的个别股份制商业银行为蓝本，形成了关于个别股份制银行全面风险管理建设和应用的经验总结、标准选择、做法推广的内容。四是面向城市商业银行、农村商业银行，以及其他中小股份制银行风险管理的研究较为粗糙，主要集中于其基础薄弱、问题突出的梳理，并提出其实施全面风险管理的必要性。总体来看，论述中小商业银行风险管理的系统性研究相对匮乏，究其原因，主要归结为认识论问题，认为中小商业银行发展差异较大，广大中小商业银行尚不具备实施以新资本监管为核心的全面风险管理的标准化条件，监管也没有提出明确的实施要求。事实上，一方面，加强传统风险管理模式和广泛吸纳、渐进实施全面风险管理，本身就是中小商业银行风险管理相互关联的两个基本内容；另一方面，以新资本监管为核心的全面风险管理是国际银行业长期理论和实践总结的结晶，它本身不单是量化管理的目标要求，同时凝结了风险管理整体思路和管理导向，也设置了针对不同层次银行实际的差异化制度安排，全面风险管理建设和实施过程，伴随着风险管理水平提升过程，全面风险管理是应对市场和业务不断变化、规模扩张和整体竞争力提升的基本要求。

9.2　中小商业银行风险管理要求和趋势

中小商业银行科学发展、外延粗放经营模式向内涵集约经营模式转型战略、规模扩张、差异化和特色化经营、上市规划、中小商业银行核心竞争力、监管趋势等对中小商业银行风险管理提出了新的要求，也形成了中小商业银行风险管理新的趋势。

1. 中小商业银行科学发展要求风险管理逐步实施风险资本资源配置方式

科学发展是中小商业银行的基本战略取向，中小商业银行科学发展五个层面的基本内涵，对风险管理提出了匹配性要求：一是资本约束条件下的稳健经营是中小商业银行科学发展的基本内容，要求中小商业银行风险管理首先要设置好风险偏好战略，清晰表达股东意愿、风险战略、经营管理的系统性制度安排，使用、维护、管理好资本，为稳健经营打好基础。二是科学发展是风险调整后的收益率优化的有效发展，要求中小商业银行在重视预期损失管理基础上，进一步实施非预期损失管理。在业务创新、特色化、差异化经营趋势下，非预期损失管理有效弥补预期损失管理对风险考量的缺陷，挖掘风险资产的波动性概率事件，统筹考量非预期损失对银行经营的潜在影响，以风险资本这一虚拟资本为风险管理工具，建立主动选择风险、承担风险的资源分配机制，实现全面考量风险基础上的资产收益率的最大化。经济资本实现了银行风险管理和资本管理的统一，并将风险管理和价值创造有机结合起来，基于业务单元经风险调整后的经济资本回报情况，科学把握利润增长的来源、分布情况和增值空间，将有限的资本优化配置到业务的高效率、高回报领域。三是科学发展是跨经济周期的持续发展，要求中小商业银行建立顺周期和逆周期通盘考虑的风险管理框架、制度、流程、工具和措施，实现对经济增长、经济趋缓、经济衰退各个时期的适应性、灵活性、匹配性、支撑性安全管理支撑。四是科学发展是创新发展业务和产品、积极主动调整经营管理结构的协调发展过程，要求中小商业银行风险管理紧密契合市场、客户、产品、流程和机制，有效识别、监测、控制和经营风险，支撑创新和结构调整。五是科学发展是有效认识中小商业银行和大型银行、国别银行差距，深刻认识自身资源禀赋并有效借鉴吸纳基础上的改革发展过程，这就要求改革、完善、塑造具有科学性、先进性、具有自身特色禀赋、具备核心竞争力的风险管理模式。风险文化差异、风险技术水平差异、风险管理工具的差异是中小商业银行风险管理和大银行以及国际银行间的主要差异。中小商业银行应关注自身和国内大银行在战略执行、合规文化、岗位约束、员工教育等风险文化方面的相近性和趋同性，关注国内大银行在引进国际风险管理技术和风险管理工具方面经验和教训，改革和发展自身风险管理；同时，中小商业银行要密切关注和学习西方先进中小商业银行在差异化、特色化经营管理中区别于大银行的做法和经验，有效吸纳、改造、契合于自身风险管理改革和建设中。

2. 外延粗放向内涵集约模式转型要求"二元模式"风险管理过渡策略

在经济趋缓、经济增长对内需依赖趋势明显、金融改革和竞争不断深化情况下，在金融全球化不断深入，中国未来步入世界发达经济体、互惠融入国际金融事务程度越来越高的大背景下，中小商业银行改变业务趋同、实施差异化、特色化发展，逐步实施粗放经营向集约经营的转型战略已基本确立，随之而来的业务创新和流程再造工作逐步深入，对风险管理提出了更高要求。一是中小商业银行自身规模较小，在外部环境和内部条件支配下，众多中小商业银行自身规模和潜在规模边界距离尚远，加快规模扩展，提高市场占有率仍是众多中小商业银行的短期市场定位，因此，外延发展匹配的传统风险管理模式仍旧是中小商业银行需要采纳的模式，但是加强风险管理的基础性工作，加强风险管理的整章建制，发挥基础风险管理手段的有效性，仍是中小商业银行风险管理的重心之一。二是环境变迁使得历史时期简单规模扩张的空间和有效性大大缩小，中小商业银行要以逐步的内涵集约发展促进规模扩张。要以产品创新、服务创新、市场挖掘为手段，提高规模扩张的增量空间，初步实现外延发展和集约发展并重、相互促进的格局；初期以规模扩张为重心，集约发展为亮点；发展到实际规模和潜在规模差距不大的时期时，侧重于系统性的整体集约经营模式，逐步退出外延经营重心。战略定位的过渡性决定了中小商业银行风险管理"二元管理模式"的定位特征，即一方面要深化外延发展匹配的传统风险管理模式；另一方面，要系统规划先进风险管理的战略安排，及时引进覆盖业务和服务创新的风险管理流程和工具，做好风险管理的数据、技术、队伍和模型开发的基础性工作，逐步加强定量分析、非现场管理、组合风险管理的意识和手段，直至建立基于风险资本管理为核心的全面风险管理模式。

3. 规模扩张决定了其"夯实基础、基本覆盖、局部深化、逐步提升"管理特征

中小商业银行规模扩张普遍具备三个特征：一是自身规模和潜在规模差距较大，规模扩张是发展壮大的基本发展阶段；二是在现阶段及今后一段时期内，中小商业银行规模扩张具有粗放经营和集约发展的双重属性，自身人力资源、市场基础、股东背景、信贷文化、路径依赖等，使得规模扩张中粗放性、同质化的现象依然保持，同时，"服务中小企业、服务城乡居民"的战略定位，在竞争加剧、市场需求、金融服务普惠式政策要求等因素推动下，创新发展、凸显定位的集约发展逐步显现；三是中小商业银行规模扩张中风险管理将基本保持"夯实基础、基本覆盖、局部深化、逐步提升"的管理特征。三项特征要求风险管理在规模扩张中，保持对信用风险、市场风险、操作风险的全面风险的有效覆盖，同时强化传统信贷业务的风险管理，重视基于中小企业、中间业务的特色业务的风险经营，局部提升创新业务发展和信息科技建设中的风险管理手段和技术。

4. 差异化、特色化经营凸显了风险管理的差异化要求

以客户为中心的风险经营是中小商业银行差异化、特色化经营的出发点。客户需求的范围包括时期需求和时点需求。时期需求是指客户在生命周期的不同阶段对银行产品和服务的需求不同；时点需求是指在客户需求阶段的同一时点，对银行服务的多样化需求。中小商业银行应坚持风险和收益平衡的原则，从行业地位、行业经济周期的阶段、企业生命周期、客户基本面、客户未来价值等多维度考量，结合中小商业银行自身风险管理特点和能力，筛选优质客户群。客户需求驱动风险管理模式发生变革：一是从银行产品推销中的风险管理逐步转变为客户风险价值的管理；二是要求发展风险管理的量化水平和信息化程度，实现对客户差异化的管理。大

中型客户、小微企业、零售客户的差异化经营对风险管理提出了差异化的要求：第一，对于中小商业银行的大型地方企业客户来说，其传统的购置、买卖所需的间接融资需求减弱，在向现代企业转型当中，对于并购、投资、租赁、重组等活动的多样化金融服务需求增加，要求中小商业银行从传统的信贷支持逐步向定制服务方式的整合营销转变，介入区域大中型企业理财活动的资本市场，挖掘资产、负债、中间业务的资金服务、风险与价值服务以及战略服务，形成与整合服务匹配的风险管理供给。第二，对于中小商业银行服务的小微企业而言，具有融资单体需求量小但整体需求量大、业务品种较单一、受市场外在影响利润波动较大、企业融资和企业所有者融资相互关联等特点，而中小商业银行决策链条短、对当地小微企业信息不对称程度较小、银行文化和当地小微企业文化吻合程度较高的特点，使得对小微企业的融资支持成为中小商业银行的优势资源。对于小微企业金融服务的风险管理应着力于以下几个层面：宏观上要甄别行业和领域风险，明确准入的行业和领域范围，并建立基于风险资本配置和信贷成本约束的总量控制，建立基于小微企业数据的统一的评级等风险标准，避免人为主观操作；微观上要确立良好的岗位制衡机制，防范道德风险，加强第二还款来源可信度和变现性。第三，对于中小企业服务的零售客户而言，在分层营销模式驱动下，高端群体的差异化、特色化服务以及中低端客户的批量标准化服务对风险管理提出了精细化、数量化的管理要求。因此，应建立涵盖风险理念、分析模型、方法论及信息技术工具的风险管理平台，以便细分客户、判断业务趋势、跟踪评估业务效果、权衡收益和风险，匹配差异化、特色化服务。

5. 统筹好风险管理建设和上市规划关系是风险管理重视的战略问题

要处理好上市规划和风险管理的关系问题。毋庸置疑，上市融资除了有效实现资本补充外，将会获取风险管理和信息科技建设的巨大资金支持，上市是中小商业银行风险管理建设提升的重要途径和契机，是有力建设风险管理、有效披露风险状况、不断加强声誉效应的良好途径。然而，问题的另一面是：在上市规划时期，风险管理建设的有效开展受到诸多因素制约。一是资产壮大的要求促使经营管理决策倾向于业务发展的资源支持，相对挤占了风险管理的资源投入，风险管理投入不足；二是风险管理建设投入资源庞大，效果显现缓慢，投入绩效评价不清晰，绩效显现模糊；三是风险管理建设周期较长。以上的矛盾因素对中小商业银行建设形成障碍，上市前的突击性建设成为常态，而长期性风险积累的特征使得短期突击建设效果不佳，构成了中小商业银行上市的巨大障碍。统筹处理上市规划和风险管理建设的关系，要求规划先行，有机平衡，协调考虑，尽早实施风险管理战略规划和项目，保证资产规模的安全性，促进上市目标实现，推进上市前后风险管理的建设工作。

6. 风险管理能力是中小商业银行核心竞争力的重要内容

根据竞争理论，核心竞争力具有基础性、长期性、排他性和创造价值四项基本属性，风险管理满足这些属性，风险管理能力是银行核心竞争力的重要内容。银行作为主动经营风险，博取收益的特殊企业，风险管理能力深深根植于银行业务的各个环节中，风险管理具有基础性、长期性的特点；风险管理能力的积累和塑造涉及制度、流程、体系、风险偏好、风险文化等重要层面，不易短期模仿或复制；通过预防、规避、转移、分散、对冲、补偿等策略管理风险，实现股东利益最大化目标，从这个意义上讲，风险管理创造了价值。中小商业银行风险管理在核心竞争力中具有更加突出的地位：一是中小商业银行风险管理水平较大型银行或国际先进银行普遍较弱，在这种状况下，风险管理能力的显著提升成为中小商业银行扩大规模、占据市场、彰显核心竞争力的重要内容和途径；二是中小商业银行主动、准确选择和管理风险，是业务创新和绩效提升的基础和保障，从风险管理机制和效果来看，主动有效管理风险的过程本身就是业务创新得以实现的过程；三是尽管大型商业银行、中小商业银行之间在规模、总体竞争力、人力资源等方面差异较大，但单从风险管理的要求来看，对于风险管理所要求的洞察市场、客户和业务能力、单笔业务的风险控制能力、信息科技水平要求等差异并不太大，换个角度来看，中小商业银行的风险管理能力要求较高，需要形成具有技术、信息、量化基础的良好风险控制能力的局部优势。

7. 监管趋势要求构建吸纳标杆做法并提升自身特色的全面风险管理体系

以《中国银行业实施新资本协议的指导意见》、《中国银行业实施新资本监管标准的指导意见》为标志，中国银监会指导相关银行实施了新资本管理规划和新资本监管标准达标规划，以全面风险管理体系建设为中心的新资本协议框架成为银行业风险管理的标杆和模式趋势。基于风险管理状况、条件和基础差异较大，部分中小商业银行短期难以具备新资本协议风险管理规划的基础要求，但以新资本管理框架为标杆，积极主动有效吸纳新资本协议管理精髓，加强风险管理体系、制度、工具建设，是中小商业银行的方向。紧迫性表现为三个方面：一是新资本协议是国际先进风险管理实践的系统性、全面性总结，为中小商业银行优化风险管理模式提供了先进模式和标杆；二是中小商业银行战略转型的实现，对风险管理提出了较高的要求，新资本协议构建的全面风险管理体系吻合了中小商业银行结构转型、创新发展、流程提升的风险管理需求；三是结合自身风险文化、风险偏好、管理状况，借鉴新资本协议成果，创新构建匹配战略、具有特色、有效提升的风险管理体系成为中小商业银行突破"瓶颈"、跨越发展的有效路径。

中小商业银行有效借鉴新资本协议，提升风险管理水平需要关注六个层面：一是战略发展与执行。明晰风险战略和风险偏好，科学配置资源，优化风险价值，满足业务发展。二是风险管理架构、组织职责和绩效。优化董事会、经营层及执行部门风险管理职责，加强风险防线的建设，构建基于风险的绩效管理和激励机制。三是资本及拨备管理。改进资本计量方法，有效节约资本；形成应对经济周期波动影响、金融环境恶化及其他风险影响的有效的资本补充管理机制、资本运作管理和资本补充规划；建立基于预期损失的拨备体系。四是客户服务及业务经营。细分客户，有效评级，加强市场准入；促进中小企业和零售业务的规范化、简约化、标准化、规模化的客户服务及业务运作并有效控制经营成本；提升风险定价能力，支持新产品开发及评估，支持高价值客户及业务的开拓及发展。五是规范和健全政策、流程规范、控制机制、预警体系、监控体系；风险控制前移，构建主动性风险管理模式，减少违规及损失。六是基础体系建设及人才储备。数据整合、信息系统建设基础体系建设跃上新的台阶；队伍建设和人才储备提升。

9.3 中小商业银行风险管理目标、重点

1. 风险管理目标

中小商业银行风险管理的中长期目标：匹配总体战略，吸纳新资本协

议体系精髓，夯实传统风险管理基础，逐步构建基于风险资本约束机制为核心的全面风险管理体系。

匹配总体战略。风险管理战略是中小商业银行发展战略的重要组成部分，风险管理对于总体发展战略的匹配性表现在以下五个方面：一是风险管理匹配发展战略各个阶段战略重点的动态推进和实施；二是在各个发展阶段内，风险管理匹配业务发展、公司治理、流程再造、信息科技建设等各个重点规划；三是风险管理自身建设的主动推进适当超前于业务推进；四是风险偏好是风险管理战略的起点和核心，中小商业银行发展的不同阶段，迅速扩张或稳健经营的战略特征不同，因此，风险偏好也随之不同，风险管理战略融入了总体发展战略的全过程；五是主动的风险组合管理根据整体风险管理能力业务的风险组合和风险波动，并追求既定风险控制状态下的收益最大化，从这个角度来看，风险管理已作为全新的业务拓展战略而存在。

吸纳新资本协议体系精髓。新资本协议体系是国际先进风险管理的成果，浓缩了成熟经济体国家先进银行各个时期的风险管理理论和实践经验。全面风险管理实施具有技术性强、复杂程度高、高财力人力投入、时间跨度长、数据依赖性强、信息科技要求高等特点，因此，中小商业银行应以自身发展为条件，按照既能满足经营管理动态变化需求，又能有效提升风险管理水平的原则，挖掘精髓，合理安排优先次序，循序渐进地推进风险管理建设。

夯实传统风险管理基础。这里的传统风险管理是与风险资本为核心的全面风险管理相比较而言的。传统风险管理是全面风险管理的基础，全面风险管理是对传统风险管理的改革、深化、补充和扩展。因此，在逐步推进全面风险管理模式进程中，做好传统风险管理的基础性工作，并规划推进全面风险管理建设是并行不悖、需要抓好的两个方面。

构建基于风险资本约束机制为核心的全面风险管理体系。新资本协议揭示了全面风险管理的内涵，提供了全面风险管理的技术路径、数据和管理基础要求，实现了以资本监管为核心，沟通风险战略和日常业务经营有机统一的全面风险管理体系和机制。吸纳新资本协议体系精髓，逐步实现以风险资本约束机制为核心的全面风险管理，是中小商业银行风险管理的中长期目标。一是关于全面风险管理的内涵。Basel I 构建了基于信用风险的资本监管标准，为全面风险管理奠定了基础；Basel Ⅱ扩展形成了三大支柱的监管新体系。第一支柱将风险种类从单一的信用风险扩展到包含信用风险、市场风险、操作风险三类风险，形成了涵盖三类风险的风险资产计量及资本充足率监管要求；第二支柱规定了银行内部资本管理要求，强化了外部监管的责任和权利；第三支柱提出了银行加强信息披露的市场纪律，并将流动性风险、战略风险、声誉风险纳入第二支柱、第三支柱的监管范畴；Basel Ⅲ进一步提出了加强公司治理的严格监管要求，补充了资产证券化、逆周期风险、动态拨备和宏观审慎风险监控要求，形成了覆盖全面、多维层级的全面风险管理内容。二是新资本协议提出了标准法、初级内评法、高级内评法等多层次计量标准，为银行全面风险管理提供了差异化、可选择技术路径；同时，对实施全面风险管理的数据集成、信息化建设、模型、流程、应用系统提出了建设性指导，为全面风险管理的基础平台的准备提供了明确指导。三是资本监管以银行业务经营的全部风险为监管对象，通过概率思想形成风险计量参数，使得风险管理具体化。资本计量、资本分配、资本调整的过程带动实行了自上而下风险战略实施过程，也带动实现了自下而上风险战略动态调整。从该意义来看，资本约束是全面风险管理的纽带和核心。

2. 风险管理重点内容

风险管理重点内容包括四个方面：一是建立并优化风险偏好体系和传导机制，加强支撑风险偏好建设工作。二是建成包含流动性风险、信息科技风险、信用风险、市场风险、操作风险、声誉风险、合规风险等各类风险、覆盖全行的全面风险管理体系，并逐步达到信用风险、市场风险、操作风险的经济资本配置管理。借鉴国内外先进的风险管理理念、技术和实践经验，以我为主，持续推进本行风险管理实施规划，逐步实现对重点风险的全额计量，同时建立、完善和提高压力测试、限额管理等技术手段。三是强化全流程的风险管理，根据不同业务特色，完善不同风险管理模式下的流程、环节的设计与安排。四是提升风险管理人员素质和能力，建设一支"专业、高效、严谨"的风险管理队伍，倡导"理性、专业、尽职、主动、全员"的风险管理文化，形成良好的风险管理环境和氛围。

9.4 中小商业银行风险偏好体系和传导机制建设

风险偏好是银行在总体目标要求下所愿意承担的风险总量和风险结

构，是匹配总体目标管理的经营风险的底线和边界。风险偏好是商业银行风险管理的基础和核心，是商业银行总体战略的重要组成部分。

风险偏好的功能主要体现在实现了银行在委托—代理基本模式下顶层风险意志的逐层传达和贯彻落实、是银行总体战略的重要内容、是业务发展和经营管理的"方向盘"和"助推器"、有利于实现效益及资本和风险间的协调和平衡等四个方面。一是风险偏好是顶层意志传达的重要途径。股东大会、董事会、经营层等主体构成的多重委托代理关系要求信息不对称情况下公司治理的有效制度安排，风险偏好有机囊括了股东意志，构建了逐层传导的体系和机制，是顶层设计的风险战略落地的重要载体。二是风险偏好是风险战略的宏观表达，是风险管理的基础和核心，风险偏好是总体战略重要组成部分，从风险的视角规范总体战略的目标、定位、战略重点和制度特征。次贷危机的根源之一，就是不匹配的风险偏好选择，扭曲了商业银行的总体战略，造成经营管理的过度风险积聚。三是风险偏好，基于总体风险承受能力统一安排了各个业务、产品、条线单元的风险标准和风险选择，主导业务模式和转型发展的定位和方向，保障、优化、创新经营管理。从这个意义上看，风险偏好是业务发展和经营管理的"方向盘"和"助推器"。四是风险偏好基于可持续发展的理念，考虑银行中长期发展目标，注重效益、资本、风险三者的协调和平衡，规定了财务和业务发展的风险容忍度，财务计划和业务发展必须在风险偏好规定的容忍度范围内开展。

中小商业银行风险偏好建设意义重大，要求迫切。一是众多中小商业银行处于成长期，规模扩展迅速，管理半径不断扩大，业务种类、业务手段不断丰富，层级体系日渐复杂，建立统一的风险偏好，能够有效规范和准确执行全盘统一的风险战略，对于创新发展、转型跨越具有重要的意义。二是风险偏好建设过程，能够有效改革和优化中小商业银行公司治理和经营管理，是中小商业银行塑造核心竞争力的重要内容和途径。

1. 风险偏好体系建设

风险偏好的及时定位、顶层设计、科学传导和高效执行是风险管理战略实施的重点，应逐步构建定性合理准确、定量科学全面的风险偏好指标体系。风险偏好框架体系一般由风险偏好的整体定位、利益相关者利益博弈的优化均衡考量、风险偏好指标体系、风险偏好指标值的设置四方面要素。

风险偏好的整体定位。银行个体在经济学的"理性人"假设前提下，基于自身风险文化、风险管理能力、发展战略及利益相关者博弈趋势判断等，在对未来不确定性判断基础上，形成的风险偏好整体定位。风险偏好整体定位有三个级别类型。一是风险规避者类型。风险规避者的效用函数为凸函数，风险规避者对于财富期望值的确定性效用小于效用的期望值。二是风险中立者类型。风险中立者的效用函数为直线，风险中立者对于财富期望值的确定性效用等于效用的期望值。三是激进者类型。风险激进者的效用函数为凹函数，风险激进者对于财富期望值的确定性效用大于效用的期望值。

利益相关者博弈的优化均衡。风险偏好参与主体主要有股东、监督当局、外部评级机构等。股东以既定风险承受状况下的收益最大化为基本目标；监管当局重点关注银行安全、稳健、持续运营；评级机构将商业银行风险偏好纳入评级考核因素当中。商业银行风险偏好的制定，要综合股东、监管当局、评级机构关注的不同层面的各个因素，构建达到监管要求、满足量化评级要求约束条件下，股东利益持续优化的风险偏好。

风险偏好指标体系。中小商业银行从战略层面选择相关定性和定量指标，系统化支撑风险偏好的构建和陈述。战略性指标体系具有全面性、统一性、多层次性和协调性，其选取程序和成果是经股东充分理解、广泛认同，并高度统筹了利益相关者诉求、期望和要求的整合性指标体系。涵盖了收益、资本、风险等重要方面，具体包括战略性指标、资本类指标、风险类指标。

风险偏好指标值的设置。指标值设置以历史数据计量实证分析、预测趋势分析为主，实现纵向分析；以国内外同业比较、归纳、归类分析，实现横向分析。纵向分析勾勒历史规律，探求发展趋势，既展现经济周期的总体规律，明晰战略发展的历史沿革，又进一步指明战略发展方向，实现了中长期、可持续风险偏好的构建和确立。另外，风险指标值的定量测算和校准是必备的配套方法。同时，需要指明的是：风险偏好的指标分析是比较静态分析，意指在阶段性战略、相关主体期望稳定、中小商业银行风险管理能力稳定以及其他环境因素相对稳态状况下，风险偏好指标值相对稳定，即所谓的静态；当以上条件显著变化时，风险偏好指标值应随之调整，以匹配新环境下的整体要求，即所谓比较静态。

表9-1   风险偏好构建过程

次序	内容	成果
利益相关方分析	识别主要利益相关方，综合搭配利益相关方对中小商业银行的要求、期望和评价	利益相关者对中小商业银行定性、定量要求和期望的优化和均衡考量
自上而下分析	对发展战略、经营规划、财务预算、风险偏好综合分析，关联匹配，综合考量	风险偏好的陈述
部门风险轮廓陈述	中小商业银行各部门依据本部门规划和成本核算，陈述部门目标风险轮廓	目标风险轮廓的勾勒
自下而上分析	风险管理部门汇总各部门真实风险轮廓和目标风险轮廓，形成全行层面目标风险轮廓	目标风险轮廓的集成
检测	将自下而上的目标风险轮廓和自上而下的风险偏好论证、协调，最终形成风险偏好、政策、限额、战略	风险偏好体系成果

2. 风险偏好传导机制建设

中小商业银行风险偏好的传导机制建设重点工作是对制度、授权、审批、限额经济资本、绩效考核等实现风险偏好自上而下的传达，同时要通过执行层面自下而上实践反馈，建立沟通改进机制，实现风险偏好战略的微观调整和宏观改进。

一是风险偏好的政策细化。经营管理部门根据确立的风险偏好，设置基于部门职责的制度和工作机制，确定其在风险偏好执行中的功能和作用，以及逐级落实的执行要求；各分支机构和业务单元进一步拟定操作细则，严格规范执行，自上而下形成顶层设计的落地政策体系。

二是建立有效的反馈机制。有效的反馈机制需要解决好两个方面问题：（1）建立促进反馈的有效的激励约束机制；（2）要解决好执行过程中主观理解不足、执行不到位、特殊条件下政策的适应能力以及偏好本身的缺陷性的甄别，明辨情况，保障风险偏好的正确执行，保障信息反馈的质量和效率。

三是做好监测与评估。管理层要以具体业务经营活动结果为蓝本，针对反馈的问题，以及主动发现的系统性问题，查找问题根源，加强检测、验证和评估，并把执行反馈、问题检测和评估有效结合，形成互动、补充、有效调整的补充机制。

四是动态调整与持续改进。其一是集中反馈、检测、评价揭示的问题，及时调整和改进风险偏好，提高风险偏好和银行经营管理的匹配性和相互适应程度；其二是要研究外部环境的变化，及时把握相关变化对风险偏好战略的冲击和影响，调整和改进风险偏好，实现风险偏好的动态调整和持续改进。

3. 风险偏好的基础环境建设

一是建立全面风险管理体系和架构。将流动性风险、操作风险、信用风险、信息科技风险、市场风险、合规风险、声誉风险等全面纳入风险管理范畴，持续强化对各类风险的监测、评估、预警和处置的专业化管理。

二是突出资本配置在风险管理中的地位。以风险调整后的资本收益率（RAROC）为引导，促进各业务条线、各机构、各部门持续提升全面风险管理水平，推动本行风险管理再上新台阶。

三是完善风险管理政策。制定风险管理战略，明确承担的风险偏好、风险类型、风险水平并获得风险调整后的收益。完善风险管理体系，明确部门、岗位风险管理的职能和职责。制定全面风险的各项制度安排，形成目标清晰、管控得当、方向一致的风险管理政策制度体系。建立完善风险报告制度，规范上下级行之间、风险管理部门与业务部门之间的报告关系、报告内容和报告频率。逐步建立信用风险、市场风险和操作风险的经济资本配置管理。

四是构建完善的风险管理组织体系。改进两级风险管理委员会的运作模式。强化董事会、监事会、经营层和纪检监察部门等四个层次的多道风险防控体系，强化审计、风险管理、监督检查等部门的职能。实行全流程的风险管理，全面提升业务操作的规范化、专业化水平。及时掌握并定期评价风险管理政策和风险状况，加强风险后评价机制。

五是理顺风险管理部门与其他部门、岗位在风险管理中的关系。形成业务拓展和风险管理并行的格局。建立从源头、基层营业单位防控风险的政策和措施；建立符合自身实际的集中式监督检查系统；建立风险识别、计量、评估机制；建立适应风险管理的薪酬考核机制。做到各方协同，严控风险。

9.5 中小商业银行全面风险管理建设的路径选择

风险偏好是风险战略的重要内容，风险偏好是全面风险管理的逻辑起点和基础，风险偏好建设过程是全面风险管理建设的主线。上文侧重于从风险偏好体系和风险偏好传导机制构建的角度，论述中小商业银行风险管理战略。本部分基于中小商业银行风险管理环境较弱、各类风险管理基础差异较大、各类风险体系和机制基础差异的现实状况，重点论述各类风险建设的基本路径。

中国银监会确立了以新资本监管为核心的全面风险监管理念，全面风险管理成为银行风险管理的科学模式和管理趋势。中小商业银行应依据《企业风险管理——整合框架》（COSO）、《巴塞尔新资本协议》及相关监管要求，从自身客观需要和发展规划出发，合理安排优先次序，选择实施路径。对于信用风险、流动性风险、市场风险、操作风险的识别、计量、监测和控制应采取以现有手段为基础，遵循渐进实施的原则，规划可行性提升路径，实施渐进提升和优化。

1. 信用风险管理

在信用风险管理所需要的数据积累尚且不足的情况下，信用风险管理工作的重心为：加强不良贷款管理、实施信贷流程改造、实施限额管理，加强抵（质）押品管理，逐步建立客户管理信息系统、财务分析系统，信用风险资本计量采用信用风险权重法。

在数据积累达标以后，可规划实施客户打分卡开发，力争在对公和零售信贷领域推行初级内部评级法，并逐步将评级结果应用于授信审批、风险监控、限额设置、压力测试、损失计提、贷款定价、绩效考核等方面，同时可实现以经济资本为基础的风险调整收益管理（RAROC）。

2. 流动性风险

流动性风险管理方法比较成熟，需要的数据相对比较完备，较其他三类风险管理而言，较容易推进。应以系统建设为突破口，实施流动性头寸管理、流动性缺口管理及压力测试管理。在此基础上，可相继实施流动性风险限额管理、应急计划、考评及问责管理。

3. 市场风险管理

市场风险主要包括银行账户风险和交易账户风险。按照银行监管机构关于商业银行资本充足率相关监管标准和要求，结合《巴塞尔新资本协议》和财政部颁发的《新企业会计准则》，清晰有效地划分银行账户和交易账户是市场风险管理的基础。

对于交易账户风险，管理重心是在前台、中台、后台有效分离治理基础上，加强投资决策管理、授权管理以及限额管理。条件具备时，逐步加强有效识别、计量和监测各类资金业务损益状况和市场风险的产品定价、市值重估或市场风险计量的程序，加强估值和模型管理。

对于银行账户风险，工作重心为充分分析资产负债整体状况，合理选择利率缺口分析法、久期分析法、外汇敞口分析法和风险价值、压力测试等方法，有效识别、计量和监测银行账户风险，并通过限额管理等加以控制。

以上风险管理手段逐步信息系统化，资本计量采用标准法，并逐步向内评法转变。

4. 操作风险管理

操作风险管理要坚持"四个层次，七道防线"的体制和机制，实现"人控为主、分散监督、逐笔监督"。同时，逐步建立全行统一的操作风险点库、关键风险指标监控和损失数据收集，开发操作风险管理信息系统，逐步实现"人控和机控两结合，流程控制、系统控制、现场控制三结合"的管控模式。

5. 其他风险管理类型

声誉风险、信息科技风险、法律风险等其他风险管理按照"纳入全面风险管理范畴，实施对口部门管理"的原则，有效管控风险。

本章以转型战略要求和新的趋势要求为切入点，构建了中小商业银行风险偏好体系和机制建设框架，设置了中小商业银行全面风险管理路径。总体而言，社会经济新的形势和趋势，以及中小商业银行发展的内生要求，促使中小商业银行有效践行市场定位，实施外延扩张和内涵集约协同的差异化、特色化发展模式，风险管理具有了新要求和新趋势。按照传统风险管理和全面风险管理协同推进的总体思路，加强风险偏好体系和机制建设，形成风险管理总体战略，并依据自身禀赋实际情况和发展变化安排各类风险管理建设的优先次序，设置渐进实施的全面风险管理建设路径安排，以形成匹配总体战略、适合于自身资源禀赋又广泛吸纳先进风险管理精髓的特色、高效、先进的风险管理模式、体制和机制。

10 中国中小商业银行信息科技战略

本章研究我国中小商业银行发展战略重点之五：信息科技战略。差异化、特色化、集约化的战略转型要求，以及银行具有的信息属性特征，决定了中小商业银行面向客户、面向流程、面向决策的信息科技战略趋势。本章梳理中小商业银行信息科技发展的现状和趋势，描述了中小商业银行信息科技创新体系框架和技术核心，分析了中小商业银行信息科技战略的管理体制和运行机制，提出了相关战略措施。

10.1 中小商业银行信息科技发展状况及趋势

中小商业银行信息科技发展阶段和发展层次差异化较大，处于战略驱动和科技创新的有利环境中。以创新和流程再造为核心思想，以业务信息化、管理系统化为主要内容，以现代化支付体系、银行公共服务平台、标准体系、信息安全保障体系为基础平台的中小商业银行可持续发展框架逐步显现。

1. 中小商业银行信息科技发展情况

国际中小商业银行信息科技发展经历了四个阶段。一是脱机业务处理，通过计算机查询和处理银行业务。二是联机业务处理，应用计算机网络技术平台，实现银行内部的联机业务处理，共享信息资源。三是经营决策的信息化阶段。利用数据仓库技术，实施综合信息分析，构建电话银行、自助银行等新型服务体系，使基于信息科技的业务和管理系统不断完善。四是实施数据集中、系统整合与银行创新。云计算、物联网、三网融合、3G 等新信息技术应用，为网上银行、手机银行的服务功能的拓展奠定了技术基础。

股份制商业银行目前较多居于第三阶段，并将逐步向第四阶段过渡。城市商业银行和农村商业银行普遍处于第二阶段，并积极向第三阶段迈进。发达国家的中小商业银行目前已基本处于第四阶段。中小商业银行信息化历程呈现出四个特点：一是信息化建设沿着两条主线发展，管理沿着管理信息系统到管理决策支持系统，再到商业智能的路径发展，业务沿着从银行单一业务系统向综合业务系统发展，同时，基于网络的综合业务系统和决策支持系统对中小商业银行的管理和服务越来越重要，越来越普遍。二是信息技术极大地促进了银行实施创新，促进从外延发展模式逐渐向内涵式发展模式的转变。从国际中小商业银行的发展历程来看，信息技术使得银行从传统银行到电子银行到网络银行成为可能，从借贷业务扩大到中间业务再到金融超市成为现实，实现了差异化、便捷式的个性金融服务。三是金融整合是中小商业银行信息深化的基本特征，标准、数据、应用、流程、机构、资源等分别整合成为可能和趋势。四是银行监管的信息化程度越来越高，提高了监管的有效性、科学性及审慎性。

中小商业银行信息化建设存在的主要问题：一是缺乏持久统一的信息化建设战略规划。信息化建设中缺乏统一的数据标准和编码标准，颗粒性较多，不利于数据整合和信息共享；信息化建设中业务创新、管理创新、风险防范间的关联考虑的前瞻性缺乏；信息化建设中的矛盾点多，协同性不高。信息化发展有序性缺乏，系统功能性能受限，集成性较差，IT 的生命周期短，造成有限 IT 资源的浪费或向无效、低效区域过渡配置。二是信息化建设认识不足，虽然对 IT 在银行发展中的重要性认识较高，但关于 IT 在银行发展中的价值的产生、吸收扩散，以及其在银行内部组织中的作用认识不足。三是信息化建设层次差异较大，不平衡现象突出，部分中小商业银行的信息化建设和应用程度较低。四是信息科技风险管理的制度、体系建设滞后，业务连续性和应急计划不足，灾备中心建设滞后，数据备份的防范手段难以为继。五是信息化建设人才储备不足，人才配置不科学，制约了建设和应用步伐。

2. 我国中小商业银行信息科技发展环境

第 3 章阐述了经济金融环境和趋势，指出经济增长趋缓，服务和消费在经济结构中的比重增加，收入差距回落，技术创新加大，中产阶层扩大，城市化迅速扩展，我国将迈进高收入国家行列等将是我国经济发展的基本趋势。金融失衡、金融抑制、金融同质化竞争等问题突出。我国金融改革的总体趋势是加强市场化和商业化改革，加快一体化改革进程，较快实现金融领域准入、价格、公司治理、宏观调控等均以市场化机制为导向和主导。要逐步消除"金融压抑"，加快利率市场化进程，改变国有大型银行垄断局面，发展多层次的金融市场，进一步放松金融各方面的市场准入、资金价格、产品创新等管制。在以上经济金融趋势和未来环境下，中小商业银行业金融机构需要走集约化、内涵式增长之路，增强信息科技创新与服务能力，积极推动业务转型，提高管理能力。

银行具有信息属性，新信息技术提供了中小商业银行转型发展的基础和契机。一是有助于进一步拓展服务领域。中小商业银行可利用射频识别技术，将电信智能卡与银行电子钱包功能整合后，为客户带来更为便捷的移动支付服务；射频识别技术还能够为银行提供更加直接的质押物监控手段，有效防范质押物的监控风险，扩大现有物流金融服务范围。二是有助于进一步提升管理效率。通过尖端的分析技术，银行在未来不仅大大提高了海量数据提取、挖掘的能力，而且能够较好地实现数据集成，实现数据的集合、共享和价值。三是有助于进一步降低经营成本。据埃森哲管理咨询公司预计，如果银行将自己的大部分应用程序转移到基础设施云上面，其 IT 部门每年可以节省高达 50% 的托管费用。此外，如果银行采用云计算技术，就可以减少购买昂贵的设备和花费其他资金，而将其转移到云供应商一边，以进一步提高资源利用效率。四是有助于进一步加强信息安全管理。银行可利用新信息技术加强数据存储的安全性，并利用技术供应商的专家储备，辅助银行实现技术协同和技术帮助，防范技术风险。

3. 我国中小商业银行信息科技发展趋势

中小商业银行信息科技建设水平分化明显，股份制商业银行以大型商业银行为示范，不断提升信息科技建设水平；部分规模较大的城市商业银行和农村商业银行以股份制商业银行为示范，加快信息科技建设步伐；部分规模较小的城市商业银行和农村商业银行基于差异化、特色化经营定位，实施了业务和管理的差异化信息科技重点建设，但信息科技建设的数据整合、数据集中、数据仓库和数据挖掘技术应用程度较为落后。

面向客户、面向流程、面向决策的信息科技建设特征越来越明显。信息科技建设坚持面向客户的导向，具体体现在操作层面、分析层面、协同优化层面：通过网上银行、呼叫中心等各种网络渠道实现对客户交互信息的有效集成，提高业务操作服务水平；通过虚拟渠道加强对客户数据的获得和分析，预测客户价值和行为；实施银行价值链、客户、市场的信息整合，优化客户信息集成。坚持面向流程的导向，围绕信息化管理的组织流程、管理流程、运作流程，实施信息科技建设的流程管理。坚持面向决策的导向，决策层直接主抓信息科技建设，决策管理逐渐成为中小商业银行信息科技建设的重要内容。

信息科技建设战略联盟、项目外包和服务外包将成为中小商业银行信息科技管理的主流模式。中小商业银行对信息科技开发和应用的需求，与自身开发能力的供给严重不匹配，因此，结成 IT 建设和合作平台，统一规划和实施信息科技建设和共享，逐渐成为中小商业银行信息科技建设的良好制度供给，云计算等信息科技的发展和应用将为这种信息共享平台提供更好的技术支持，由山东省 14 家地方商业银行以及长安银行共同组建的山东省城市商业银行合作联盟公司的信息开放和共享的实践模式就是典型的成功例证。同时，随着我国银行服务提供商市场的逐步成熟和规范，其他实力较弱的中小商业银行可将信息科技服务外包于大型银行及实力较强的中小商业银行的科技子公司，充分采取项目和服务外包的形式，有效实现信息科技建设和需求。

以创新和流程再造为核心思想，以业务信息化、管理系统化为主要内容，以现代化支付体系、银行公共服务平台、标准体系、信息安全保障体系为基础平台的中小商业银行可持续发展框架趋于清晰（见图 10 - 1）。

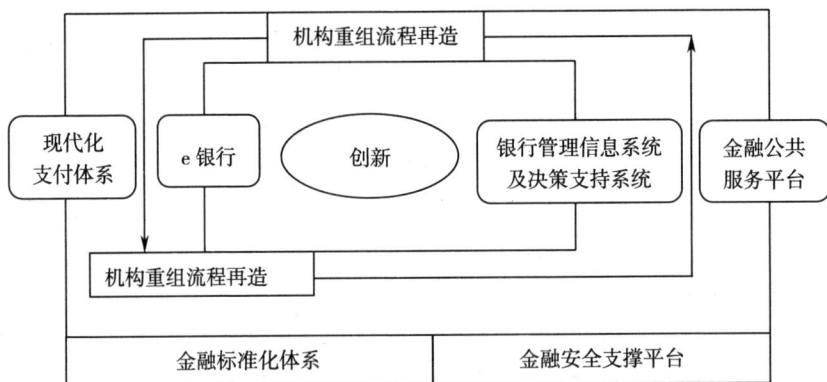

图 10 - 1 中小商业银行信息化可持续发展框架

从创新来看，信息化融入了创新的整个环节，传统创新流程转化为新型的创新流程（见图 10 - 2）。

从创新推动力来看，技术推动逐步考虑市场竞争、区域经济壁垒减少、中产阶级的扩大、产品标准化的普遍、市场需求的扩大或转化、金融生态环境的改变因素，形成广泛技术因素作用下均衡推动力的创新机制（见图 10 - 3）。

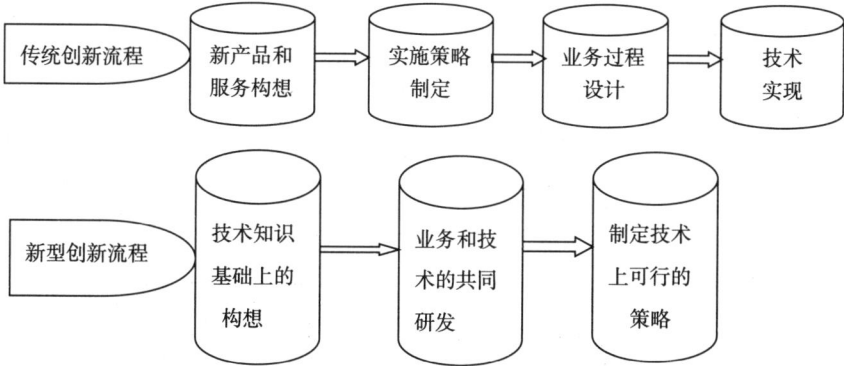

图 10 - 2　创新流程变化

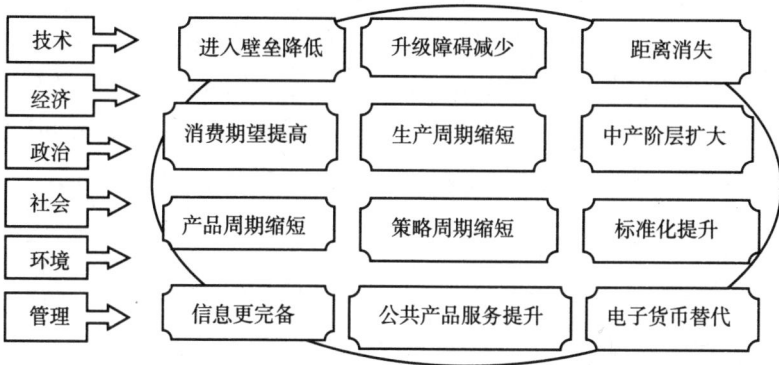

图 10 - 3　创新推动力均衡机制变化及构成情况

从机构重组和流程再造看，互联网的普及和信息科技的创新发展，使得银行业务外部销售及服务的虚拟形态凸显，实体网点的布局对银行业务发展的规模效应降低，技术、产品和品牌构建形成的虚拟渠道建设对银行的规模效应迅速扩大。外部系统的变迁要求内部信息科技载体孵化组织结构变迁，扁平式的组织架构迅速运转，集中式、网络化的营销模式渐成主流。同时，电子商务的业务流程综合了银行服务的众多交易主体，协同运作的模式要求使得银行转变以产品为中心的业务流程为以客户为中心的业务流程，具体过程如图 10 - 4 所示。

从 e 银行的功能来看，它将电话银行、网上银行、自助设备的渠道结合为银行服务的主要渠道，它利用现代信息技术，建立银行信息模型，实

商业价值

跨渠道管理　传统渠道价值链

交叉销售

销售

交易　　　账单支付　　互联网整合　　呼叫中心价值链

准入市场

客户服务　　销售　　　　　　聚合体　　　电子商务价值链

整合关系管理

虚拟分行

推进产品销售　　　动态信息

推进产品销售　静态信息

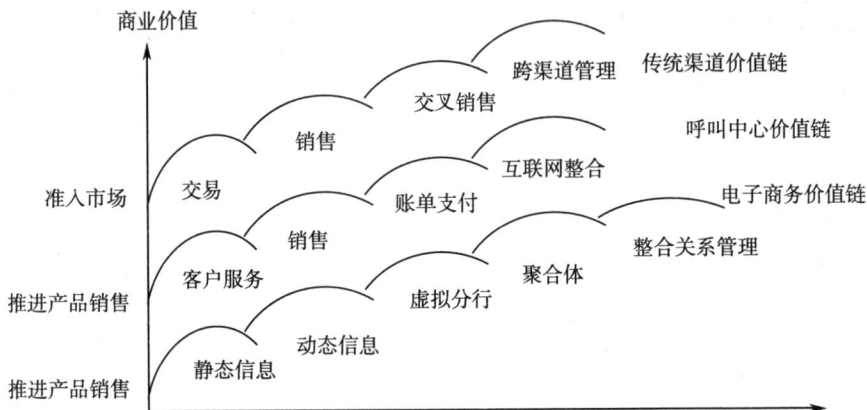

图 10 - 4　以互联网为中心的银行服务渠道演进

现用户、银行部门、同业、监管等相关主体间的信息互动，它整合了传统的物理渠道和电子银行渠道，达到客户、员工、外部的协调和均衡状态。它将客户管理、营销管理、风险管理、财务管理、人力资源管理和知识管理纳入标准化统一板块，实现集成网络经营管理，具体如图 10 - 5 所示。

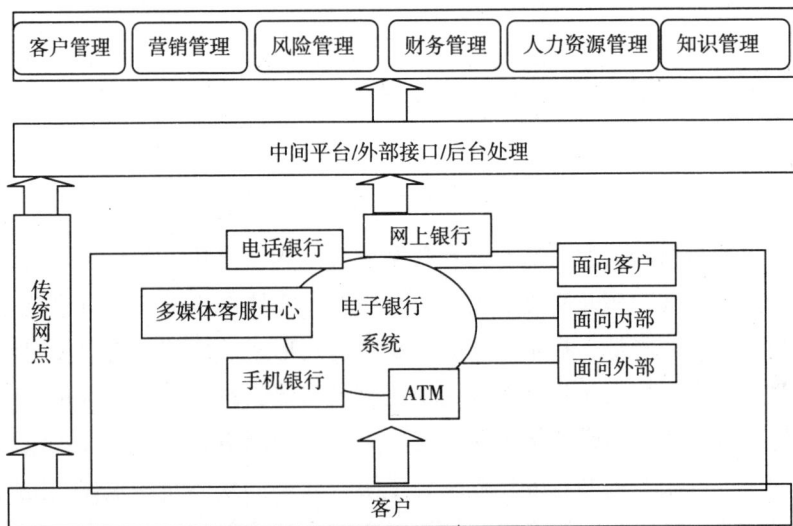

客户管理　营销管理　风险管理　财务管理　人力资源管理　知识管理

中间平台/外部接口/后台处理

电话银行　网上银行

传统网点

多媒体客服中心　电子银行系统　面向客户

面向内部

手机银行　ATM　面向外部

客户

图 10 - 5　e 银行结构情况

从支付体系、管理决策支撑体系、信息安全保障平台来看，应建立涵盖中小商业银行各项特色业务服务的现代化支付体系，该体系将是基于宽带技术的现代化支付网络平台、是有利于电子货币健康发展的支付平台、是适应全球化银行服务要求的金融支付清算平台、是充分考虑各类风险管理的国际先进支付平台。在银行财务数据和客户信息集中基础上，应用数据仓库技术，建立以"市场为导向、客户为中心"中小商业银行管理决策系统。按照法律、法规和监管要求，建立涵盖安全策略、安全管理、安全技术的信息安全保障平台。

10.2   中小商业银行信息科技创新体系及技术核心

金融创新是金融活动的参与主体为适应不断变化的经济金融环境，面对新出现的市场机会和风险，为达到一定的目标，通过各种技术手段，在制度、组织、业务、技术、产品、交易等多方面进行变革的过程。金融创新具有杠杆化、流动性、复杂性、逐利性、虚拟性和集中度高等特征。后危机时期金融创新的方向主要呈现为六个方面：提高产品的流动性、提高定价的科学性和风险管理的有效性、去杠杆化、金融创新包装和结构的简单化、对信用评级机构监管的加强、提高金融衍生品监管的有效性（王华庆，2011）。信息技术通过降低交易成本、增强客户及内部员工的交易互动、节约时间成本等方式提高了银行的效率（Berger, A. N., 2003；Casolaro, L. & Gobbi, G., 2007；Hossein Ahmadirezaei，2011）。中小商业银行信息科技创新体系实质就是基于信息技术的金融创新体系，信息技术在中小商业银行经营管理中全面应用是其信息科技创新的基础。中小商业银行和大型中资银行与国际先进银行的信息差距为其信息技术的改革与发展提供了巨大的机会和空间。中小商业银行信息科技创新体系包括了业务创新、技术创新、营销方式创新中的支付手段创新及应用，流程再造、客户竞争和客户关系管理的信息建设及应用，防范信息科技风险的管理能力建设。其中的关键技术按照信息科技建设面向客户、面向交易、面向应用的层次可汇总如表10-1所示。

表10-1   中小商业银行信息科技创新的关键技术

面向客户的技术	面向交易的技术	面向应用的技术
信息共享技术、网络互联技术、信息安全技术、数据标准化技术、数据仓库技术、数据分析技术、信用评估技术。	工作流程技术、业务流程技术、智能卡技术、安全认证、网络银行、网络安全、通信标准、交易数据标准化技术。	系统灾备技术、系统评测技术、应急体系和技术、科技人力资源。

1. 支持业务创新的现代支付手段

中小商业银行业务创新包括负债业务创新、资产业务创新、中间业务创新，通过负债业务创新可改善收入结构、通过资产业务创新改善客户结构、通过中间业务创新改善利润结构，以实现从粗放外延发展模式向集约内涵发展模式转变。业务创新的现代支付手段主要包括信用卡、ATM 和借记卡、电子银行、电子支票兑现（Electronic Check Presentment，ECP）、网上银行、电子商务手段等。

2. 流程再造、客户关系管理的关键技术

流程再造包括了组织架构创新、业务条线的创新和流程管理创新。流程再造需要解决的核心问题是改革以账户为中心的模式，实现信息的集中管理。其主要改革步骤为：第一是对各种单据、凭证实施标准化管理，第二是将辗转多部门完成的一项业务流程改造成连贯、统一、一致的服务流程和服务界面，第三是进一步实现个性化、差异化业务服务支撑的软件功能的灵活组合和扩展。

稳定和竞争优质客户，是中小商业银行生存和发展的基础。全面推行客户关系管理是稳定和竞争优质客户的重要途径。20 世纪 90 年代西方银行竞争已步入客户关系管理竞争时代，我国的客户关系管理的理论基础和本土化研究不够深入系统，客户关系管理的技术、体系和体制约束仍然存在。应站在战略的高度，运用信息技术加强客户结构分析，确定重点客户并动态跟踪预测，建设新型客户关系管理系统（Customer Relationship Management，CRM）。

表 10 – 2　　　　中小商业银行客户关系管理的角色定位趋势

当前角色	未来愿景
逐渐重视客户关系管理，业务流程没有与其他渠道整合。	客户关系成为主要服务与销售的渠道，业务流程整合较充分。
以产品和服务为导向：未实现以整体获利性衡量客户贡献。	以客户为导向：实现以整体获利性衡量客户贡献度。
着力于产品和服务本身。	着力于客户服务以及较强针对性的产品销售。
员工效率以操作性服务的数量和质量衡量。	系统自动处理能力力强，人力资源着力于增值服务。
员工技能将受限于具体的产品和服务。	员工实施多种产品和服务的综合性技能较强。
员工工作时间主要分布在日常性工作事物。	常规工作的精简程度和自动化处理程度较高。
以成本为中心。	以利润为中心。

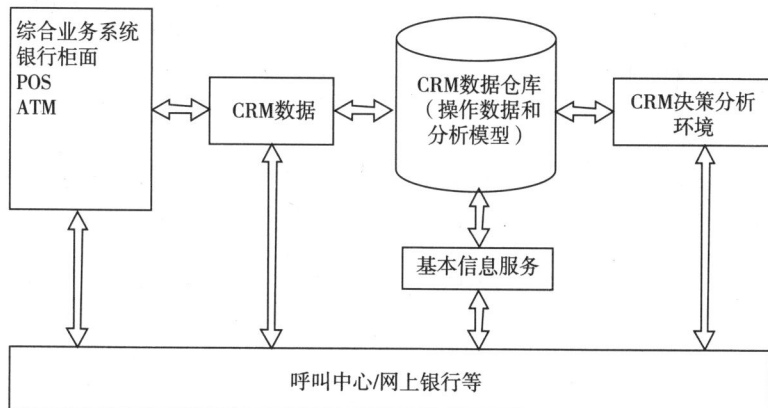

图 10 − 6　中小商业银行 CRM 系统与其他系统协同情况

客户关系管理系统的关键技术。

企业应用整合技术（Enterprise Application Integration，EAI）、门户技术（Enterprise Information Portal，EIP）、数据仓库（Data Warehouse）、数据挖掘（Data Mining）。企业应用整合技术的基本功效是实现应用系统间的协同、对接；门户技术实现了管理系统和电子商务的尖端集成；数据仓库具有集成、稳健、历史积累的特点，能够实现管理的宏观和微观决策；数据挖掘利用相关统计技术消除干扰和杂音，凸显反映真实影响的经验数据的规律和特征。

3. 风险防控信息技术

业务创新和流程创新对风险管理提出了新的更高的要求，纳入信息科技风险的全面风险管理成为风险管理的主流模式。在这种风险管理特征下，风险防控的信息技术表现为两个方面，一方面是面向信用风险、市场风险、操作风险的信息科技技术；另一方面是信息科技应用中的风险管理技术，信息科技在推进中小商业银行业务发展、流程再造、提高经营管理绩效的同时，增加了系统性风险，譬如原来分散信息系统数据丢失的局部问题，在系统集成环境下就有可能演变成系统性风险问题。信息科技风险的管理策略分为三个层次，一是采取安全性控制措施保护信息科技资产，降低风险；二是与信息科技合作方分担风险或分散风险到保险公司，建立包括内部员工、IT 供应商、保险公司各个主体的责任分散机制；三是通过完善组织体系、制度体系、技术体系来识别、监测、缓释、防范、处置风险。

10.3 中小商业银行信息科技管理体制与机制设计

1. 管理框架、层次、目标

中小商业银行信息科技建设的管理框架由环境、战略、体制、机制、人力资源建设五部分构成。外部环境支撑并约束下，基本战略框架内，需要基于时间维度的长期性、空间维度的分支机构多层次性，建立与战略匹配的管理模式，并维护支撑信息科技安全、高效运行的管理机制。当然，信息科技人力资源建设是需要嵌入的保障性主体开发和建设工程（见图10-7）。

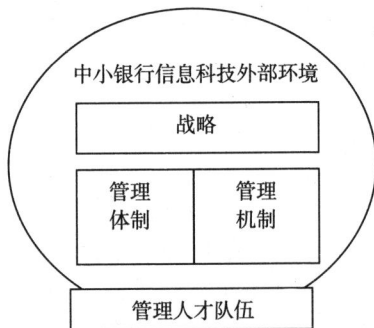

图 10-7 中小商业银行信息科技管理框架图

中小商业银行信息科技管理包含业务电子化、管理信息化、决策智能化、信息科技环境和管理人才队伍五个管理层次（见图10-8）。

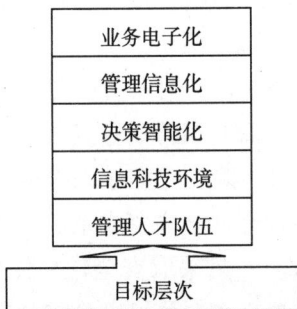

图 10-8 中小商业银行信息科技管理层次

依据中小商业银行自身发展战略，信息科技管理的中长期目标：大力发展信息科技，实现信息科技充分支持中小商业银行差异化、特色化发展，充分支撑中小商业银行差异化、特色化、精细化管理。

2. 管理阶段、主体定位、关键因素

中小商业银行信息科技发展可分为核心业务价值链管理阶段、客户关系管理阶段、网络资源配置及管理三个阶段。

在核心业务价值链管理阶段，以业务、流程、决策的实际情况为依据，建立正确的信息科技基本架构，打造基于信息科技的核心业务体系；在此基础上，梳理、分析、构建科学的客户管理系统，实施客户分层和优质客户发展和维护管理；进而以流程再造为重点，实施网络资源优化配置和动态协同一致，共同致力于创新深化和差异化、针对性的客户服务。

在信息科技管理活动中，决策者要淡化信息科技技术微观因素，突出理念、战略和顶层设计，有效发挥首席信息官（CIO）的决策职能，加强信息技术要素介入的组织架构建设，决策要突破局部均衡分析，扩展实施一般均衡分析。管理层作为中间带的阶层环节，要担当好理解和执行信息科技战略、有效提出信息科技需求或有效实施信息科技开发攻击的职能。操作层要做好外包服务，做好项目管理工作。

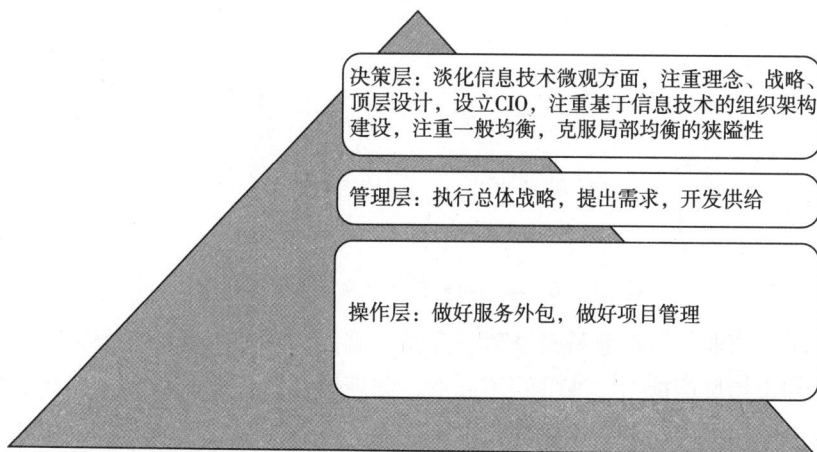

决策层：淡化信息技术微观方面，注重理念、战略、顶层设计，设立CIO，注重基于信息技术的组织架构建设，注重一般均衡，克服局部均衡的狭隘性

管理层：执行总体战略，提出需求，开发供给

操作层：做好服务外包，做好项目管理

图 10 - 9　中小商业银行信息科技管理主体功能定位

决定信息科技管理执行绩效的显著因素有三个：一是管理层的全面参与，保证理念、战略、执行的全面深入贯彻；二是明确项目准确目标和在

整体体系中的功能和定位，并辅以科学、严谨的实施计划；三是培训和知识宣传要全面、透彻，保证信息理解、吸纳、创新推进等。

3. 管理体制

中小商业银行信息科技管理环境。环境要素主要有法律法规、中国人民银行协调、中国银监会的监督管理、国家政策及国家信息化领导小组等规范约束。法律法规主要包括针对银行信息科技的安全、标准、规范制定的一般法律法规，以及针对中小商业银行的信息科技外包、联盟、差异化信息科技创新等及时供给法律法规；人民银行重点实施信用体系、现代支付体系、银行卡联网联合、电子货币管理、面向银行业的综合信息化服务平台、银行安全保障体系、银行信息化标准建设；银监会对信息科技监督管理。

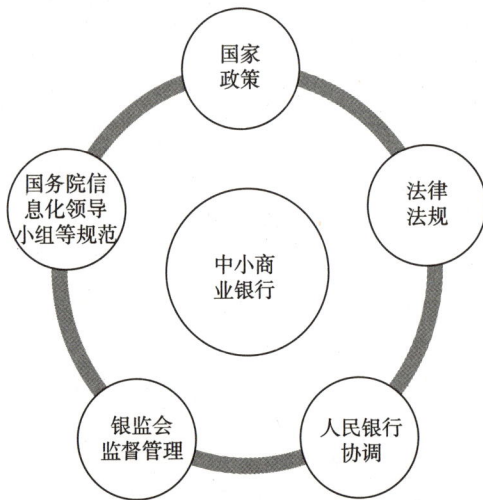

图 10 -10　中小商业银行信息科技管理环境

中小商业银行信息科技管理应遵循以客户为中心、提高竞争力、增强内控和市场反应能力、减低管理成本、创新的总体原则基础上，把握好集中与分散相结合、业务与管理相结合、流程再造与风险管理相结合、依靠自身与外结联盟相结合的原则。多样化和个性化的银行服务所涉及的后台工作海量数据类似，工作量大、专业性强、风险大，集中处理成为较好模式。同时，集中的后台数据管理保障了更加多样化的前台服务持续性发展。业务与管理相辅相成，管理的信息化能够较少信息不对称，有力支持业务创新和客户关系管理；有效运用信息科技的组织架构和流程再造，是中小商业银行信息化建设的关键，在发挥计算机网络易于共享数据资源、流程自动化控制与处理、信息快速传递与跨地区存取功能的同时，要及时识别并有效防控流程改造中的各类风险；核心业务在竞争中发挥越来越突出的作用，信息系统的银银合作、联盟和外包是中小商业银行信息科技项目开发和技术服务的趋势，以克服协同和资源禀赋的比较优势，使得中小商业银行集中核心业务和管理。

中小商业银行长远发展的信息科技管理组织模式。宜采取创新为龙头，以流程管理为手段，采用首席信息官（CIO）领导下的灵活的组织体系。要在信息决策委员会框架下，突出产品研发、信息资源管理、项目实施和日常运营管理的分离和协同。

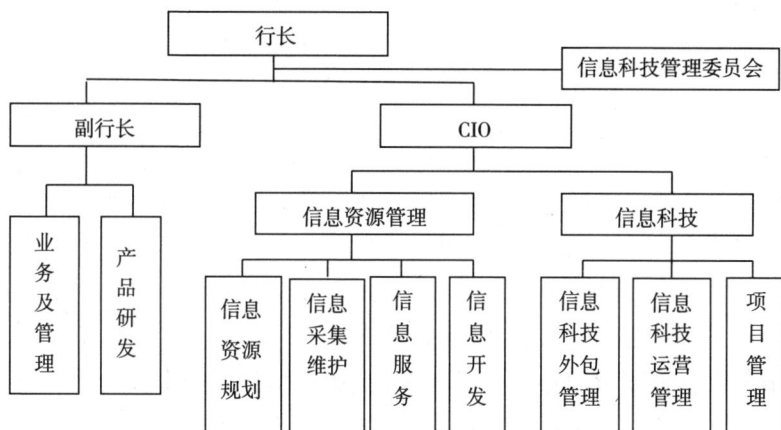

图 10－11　中小商业银行信息科技管理分工模式趋势

其中，银行产品创新采用矩阵式的组织架构，创新小组由各相关部门人员组成，创新任务完成后，成员回归原部门。

4. 管理机制

信息技术的推陈出新和飞速发展，使得中小商业银行对信息技术的需求持续，同时，也要求信息技术的风险防控不断加强，从实际调查来看，人们对风险的担忧是影响其使用信息技术平台较高的金融服务手段的显著影响因素，因而保障信息系统的安全运行是信息管理机制的首要环节。在此基础上，对信息技术新的需求，进而引进新的信息产品，成为中小商业银行竞争及发展中，结合信息创新、业务创新、渠道拓展、管理创新活动，而持久保持的关联状态（见图 10 – 12）。为保障三个环节协同运行，保持流畅、安全、高效的信息化机制，需要加强两方面基础工作，一方面是做好信息科技人力资源工作，另一方面是数据、信息、知识三个层面的信息资源管理工作。

图 10 – 12　中小商业银行信息管理机制环节

5. 信息科技人力资源建设

业务电子化和管理信息化提高的过程中，伴随着传统手工业务的消失，伴随着基于现代电子技术的新业务的推出，柜台服务的时空得以扩展，银行服务向信息化、便捷化、特色化、创新性的纵深领域发展，赋予信息科技队伍更多知识、更高管理能力的新的建设要求。同时，外资银行混业经营的特点，促使全球化进程中的银行业竞争加剧，中小商业银行业务拓展和创新对人才队伍提出了新的需求。

随着信息科技建设的推进，中小商业银行信息科技方面的管理层次和管理重心有所转移，即事务性常规工作内容渐少，为电子手段替代，相应需要增强信息决策、战略制定的内容（具体见图 10 – 13）。因此，要依据以上人力资源需求规律和特点，着力抓好技术研发队伍、技术维护队伍和

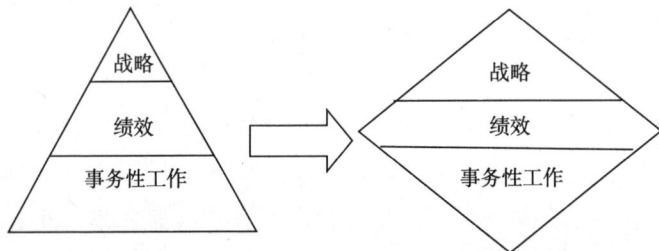

图 10 – 13　中小商业银行信息科技人力资源重心变化

信息化管理队伍的人力资源建设工作。其中，技术研发队伍主要是业务创新的资源，包括了信息系统项目的研究开发和应用；技术维护队伍是技术支持的资源，主要进行软硬件系统日常运行的维护；信息化管理队伍从事银行信息化管理工作，包括信息科技过程的规划、组织、协调、控制工作，具体见图 10 - 14。

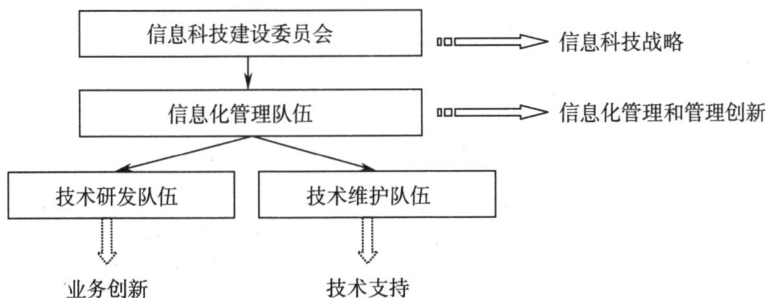

图 10 - 14　中小商业银行信息化人力资源结构情况

　　信息化建设自主研发和服务外包两种模式下人力资源管理的侧重点不同。自主研发的中小商业银行承担了信息化建设规划、开发、运行和维护的全过程，要求人力资源管理技术和管理人才并重，构建业务部门、技术部门、管理人员之间的适当流动机制，培养复合型人才，服务自主研发模式。而服务外包模式将银行的技术和服务部分或整块外包，这种模式对技术队伍的要求适当降低，但对管理队伍的要求提升，而且模式使得中小商业银行内部信息科技既要搞好自身内部研发，又要协调外包商，考核工作重要但不易有效操作。因此，相关人力资源管理要注重队伍沟通能力、合作能力、协调能力、技术能力的塑造，在策略上要侧重管理人员的培养，注重技术人员向管理人员的转化，建立银行与多个外包商的知识共享平台，建立学习型组织，在员工间形成不断学习、相互学习、共同进步的组织文化。

　　6. 信息资源管理

　　信息是银行的战略性资源，信息资源管理是中小商业银行信息化运行中的重要内容，是中小商业银行现代化程度的重要标志。所谓信息资源管理，就是银行运用科学的方法和手段，收集和存储各种数据信息，并按照不同的需求对其进行分析加工，选择整理和传递使用的过程。信息资源管理以系统科学和管理科学原理为基础，以协同银行整体战略，实现信息资源整体最优配置为目的，通过各层级职能部门和管理人员有效进行战略和高层管理以及业务操作层实施管理，实现全部信息资源有机集成、有效配置的全过程。

中小商业银行将着力实现信息资源管理数据基础操作层、数据共享转换层、数据分析决策层三个层面的管理环节的有机协同，具体见图10-15。

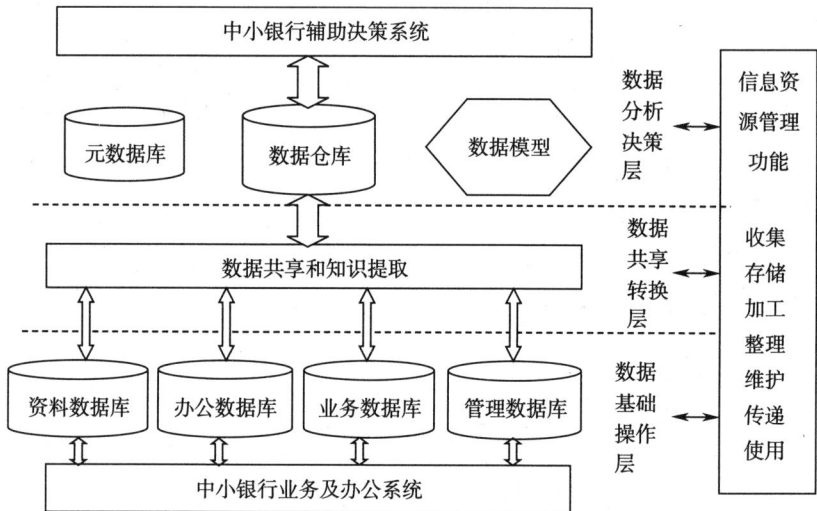

图10-15　中小商业银行信息资源管理战略体系图

信息资源的有效应用是信息资源管理的基本目的，我们认为信息资源应用的基本体系应该是数据来源于中小商业银行基本系统而成的数据仓库，经过数据挖掘、模型分析形成了适用于客户信贷、经营分析、市场营销、客户管理等数据仓库应用系统，最终为决策服务，具体见图10-16。

7. 服务外包决策机制和管理

服务外包决策机制的重点是要控制好服务外包违约风险和外包服务的成本，通过信息科技决策委员会等建立包含审查服务外包条件、服务外包对银行核心竞争力及服务控制能力的影响、服务外包成本收益的决策流程（见图10-17），建立具备服务外包技术审查和管理能力的队伍，并保持与服务商长期的战略合作关系，保持外包的稳定性和一致性，确保将来稳定、有效的技术支持。

```
                          决策
              ┌─────────────────────────┐
              │      数据仓库应用系统      │
    ┌───┬───┬───┬─────┬─────┬─────────────────────┐
    │市场│市场│经营│     │大客户│      客户关系管理      │
    │竞争│营销│管理│客户信│管理分├────┬────┬────┬────┤
    │分析│分析│分析│贷分析│析   │客户 │客户 │客户 │客户 │
    │   │   │   │     │    │分层 │关系 │流失 │行为 │
    │   │   │   │     │    │    │发展 │管理 │分析 │
    ├───┴───┴───┴─────┴────┴────┴────┴────┴────┤
    │        联机分析工具/数据挖掘/模型法            │
    └────────────────────────────────────────┘

              ┌─────────────────────┐
              │       数据仓库        │
              │   （银行数据逻辑模型）   │
              └─────────────────────┘

┌──────┬──────┬──────┬──────┬──────────┬──────────┐
│业务系统│信贷系统│客服系统│财务系统│风险管理系统│内外其他系统│
└──────┴──────┴──────┴──────┴──────────┴──────────┘
```

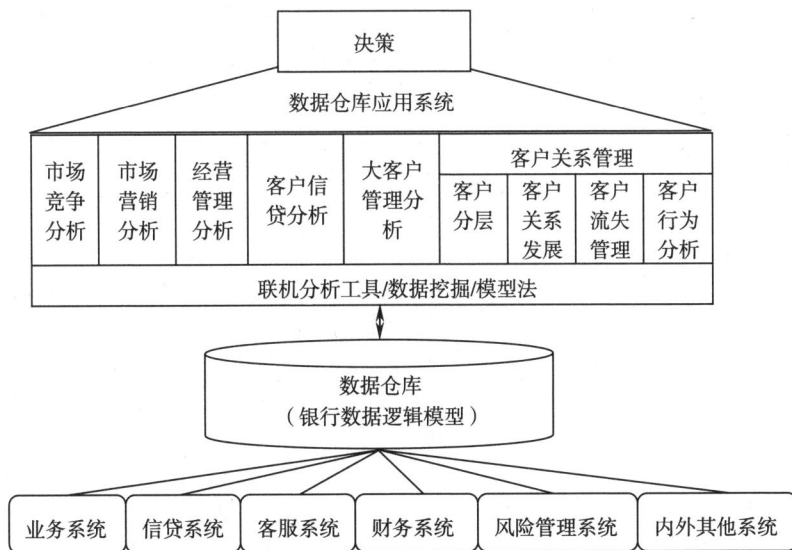

图 10 – 16　中小商业银行信息资源应用趋势图

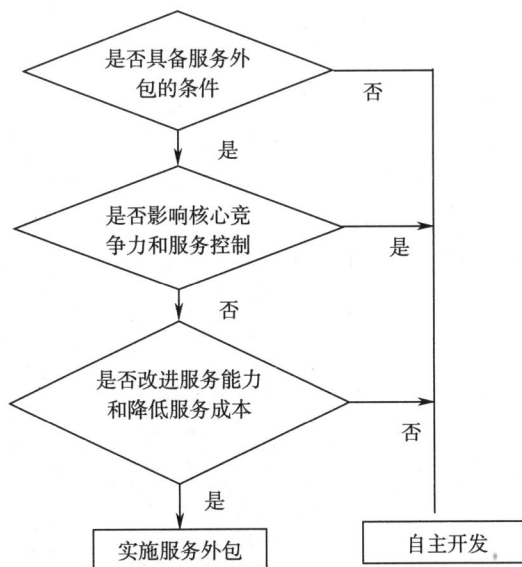

```
          ┌──────────────┐
          │ 是否具备服务外 │
          │   包的条件    │────── 否 ──────┐
          └──────────────┘              │
                 │ 是                    │
          ┌──────────────┐              │
          │ 是否影响核心竞 │              │
          │ 争力和服务控制 │────── 是 ──────┤
          └──────────────┘              │
                 │ 否                    │
          ┌──────────────┐              │
          │ 是否改进服务能力│              │
          │ 和降低服务成本 │────── 否 ──────┤
          └──────────────┘              │
                 │ 是                    │
          ┌──────────────┐    ┌──────────────┐
          │  实施服务外包  │    │   自主开发    │
          └──────────────┘    └──────────────┘
```

图 10 – 17　中小商业银行服务外包的决策机制设计

8. 信息项目管理

规范的信息项目管理流程包括市场需求分析、项目立项、采购或开发、投产、评价，是信息项目管理的五个阶段，具体流程设计如图 10 - 18 所示。

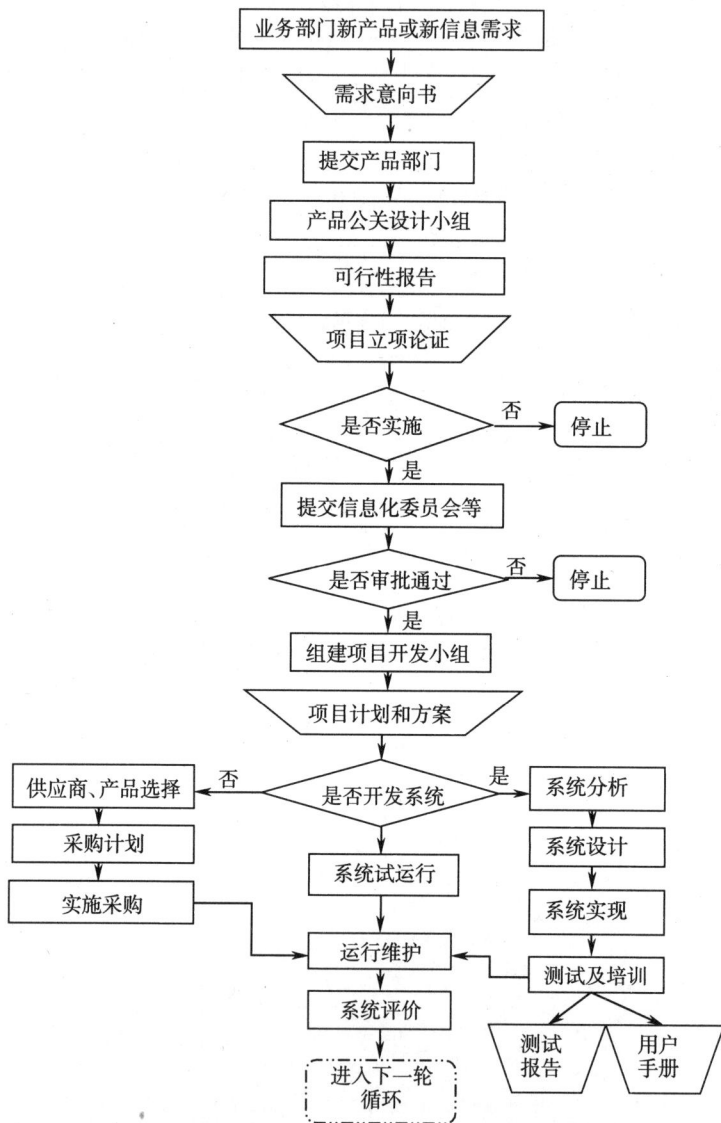

图 10 - 18　中小商业银行信息项目建设流程构架

信息项目矩阵式跨职能部门的组织架构，突出了需要重视处理好三个重要方面。一是项目组成员既承担项目任务又承担部门任务，需履行向项目经理横向汇报和向所在部门领导纵向汇报的双线汇报，协调项目组成员在两个工作流之间的关系问题突出；二是项目不是孤立的，项目间的协同非常普遍，要统筹好相关联项目的流程关系，协调好人力、物力的合理分配；三是严防技术部门和业务部门脱节现象，坚持客户驱动和业务驱动，协调整合业务流、管理流和项目流的统一。

10.4 中小商业银行信息科技战略措施

第一，将信息化建设与中小商业银行改革发展同步推进，IT 治理和公司治理相结合，充分发展信息科技，推动中小商业银行业务创新、流程再造、形成核心竞争力，实现中小商业银行持续健康发展。

第二，按照银行业信息发展"十二五"规划要求，实施重点工作。股份制商业银行的重点工作有：实施科技引领发展战略，把信息技术作为推动银行转变发展模式、实施差异化战略的关键原动力；着重信息科技体制机制创新，完善信息科技决策机制，加快创新型、专业型、复合型人才培养，加大资金和技术投入，培育和发展银行信息科技核心竞争力；增强信息科技创新能力，促进管理创新、服务创新和产品创新；把信息科技风险管理纳入银行全面风险管理体系中，按照新监管标准实施要求，构建立体化全面风险管控体系；建立统一的数据标准，全面提升数据质量和应用价值。城市商业银行和农村商业银行的重点工作有：完善信息科技组织体系，加强战略规划，健全决策机制，推进制度体系和队伍建设，合理规划信息科技投入；加强信息科技风险管理，加强基础设施、信息安全与应急管理体系建设，提高开发与运行维护管理能力，有效防范外包风险；提高信息科技应用能力，完善核心应用系统、电子银行、管理信息系统和风险管理基础设施建设，支持全面风险管理体系建设，提高业务创新和金融服务能力。

第三，国家相关部门应加强中小商业银行信息化建设的服务和制度供给，推进中小商业银行间信息科技交流与合作，促进中小商业银行与大银行、非银行金融机构、公共事业机构的合作，实现跨银行、跨行业的信息互通与共享，鼓励中小商业银行组建实施非核心业务专营的实体化公司等。

本章重点分析了中小商业银行信息科技现状和趋势、中小商业银行信息科技创新体系框架和技术核心、中小商业银行信息科技战略的管理体制和运行机制。中小商业银行信息科技发展，要匹配差异化、特色化、集约化的战略转型要求，坚持面向客户、面向流程、面向决策的基本导向，以创新和流程再造为核心思想，以业务信息化、管理系统化为主要内容，以现代化支付体系、银行公共服务平台、标准体系、信息安全保障体系为基础平台，建立中小商业银行信息科技创新体系，加强信息科技管理体制与机制建设。中小商业银行信息科技创新体系建设重点是加强业务创新、技术创新、营销方式创新中支付手段创新应用，加强流程再造、客户竞争及客户关系管理的信息建设，加强信息科技风险管理能力建设；中小商业银行信息科技体系建设要在集中与分散相结合、业务与管理相结合、流程重组与风险管理相结合、依靠自身与外结联盟相结合的策略基础上，加强信息科技管理体系和组织体系建设；中小商业银行信息科技机制建设，一方面要按照业务电子化和管理信息化要求，抓好技术研发队伍、技术维护队伍和信息化管理队伍的人力资源建设工作；另一方面，要加强信息资源管理，着力实现信息资源管理数据基础操作层、数据共享转换层、数据分析决策层三个层面管理环节的有机协同，并做好服务外包、信息项目的决策机制建设与管理。

11　中国中小商业银行人力资源建设战略

本章研究我国中小商业银行发展战略重点之六：人力资源建设战略。人力资源建设是中小商业银行发展战略的重要组成部分，是总体战略实施和推进的重要保障，是核心竞争力的重要因素，是中小商业银行效率的重要来源。本章梳理了中小商业银行人力资源的现状、趋势要求和存在的问题，构建了以中小商业银行人力资本提升和产出增长为基本架构的局部均衡模式，揭示中小商业银行人力资源建设的总体逻辑经济机制和绩效，并以 2001—2010 年我国 71 家中小商业银行非平衡面板数据实证分析人力资本制度对于人力资本水平和中小商业银行绩效的影响关系，据此设置了中小商业银行人力资源建设的战略目标、重点内容和系统性策略安排。

11.1　中小商业银行人力资源状况及问题

我国中小商业银行从业人数持续上升，数额逐步增加，人力资源管理体制和机制取得长足进步，人力资源效率逐步显现，总体发展战略对人力资源建设提出新的更高要求。从人力资源和总体发展的契合性角度入手，结合中小商业银行内外资源禀赋和变化趋势，考虑中小商业银行人力资源建设的现状和趋势。当前，我国中小商业银行人力资源建设存在的主要问题是：人力资源管理缺乏，人力资源建设的外部契合性难以形成；中小商业银行岗位管理体系、绩效管理体系、薪酬管理体系、运营监督管理体系的契合程度较差，各分支体系的优化和建设问题突出。

11.1.1　人力资源状况

1. 我国中小商业银行从业人数持续增长。截至 2011 年末，中小商业银行从业人数 656 767 人，占银行业金融机构从业人数的 20.54%，为 2006 年末从业人数的 2.61 倍（见图 11–1），与大型商业银行相比，中小商业银行人数增长较快，从 2006 年末占银行业金融机构总人数的 9.22%持续增长到 2011 年末的 20.54%（见图 11–2）。

（人）

656 767

540 483

441 739

357 273

252 038

2006   2008   2009   2010   2011   年

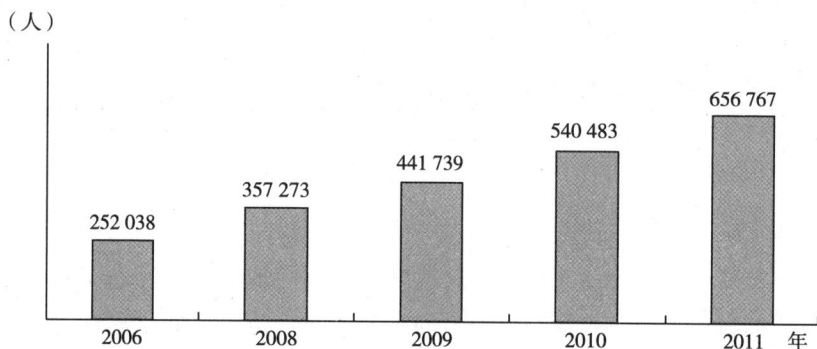

资料来源：历年中国金融统计年鉴数据并经计算。

图 11-1   2006—2011 年我国中小商业银行从业人数情况

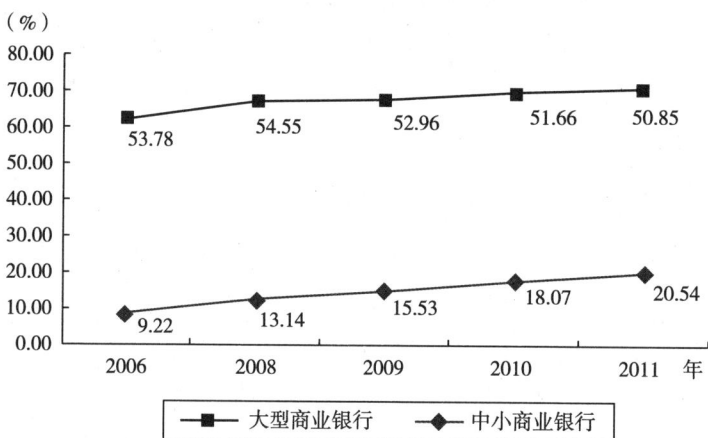

（%）

80.00
70.00
60.00
50.00
40.00
30.00
20.00
10.00
0.00

53.78   54.55   52.96   51.66   50.85

9.22   13.14   15.53   18.07   20.54

2006   2008   2009   2010   2011   年

■■ 大型商业银行   ◆ 中小商业银行

资料来源：历年中国金融统计年鉴数据并经计算。

图 11-2   中小商业银行、大型商业银行占
银行业金融机构从业总人数比重情况

2. 在中小商业银行中，农村商业银行从业人数增速最快。从 2006 年末到 2011 年末，中小商业银行中的股份制商业银行从业人数从 118 036 人增加到 278 053 人，城市商业银行从业人数从 113 999 人增加到 223 238 人，农村商业银行人数从 20 003 人增加到 155 476 人（见图 11-3）。股份制商业银行从业人数占中小商业银行从业总人数的比重较为稳定，基本保持在 40% 略高，2011 年末占比 42.34%；城市商业银行人数占中小商业银行总人数的比重从 2006 年的 46.83% 逐步下降到 2011 年末的 33.99%；农

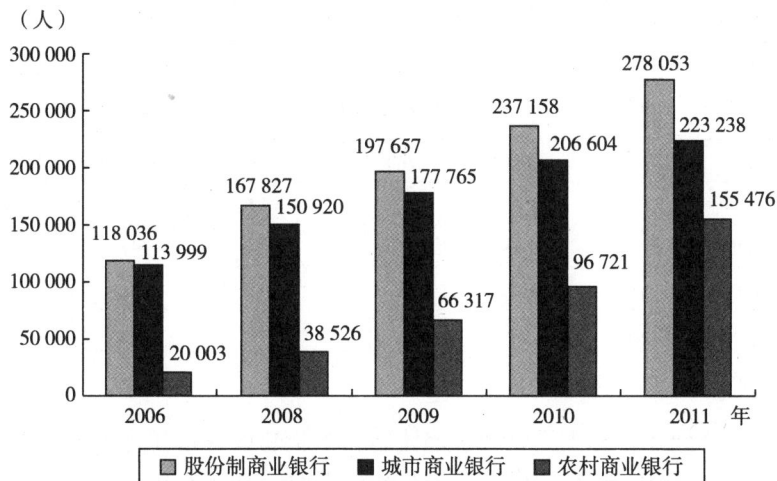

（人）

资料来源：历年中国金融统计年鉴数据并经计算。

图 11 - 3 2006—2011 年中小商业银行从业人数结构情况

村商业银行人数持续增长，从业人数占中小商业银行总人数的比重从 2006 年末的 7.94% 增长到 2011 年末的 23.67%（见图 11 - 4）。农村商业银行人数增幅较高与农村信用社县级联社改革新机构增加显著有关系，农村商业银行法人机构从 2006 年的 13 家迅速增加到 2011 年的 212 家，而股份制

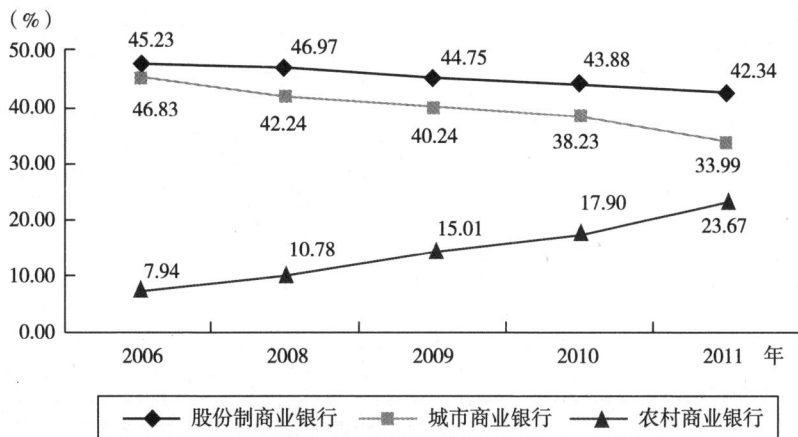

（%）

资料来源：历年中国金融统计年鉴数据并经计算。

图 11 - 4 2006—2011 年股份制、城商行、农商行占中小商业银行从业人数比重情况

商业银行则长期保持 12 家法人机构，城市商业银行从 2006 年的 113 家逐步增加到 2011 年的 144 家（见表 11－1）。

表 11－1　　　2006—2011 年我国中小商业银行法人机构数目情况　　　单位：家

	2006 年	2008 年	2009 年	2010 年	2011 年
股份制商业银行	12	12	12	12	12
城市商业银行	113	136	143	147	144
农村商业银行	13	22	43	85	212
合计（中小商业银行）	138	170	198	244	368

资料来源：历年中国金融统计年鉴数据整理。

3. 中小商业银行人力资源管理体制和机制建设取得长足进步，人力资源效率逐步显现。中小商业银行人力资源管理体系和系统基本建立，基于经营管理市场化程度的差异、区域性人才市场供给差异、市场拓展程度差异、运营时期长短差异，中小商业银行中单体银行的人力资源管理模式各异，人力资本程度各具差别，但基本匹配适应了特定历史时期银行自身发展的需求，人力资源效率逐步彰显。经统计，我国中小商业银行 2006—2011 年的人均资产和人均利润（见图 11－5、图 11－6、图 11－7、图 11－8）考量

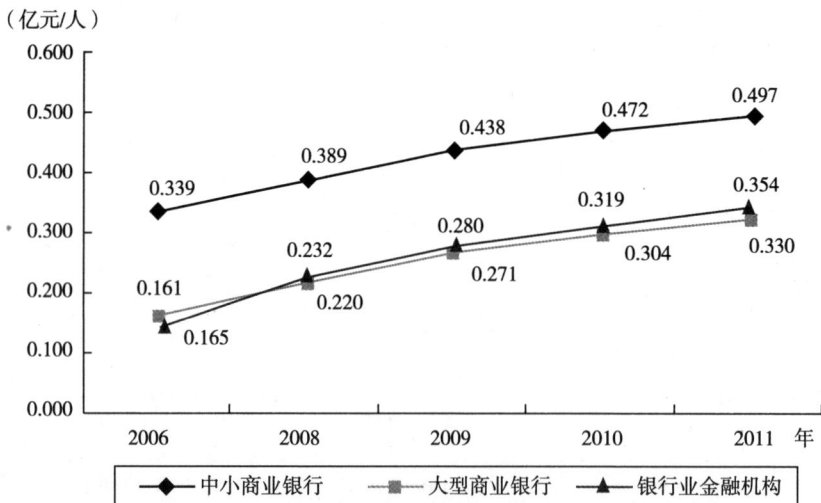

资料来源：历年中国金融统计年鉴数据并经计算。

图 11－5　2006—2011 年中小商业银行、
大型银行、银行业金融机构人均资产

（亿元/人）

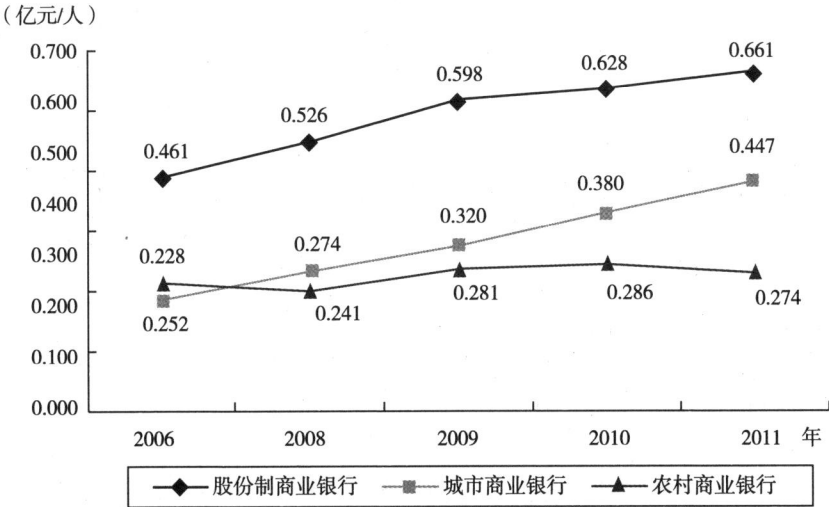

资料来源：历年中国金融统计年鉴数据并经计算。

图11－6　2006—2011年三类中小商业银行人均资产情况

（亿元/人）

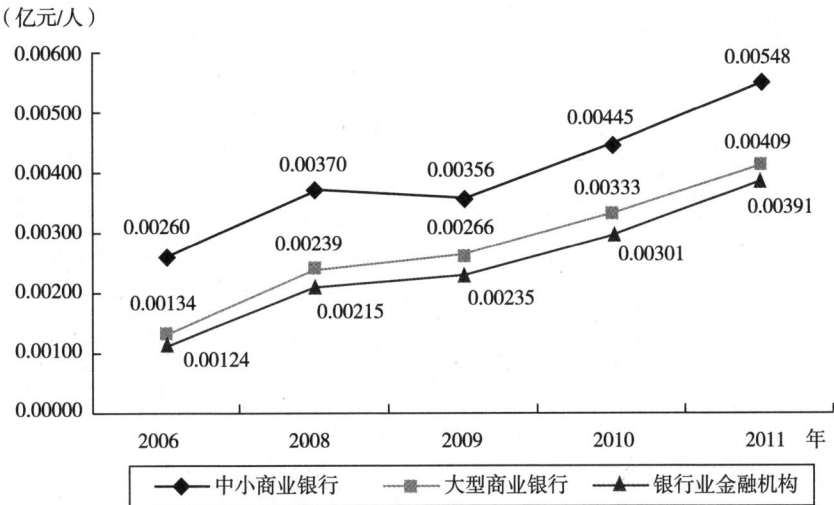

资料来源：历年中国金融统计年鉴数据并经计算。

图11－7　2006—2011年中小商业银行、
大型银行、银行业金融机构人均利润

（亿元/人）

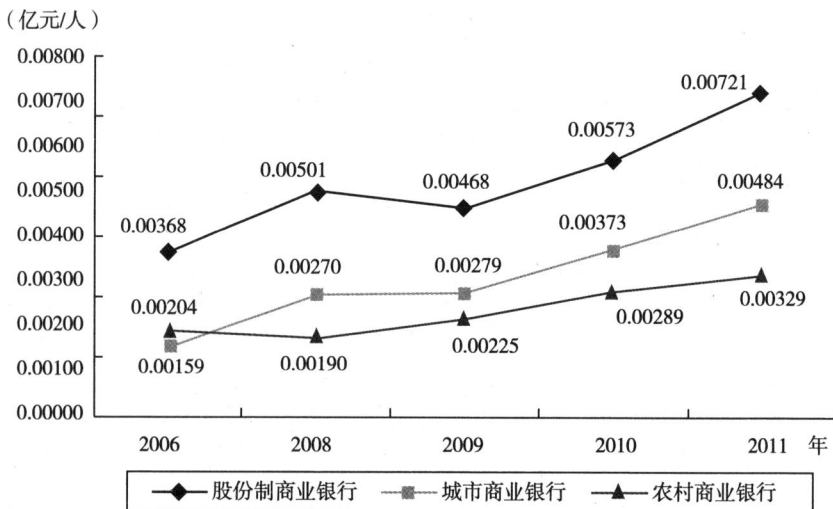

资料来源：历年中国金融统计年鉴数据并经计算。

图 11 - 8   2006—2011 年三类中小商业银行人均利润情况

我国中小商业银行人力资源效率情况。图 11 - 5 显示了我国中小商业银行、大型银行以及银行业金融机构人均资产情况，中小商业银行人均资产从 2006 年到 2011 年一直高于大型银行人均资产，大型银行的人均资产趋近并呈现略低于银行业金融机构的平均水平的态势；图 11 - 6 进一步分解描述了我国中小商业银行中，股份制商业银行、城市商业银行、农村商业银行 2006 年到 2011 年人均资产情况，股份制商业银行人均资产水平一直保持高位稳定增长态势，城市商业银行的人均资产增长最快，逐步向股份制银行靠拢，农村商业银行的人均资产较低。图 11 - 7 显示了我国中小商业银行、大型银行以及银行业金融机构人均利润情况，中小商业银行人均利润从 2006 年到 2011 年一直高于大型银行人均利润，大型银行的人均利润略高并逐步趋近于银行业金融机构的平均水平；图 11 - 8 进一步分解并描述了我国中小商业银行中，股份制商业银行、城市商业银行、农村商业银行 2006 年到 2011 年人均利润情况，股份制商业银行人均利润水平一直保持高位稳定增长态势。城市商业银行的人均利润稳步增长，仅次于股份制商业银行。农村商业银行的人均利润较低。中小商业银行人均资产较大型银行而言较高的情况，吻合中小商业银行实际规模显著低于潜在规模的实际情况，是初创期和成长期的基本特征的表现。中小商业银行人均利润较大型商业银行高的原因有三：一是中小商业银行规模经济和范围经济对利润的贡献高于大型商业银行；二是就中小商业银行业而言，股份制商业银行人力资源效率对利润的贡献高于城市商业银行和农村商业银行；三是就城市商业银行和农村商业银行而言，两者的范围经济效应和规模经济效应正逐步显现，人力资源效率的贡献度尚待提高。

4. 中小商业银行总体发展战略对人力资源建设提出新的更高要求。第一，中小商业银行差异化、特色化、集约化、错位竞争的战略要求，需要匹配的人力资源支持。首先，拓展传统业务、增强新兴业务，注重中间业务的发展，要求吸纳更多从业人员，不断提高存量人员的经营和管理能力，提高人力资本水平，加强人力资本的资产专用特性，匹配业务拓展；其次，配套业务发展的流程再造、全面风险管理、信息科技建设，对人力资源的专业性提出了更高的要求；最后，在新的经营管理模式下，增强了单个经营管理者素质的专业化、全面性要求。第二，战略环境的新变化形成了对中小商业银行人力资源新的客观要求。在经济增速趋缓、经济增长内需要素作用凸显、中产阶层扩大、薄弱领域金融服务持续加强、中小商业银行市场化改革持续加强的新形势下，新的信贷机制、信贷主体、信贷需求逐步形成，需要中小商业银行员工改进经营管理流程、方式和方法，创新实施拓展业务的新产品、新市场、新服务；在我国逐步向第一大经济体迈进，经济和金融全球化迅速扩展的国际环境下，我国融入全球化金融的程度和方式逐步扩大和加深，中小商业银行本土化和国际化的双重治理因素特征明显。一方面要按照市场化和监管要求选择、吸纳、实施国际先进管理经验；另一方面要实施吻合自身资源禀赋、有效践行市场定位的创新发展，对人力资源建设形成机遇和挑战。第三，从中小商业银行人力资源建设战略本身来看，从大型银行、中小商业银行之间，外生引入的人力资源效应逐步减弱，匹配中小商业银行管理新的战略重点和核心要求，需要着力加强内生机制配置下的人力资源的体系和机制建设，全面提升人力资源的数量和质量，塑造人力资源的资产专用性，实现人力资源的内生优化。

11.1.2　存在的主要问题

1. 我国中小商业银行战略人力资源管理缺乏，人力资源建设的外部契合性不足。中小商业银行人力资源的外部契合性主要包括：人力资源和战略环境的契合、总体战略各层级目标的契合和各个战略重点的契合。人力资源战略作为企业整体发展战略的重要组成部分，要保持和其他子战略的匹配性和契合性，以相互支持，协调推进，动态支撑，促进各个战略重点的工作。中小商业银行发展阶段和市场竞争力的状况，使得战略管理的支撑和运行较为薄弱，对于人力资源建设中契合其他战略重点的研究和安排不足。在差异化、特色化、集约化、错位竞争战略实施中，面对全新的经营环境和制度变革氛围，战略任务艰巨，战略重点的突破要在人力资源动态支撑和相互促进中共同推进，战略人力资源管理需求迫切，需要在人力资源外在契合的前提下推进人力资源整体改革。

2. 中小商业银行人力资源建设内部契合性不足。中小商业银行人力资源的内部契合性一方面表现为岗位管理体系、绩效管理体系、薪酬管理体系、教育培训管理体系、运营监督管理体系之间的相互作用和协同支撑；另一方面表现为各子体系内部流畅、有效的运行模式和管理机制。岗位管理体系、绩效管理体系、薪酬管理体系、运营监督管理体系等各单元的需要，应当依据总体战略要求，修正、完善、改革和优化。在人力资源建设中，岗位管理是基础，绩效管理是关键，薪酬管理是核心，教育培训管理是保障，它们相关作用的发挥是互相影响、协同发展的关系，某一环节的滞后和不匹配都会影响到人力资源建设的整体效应。当前，中小商业银行岗位管理要注重依据总体战略和业务发展、流程再造、战略重点任务的要求和实施步骤，加强岗位设置和岗位职责的修正和优化；绩效管理要解决战略指标导向下的激励约束的有效性问题；薪酬管理要着重解决外部具有市场竞争力、内部兼顾公平和效率的机制问题；教育培训管理体系要倾向于战略人才要求下的自主培养、倾向于主体能力和主观需求及客观供给相互适应的教育安排，倾向于企业文化和价值观约束下的人力资本塑造。

11.2 我国中小商业银行人力资源建设的战略逻辑、经济机制和绩效

中小人力资源建设研究，应从战略和全局的角度厘清人力资源制度作为整体制度在银行发展中的基本经济机制、战略逻辑和绩效，以强化人力资源制度的显著性，全面提升人力资本，塑造人力资本的资产专用性，提

升人力资本的核心竞争力。本节将人力资本的经济学分析引入中小商业银行分析领域，注重人力资源制度的影响，注重我国中小商业银行人力资本提升的中长期经济分析，注重低人力资本向高人力资本转化的思路取向，构建我国中小商业银行人力资本提升模型，刻画中小商业银行人力资源制度的战略逻辑、经济机制和绩效关系。

11.2.1 模型构建及均衡分析

Engerman 和 Sokoloff（2005）、Tebaldi 和 Elmslie（2008）把制度作为研发和创新的内生因素，分析了制度、创新和经济增长的关系，该类文献成为本章研究的理论基础。本节模型构建借鉴以上文献，并将人力资本的经济学分析引入中小商业银行分析领域，注重了我国中小商业银行高人力资本、低人力资本二元结构的特征，同时将人力资本提升的制度因素引入，构建了内生的人力资本制度提升人力资本水平和产品产出双重绩效的产出函数，刻画相关战略逻辑、经济机制和绩效关系。模型构建考虑了我国中小商业银行的三类重点因素：

第一，依据新趋势和新要求，确立人力资本提升的模型导向。在全球后金融危机时期，我国经济金融趋势和特征为：经济增长放缓、内需倚重、区域经济发展不平衡程度减弱、中产阶层不断扩大、城镇化加速推进、技术创新和绿色经济特征突出、要素市场化改革全面推动、利率市场化改革加速推进、逆周期宏观审慎监管框架建立并实施，上述发展趋势及特征与以往历史时期的情况区别较大。据此，中小商业银行转型战略急需实施，人力资本支撑问题较大型银行更为突出。因此，人力资本提升模型的构建导向为：刻画中小商业银行人力资本的中长期经济机制和战略逻辑，以把握人力资本子战略和总体发展战略的匹配关系。

第二，依据中小商业银行人力资本特征，构建相应的投入产出函数。人力资本高低水平的二元分布状况在各类商业银行中普遍存在。对于大型商业银行而言，人力资本处于建设和配置的优化阶段；对于中小商业银行而言，由于区域经营、地方政府控制、总部分布等条件约束，高层次人力资本积累严重不足。在转型战略要求下，中小商业银行人力资本处于由低层次不断向高层次培育和转化阶段。因此，人力资本提升模型的生产函数设置凸显了从低水平人力资本向高水平人力资本提升的函数约束，排除了高层次人力资本存量优化的考量，以刻画中小商业银行人力资本提升的经济机制和绩效。

第三，依据中小商业银行人力资源制度状况，将其作为人力资本提升模型的变量。目前，中小商业银行人力资源制度普遍具有短期性、应急性、行政化、碎片化、长期制度安排缺乏的特征。因此，建立长期化的人力资源制度尤为重要。对此，需要厘清人力资源制度作为整体制度变量，如何影响人力资本提升和产出增长，从全局的角度把握人力资源制度的定位和作用。因而，模型设置把人力资源制度作为整体制度变量，纳入人力资本提升的模型框架。

1. 中小商业银行生产函数构建及均衡分析。商业银行通过吸纳存款、发放贷款、支付结算服务等承担资金中介的筹融资和金融服务功能。这种金融中介功能决定了商业银行投入和产出的特殊性，即投入和产出的多元化。目前，研究形成的商业银行投入产出计算方法包括：生产法（production approach）（Benston，1965）、中介法（intermediation approach）（Sealey和Lindley，1977）、附加值法（value - added approach）（Bergen Humphrey，1992）和用户成本法（user - cost approach）（Hancock，1991）等四种方法。相关研究集中使用了柯布—道格拉斯生产函数和超越对数函数，作为商业银行成本函数。超越对数函数使用的优势是便于实证研究中参数的估计，柯布—道格拉斯生产函数使用的优势是便于理论演绎中经济机制的刻画。另外，虽然理论界关于商业银行投入及产出的指标没有形成统一的标准，但投入要素可统一归结为物质资本投入和人力资本投入。其中，物质资本投入包括了生产法、中介法、附加值法、用户成本法中的固定资本、存款、费用等；产出包含以上算法中的贷款及利润等。因此，基于研究文献，结合本节战略逻辑和经济机制刻画的研究需要，我们选取柯布—道格拉斯生产函数为投入产出函数形式。

以柯布—道格拉斯生产函数为基本函数形式，区分低层次人力资本和高层次人力资本，构建生产函数如下：

$$y(g) = A(an)^{1-\beta}(ah)^{\beta} = aAn^{1-\beta}h^{\beta} \qquad (11-1)$$

该生产函数以高、低人力资本作为人力资本构成，并假定二元人力资本总量规模报酬不变，排除关于大型银行存量高层次人力资本的优化研究内容。从而，把人力资本研究的重点积聚到中小商业银行低层次人力资本状况突出、低层次人力资本向高层次人力资本培育和转化的研究内容上。因此，该生产函数凸显了中小商业银行人力资本特征和发展要求。在该理论函数形式中，投入要素涵盖中小商业银行固定资本、存款、费用等物质资本投入及人力资本投入，产出因素涵盖中小商业银行贷款及利润等。

其中：$y(g)$ 为产出，A 代表技术进步系数，n 为低层次人力资本水平的人数，h 为较高层次人力资本水平的人数（低层次和高层次的划分依据中小商业银行发展战略对人力资本的要求，契合中小商业银行发展的为高层次人力资本水平，契合程度较差的为低层次人力资本水平），a 代表资本投入的比重，β 和 $1-\beta$ 为相应资本的产出弹性。该生产函数为不变弹性柯布—道格拉斯生产函数形式。

从产出中剥离人力资本的工资成本，得到中小商业银行利润函数：

$$\pi = an^{1-\beta}h^{\beta} - w_h^g h - w_n^g n \qquad (11-2)$$

其中：π 代表利润，w_h^g 为高层次资本人员有效劳动工资，w_n^g 为低层次人力资本人员有效劳动工资；$w_h^g = W_h^g/AP$，$w_n^g = W_n^g/AP$，W_h^g、W_n^g 均为名义工资，P 代表价格水平。

对于式（11-2），分别求利润（π）关于 h 和 n 的一阶导数，并令一阶导数为零，得到利润最大化的一阶最优条件：

$$w_h^g = \beta an^{1-\beta}h^{\beta-1} \qquad (11-3)$$

$$w_n^g = (1-\beta)an^{-\beta}h^{\beta} \qquad (11-4)$$

式（11-3）和式（11-4）表明了利润均衡优化的过程中，有效劳动工资的函数。

由式（11-3）和式（11-4）进一步得出：

$$\frac{w_h}{w_n} = \left(\frac{\beta}{1-\beta}\right)\frac{n}{h} \qquad (11-5)$$

式（11-5）表明：低人力资本向较高人力资本提升的过程，伴随着工资比率的不断降低；在目前中小商业银行人力资本相对匮乏的现状下，实施匹配的差异化工资水平，是实现中小商业银行利润优化的合理选择。

2. 中小商业银行人力资源建设制度介入的扩展分析。中小商业银行人力资本除了低人力资本问题积聚向高层次人力资本转化迫切的特征之外，其人力资源制度较为薄弱。中小商业银行的人力资源制度短期性、应急性、碎片化问题较为突出，问题解决的基础是要明确人力资源制度作为整体性制度变量，对于中小商业银行影响的绩效和机制勾勒。因此，进一步把人力资源制度因素纳入模型，实施扩展分析。人力资源制度促使低水平人力资本向较高人力资本提升，人力资源制度形成的人力资本产出可表达如下：

$$y(e) = \gamma \left[(1-a)n \right]^{1-\beta} \left[(1-a)h \right]^{\beta} (0 \leqslant \gamma \leqslant 1) \qquad (11-6)$$

其中：$y(e)$ 表示囊括教育、培训、薪酬、绩效、引进等因素的人力资源制度促使低层次人力资本向高层次人力资本提升产生的价值总量。$(1-a)$ 表示存量人力资本投入比重，γ 为衡量人力资源制度水平的变量，在 $0 \leqslant \gamma \leqslant 1$ 范围内，较大的 γ 代表较高的人力资源制度水平，较小的 γ 代表较差的人力资源制度水平。式（11-6）表明，人力资源建设的机制、体系制度安排，对于形成新的人力资本技能，提高人力资本的数量和质量，将产生重要的作用。

式（11-1）和式（11-6）结合，可以得到：

$$y(e) = \gamma \left(\frac{1-a}{a} \right) \frac{y(g)}{A} \qquad (11-7)$$

式（11-7）表明：中小商业银行发展中，技术进步系数 A 增大的趋势，对人力资源制度提出更高的要求，需要建立健全人力资源制度，发挥人力资源制度影响的显著性，促使新的人力资本的增加，以递补技术进步系数的影响。

人均人力资本价值增量用 $w_h^e = y(e)/h$ 表示，结合前面的分析，较弱的人力资源制度水平导致人力资本增量降低，进而影响人力资本的产出收益。在人力资本提升和产品产出增加的二维选择条件下，甄别机制促使高人力资本水平员工工资收益与人力资本提升价值趋于相等。即 $w_h^e = w_h^g$，结合式（11-3）可得

$$a = \frac{\gamma}{\gamma + \beta} \qquad (11-8)$$

$$y(e) = \left(\frac{\gamma\beta}{\gamma + \beta} \right) n^{1-\beta} h^{\beta} \qquad (11-9)$$

式（11-9）显示，人力资源制度水平的提高，促使更多人力资本的形成，实现了人力资本价值的递增，此时，$\partial y(e)/\partial \gamma > 0$。

3. 吻合员工理性选择的均衡分析。人力资源制度的运行，要吻合员工主观理性的行为选择，以避免人力资源制度要求缺乏员工主动行为的配合而降低人力资本的提升成效，以保持人力资本提升中员工积极参与的主动

性，形成制度与行为选择一致的优化状态。

为研究员工相关的行为状态，我们借助式（11－3）和式（11－8），构建高人力资本员工的工作期间未来工资贴现值的相应函数为

$$W = \int_t^\infty W_h^g e^{-(r/\gamma)(s-t)} ds = \int_t^\infty \left(\frac{\gamma\beta}{\gamma+\beta}\right) n^{1-\beta} h^{\beta-1} e^{-(r/\gamma)(s-t)} ds$$

$$(11-10)$$

其中，r 表示贴现率，r/γ 表示经人力资源建设水平调整的贴现率。

在低人力资本向高人力资本提升过程中，面临两方面的机会成本：一是参与人力资本提升活动对于有效劳动的挤占形成的机会成本；二是人力制度建设和运行成本对于工资收益的短期挤占等。总成本表示如下：

$$C = \int_T^t \left[\left(\frac{\gamma}{\gamma+\beta}\right)(1-\beta) n^{-\beta} h^\beta + \left(\frac{\gamma\beta}{\gamma+\beta}\right) n^{-\beta} h^\beta\right] e^{\varphi(s-t)} ds$$

$$= \int_T^t \left[\left(\frac{\gamma}{\gamma+\beta}\right) n^{-\beta} h^\beta\right] e^{\varphi(s-t)} ds \qquad (11-11)$$

对于理性的个体而言，权衡 W 和 C 的关系，成为选择和主动参与人力资源转化的依据。当 $W \geq C$ 时，选择参与人力资本提升活动；当 $W < C$ 时，选择继续原来状态的经营管理工作。

人力资本提升是中小商业银行总体战略的重要组成部分，是实施战略转型的核心内容，在银行主导、员工参与的人力资本提升活动中，中小商业银行应主动满足员工行为参与的要求，使得 $W \geq C$；在提升人力资本增加了经营效率、人力资本专用性塑造的渐进高标准加大人力资本成本的双重约束条件下，我们考量 $W = C$ 时的均衡状态，以 φ 表示成本的折现率，得到总成本现值函数如下：

$$\int_t^\infty \left(\frac{\gamma\beta}{\gamma+\beta}\right) n^{1-\beta} h^{\beta-1} e^{-(r/\gamma)(s-t)} ds = \int_T^t \left[\left(\frac{\gamma}{\gamma+\beta}\right) n^{-\beta} h^\beta\right] e^{\varphi(s-t)} ds$$

$$(11-12)$$

令 $T \to -\infty$，移项，则式（11－12）可转化为：

$$\frac{h}{n} = \left(\frac{\varphi\beta\gamma}{r}\right) \qquad (11-13)$$

式（11－13）显示，在个体人力资本提升，中小商业银行制度供给吻合员工理性选择的比较静态状况下，高人力资本人数和低人力资本人数的结构比率的变化，取决于人力资源制度的水平指标 γ，取决于生产函数的弹性 β，取决于机会成本和工资现值的时间折现率（φ, r）。γ 与 h/n 间呈正

相关关系。

将式（11-13）代入式（11-5），可得到均衡工资比例与人力资源制度水平 γ 的关系式：

$$\frac{w_h}{w_n} = \left(\frac{\beta}{1-\beta}\right)\frac{r}{\varphi\beta\gamma} \qquad (11-14)$$

$$\frac{w_h}{w_n} = \frac{r}{(1-\beta)\varphi} \cdot \frac{1}{\gamma} \qquad (11-15)$$

式（11-14）和式（11-15）表明，实现产出收益均衡优化的工资比率与人力资源制度水平反向相关，即人力资源制度水平的提升，能够有效降低中小商业银行员工的收入差距。

由式（11-9）和式（11-13），可以得出高层次人力资本员工人数均衡增长率关系式，该均衡增长路径取决于人力资源制度水平决定及其他因素的数量关系：

$$\frac{\dot{h}}{h} = y(e) = \left(\frac{(\gamma\beta)^\beta}{\gamma+\beta}\right)\left(\frac{r}{\varphi}\right)^{1-\beta} \qquad (11-16)$$

4. 中小商业银行人力资源建设的福利经济分析。该福利经济分析以中小商业银行利益相关者为主体范畴，以相关主体直接或间接参与经营管理活动获得的效用优化为条件，旨在揭示中小商业银行人力资本提升对于中小商业银行均衡收益增长率的影响关系。

中小商业银行的整体收益包括了产品收益和人力资本价值增加两部分：

$$Y = y(g) + y(e) = \omega(\beta + A)h \qquad (11-17)$$

其中，$\omega = (\gamma^\beta\beta^{\beta-1})/(\gamma+\beta)(r/\varphi)^{1-\beta}$。

以 N 表示总人数，进一步可推导人均收益的函数如下：

$$y = \frac{Y}{N} = \omega(\beta + A)v \qquad (11-18)$$

其中，$v = h/N$，表示高人力资本人数占总人数的比重。从式（11-18）可以看出，人均收益是关于产出弹性 β、技术进步系数 A 以及 v 的线性函数，是关于人力资源建设 γ 的非线性函数。此时，我们构建中小商业银行总体福利的效用函数如下：

$$u(c) = \int_0^t \frac{c^{1-\sigma}-1}{1-\sigma}e^{-\rho t}dt \qquad (11-19)$$

式（11-19）效用函数为即期效用函数，其替代弹性 $-cu''(c)/u'(c)=\sigma$。该效用函数具备两个特点：第一，$0<\sigma<1$ 时，$c^{1-\sigma}$ 与 σ 呈正向关系；$\sigma>1$ 时，$c^{1-\sigma}$ 与 σ 呈反向关系，$(c^{1-\sigma}-1)$ 除以 $(1-\sigma)$ 保证了消费的边际效用为正。第二，$\sigma\rightarrow1$ 时，效用函数简化为 $\ln c$。根据索罗、戴维罗默的观点，技术进步系数 A 与人均物质资本的有效劳动紧密相关，为此，我们假设：

$$A=\tau k \qquad (11-20)$$

结合式（11-18）和式（11-20），可以得到人均资本的边际增长 $\dot{k}=\omega(\beta+\tau k)v-c-\eta k$，在此基础上，构建相应的拉格朗日函数为

$$H=\frac{c^{1-\sigma}-1}{1-\sigma}+\lambda[\omega(\beta+\tau k)v-c-\eta k] \qquad (11-21)$$

令 $\partial H/\partial c=0$，$-\partial H/\partial k=\dot{\lambda}-\rho\lambda$，$\rho$ 为员工人数增长率，$\lim_{t\rightarrow\infty}k(t)\lambda(t)e^{-\rho t}=0$，则得到

$$c^{-\sigma}=\lambda \qquad (11-22)$$

$$\frac{\dot{\lambda}}{\lambda}-\rho=-(\omega\tau v-\eta) \qquad (11-23)$$

将式（11-22）微分并代入式（11-23），可以得到

$$\frac{\dot{c}}{c}=\frac{1}{\sigma}(\omega\tau v-\eta-\rho) \qquad (11-24)$$

$$g_y=\frac{\dot{c}}{c}=\frac{1}{\sigma}(\omega\tau v-\eta-\rho) \qquad (11-25)$$

式（11-25）是反映中小商业银行均衡收益增长率的关系函数，人力资源制度水平、高水平人力资本人数比率、跨期折现率、中小商业银行从业人数增长率是影响中小商业银行均衡收益增长率的主要变量。人力资源制度水平、人力资本水平是中小商业银行绩效提升的正向显著因素。

11.2.2 战略逻辑、经济机制及绩效总结

中小商业银行发展战略对其人力资本提出了较高的要求，在市场招聘渠道和内部教育培训渠道构成的人力资本提升路径中，由于发展战略赋予的创新要求和经营管理能力要求的大幅提高，以及中小商业银行发展逐步对自身禀赋要求的人力资源资产专用性的依赖，人力资本需着力提升。依

据存量人力资本与发展战略目标要求存在一定差距，匹配发展战略目标的较高人力资本支撑要求迫切的典型性事实，我们构建了表达中小商业银行人力资本状况和发展要求的生产函数；同时，基于人力资源制度在中小商业银行发展战略中的地位和作用，结合中小商业银行人力资源制度中长期绩效较低、影响作用需要着力彰显的状况，构建了人力资源制度形成产品产出、人力资源制度形成人力资本产品的二维产出指标。然后通过局部均衡的经济学静态分析、比较静态分析，得出中小商业银行人力资源制度的有效实施，有力促进均衡产出增长，有效实现公平和效率双向递进的帕累托改进效率，并形成了中小商业银行人力资源制度作用下人力资本提升的有效路径，完成了中小商业银行人力资本提升的战略逻辑的勾勒。总体来看，中小商业银行人力资源制度安排实现了最终产品产出和人力资本提升的双重产出绩效［见以上模型构建中的式（11-1）、式（11-17）］；中小商业银行人力资本提升有效降低了福利差距，实现了兼顾公平下的效率改进［见以上模型构建中的式（11-5）、式（11-13）、式（11-14）、式（11-25）］；人力资源制度在保障中小商业银行产出均衡增长、吻合员工成本效益权衡下微观理性选择的条件下，能够沿着均衡路径，实现人力资本的持续有效提升［见以上模型构建中的式（11-16）］。

相关经济机制为：在以凸显低人力资本提升为特征的产出函数基础上，中小商业银行收益最大化的约束形成了高人力资本和低人力资本工资率的依赖关系［见以上模型构建中的式（11-2）、式（11-3）、式（11-5）］；人力资源制度是人力资本提升和产出增长的重要因素，员工劳动投入在经营管理和人力资本提升两方面形成了相互关联的有效分配，从而沟通了经营管理产出和人力资本增量的关联关系［见以上模型构建中的式（11-6）］；在满足以经营管理产出和人力资本增量为构成的总产出最大化目标和主动吻合员工理性选择目标的双重条件下，人力资源制度能够有效促进福利公平和效率提升，实现帕累托效率改进的长期均衡。至此，人力资源制度促进效率、促进公平的循环经济机制形成，人力资源制度的内生性特征彰显：人力资源制度有效提高产品产出和人力资本增量，双重产出绩效提高效率并提高福利水平，绩效增加和福利改进促使更多的员工有效参与人力资本提升的建设活动中来，进而形成了更好的人力资本提升效果，进一步促进经营管理产出效率。人力资本提升经济机制的有效运行，依赖于协同总体战略的人力资本子战略的科学确立和有效实施。

11.2.3　实证分析

11.2.1 节基于中小商业银行人力资源建设战略逻辑和经济机制研究目的，考虑商业银行投入和产出多元化的特征和属性，将商业银行投入产出四种计算方法中的投入和产出统一到柯布—道格拉斯生产函数的投入和产出的一般范畴中，利用柯布—道格拉斯生产函数便于理论演绎中刻画经济机制的分析优势，突出中小商业银行的三类重点因素，构建我国中小商业银行人力资本提升模型，实现对中小商业银行人力资本提升战略逻辑和经济机制的理论分析。本节研究的主题是进一步实证分析中小商业银行人力资本制度、物质资本、人力资本对投入产出能力的影响关系，研究目的决定了需要将抽象的柯布—道格拉斯生产函数替换为可以准确度量的其他函数形式。基于以下三方面认识，本节选取广义 Malmquist 生产率指数作为衡量中小商业银行投入产出能力的替代指标：第一，上节理论分析凸显了中小商业银行人力资本制度形成了双重绩效，即对中小商业银行贷款和利润等的产出绩效及人力资本提升绩效。人力资本制度一方面作用于人力资本提升；另一方面，人力资本制度通过广泛作用于中小商业银行的企业战略、市场定位、经营管理创新、规模扩张、公司治理等层面，形成经营管理产出绩效。因此，被解释变量应是涵盖人力资本制度及人力资本作用范畴的综合性指标。第二，基于商业银行金融中介服务的职能，商业银行的投入和产出具有多元化的特征，银行经营管理定位、方式、工具、产品创新，以及规模扩张对于银行服务能力的改善具有显著绩效，因此，在实证环节狭隘地研究中小商业银行投入和产出的量化关系并没有太大的意义，实证分析价值的确立，在于侧重于中小商业银行投入产出对于资源配置能力的考量，以反映人力资本制度及人力资本等投入对于产出的影响绩效。第三，随着前沿分析确立了银行投入产出的最优生产边界，进而通过计算广义 Malmquist 生产率指数考量实际投入产出和最优生产边界的偏离程度，反映银行投入产出的资源配置和绩效程度，因而成为反映中小商业银行投入产出能力和绩效的较好方法和指标选择。

1. 数据来源、模型设定与变量说明。本节依然选取 2001—2010 年由 12 家股份制商业银行、46 家城市商业银行、13 家农村商业银行组成的我国中小商业银行相关非平衡面板数据，实证分析人力资源制度对于人力资本水平和中小商业银行绩效的影响关系。数据来源于 Bank Scope，《中国金融年鉴》（2001—2010）、《中国统计年鉴》（2001—2010），各银行相关年份的年度报告。

依据以上分析，我们选取中小商业银行投入产出能力为被解释变量，中小商业银行的物质资本、人力资本、人力资本建设水平等因素相关指标为核心解释变量，业务发展、风险管理、信息科技建设、金融生态环境、经济状况及经济全球化因素等相关指标为控制变量，构建类似于第 4 章的方程计量模型：

$$GMPI_{it} = \alpha X_{it} + \beta Z_{it} + \mu_i + \eta_t + \varepsilon_{it} \qquad (11-26)$$

其中：$GMPI_{it}$ 为被解释变量，X_{it} 表示核心解释变量组成的向量，Z_{it} 表示控制变量向量；α 表示核心解释变量向量的系数，β 表示控制向量变量的系数，η_t 为影响的时间趋势，μ_i 反映行间差异，ε_{it} 是随机扰动项。

理论分析凸显了中小商业银行人力资源制度形成了双重绩效，即对中小商业银行贷款和利润等的产出绩效及人力资本提升绩效。人力资源制度一方面作用于人力资本提升；另一方面，人力资源制度通过广泛作用于中小商业银行的企业战略、市场定位、经营管理创新、规模扩张、公司治理等层面，形成经营管理产出绩效。因此，被解释变量选择涵盖人力资源制度及人力资本作用范畴的中小商业银行投入产出能力变量：广义 Malmquist 生产率指数。

核心解释变量具体分量包括：（1）人均物质资本投入（log（PC））。用人均固定资产投入、人均无形资产投入、人均银行资本三项和的自然对数表示。（2）人均人力资本投资（log（HC））。用人均薪酬、人均教育和培训等费用的和的自然对数表示。（3）人力资源制度（HR）。从理论分析可知：$\gamma = (\frac{\varphi\beta}{r})v$，即人力资源制度水平是与较高人力资本水平紧密联系的变量，因此，选择用本科及以上学历人员占总人数比重作为人力资源制度的代理变量（Proxy Variable）；同时，考虑公司治理体制对于人力资源制度的约束和重要影响，选择是否上市、申请上市或跨区域经营（IPO）虚拟变量作为人力资源制度水平衡量的制度约束指标，IPO 为 1 代表在样本其间上市、申请上市或已跨区域经营，否则为 0。（4）银行类型。同第 4 章，设置了加以区别的银行类型的虚拟变量。JSCBS、CCBS、RCBS 分别代表股份制商业银行、城市商业银行、农村商业银行。哑变量取值 1 表示某一类特指的银行，为 0 代表其他类型银行。

控制变量向量，包括业务发展水平、风险管理水平、信息科技水平等内部指标，以及金融生态环境、信贷和经济状况、经济全球化的外部指标，具体包括：（1）业务发展指标。用资本收益率（ROE）、总资产的自然对数（log（ASSET））表示。（2）风险管理指标。用不良贷款比率（NPLR）、存贷比率（LR）表示。（3）IT 治理和信息化建设。以网上银行业务市场占有率（OBMS）表示。（4）金融生态环境指标（CMI）、经济发展和贷款规模指标、资本市场发展程度（SMVR）指标、经济全球化程度（EGI）指标均同于第 4 章。

2. 实证分析结果。在实证分析时，本章对面板数据做了单位根检验、F 检验和 Hausman 检验（具体检验方法同第 4 章）。检验显示计量模型各变量总体来说一阶单整，进而得出相关变量协整；甄别得出固定效应分析更为适合。需要说明的是：第一，一阶单整基础上得出的协整，表明相关面板数据变量具有稳定的长期关联关系，可以建立多元计量模型，利用原始面板数据，进行计量分析。针对相关变量内生性问题，计量处理有两种思路：一种思路是考虑内生性，建立联立方程；另一种思路是建立多元单方程计量模型，并尽量减弱内生性影响造成的估计偏误。中小商业银行投入产出多元化的特征，使得内生性因素关系繁多而复杂，难以建立清晰反映内生关系的联立方程，因此，我们采纳第二种思路，建立单方程计量模型，并通过纳入人力资本滞后变量、物质资本滞后变量，纳入多种控制变量，减弱或克服内生性造成的估计偏误。第二，固定效应分析的检验结果也与实际判断相吻合。不同效率层次的单体银行间，固定效应项（μ_i）中影响人力资本的潜在因素所起的作用和影响程度不同，导致单体银行之间的固定效应项（μ_i）不同；而对于同一单体银行而言，上述潜在因素持续影响单体银行中人力资本时间序列，因而应为固定效应分析；固定效应分析通过差分消除了中小商业银行的不同固定效应影响，同时考虑了固定效应项和人力资本水平变量的相关关系。

实证分析结果如表 11 - 2 和表 11 - 3 所示。表 11 - 2 为不考虑中小商业银行类型的情况，表 11 - 3 为介入中小商业银行类型虚拟变量的情况。表 11 - 2 中模型 1、模型 2、模型 3、模型 4 的修正 R^2 分别为 0.907、

0.894、0.883、0.862，Hausman 检验值在 5% 的水平上是显著的，表明这里的固定效应模型设定是可靠的，因此它们较好地揭示了解释变量对被解释变量的影响关系。模型 1 描述了不考虑人力资源制度及公司治理特征变量时，在控制变量约束下，物质资本和人力资本对中小商业银行效率的回归结果；结果显示物质资本和人力资本的当期项、滞后一期项对于中小商业银行广义 Malmquist 生产率指数影响均显著。模型 2 介入人力资本建设因素，实证结果显示：人力资源制度对于中小商业银行广义 Malmquist 生产率指数影响显著，同时，由于人力资源制度具有产品产出和人力资本提升的双重绩效，人力资源制度因素介入，修正了物质资本和人力资本对于广义 Malmquist 生产率指数的影响水平和误差程度。模型 3 进一步介入公司经营治理的虚拟变量，考量得出上市、即将上市或跨区域经营对于中小商业银行绩效具有显著的影响作用；其经济机制为：申请上市中小商业银行经营管理按达标要求实施，包括人力资源制度水平在内的各类经营管理水平加强提升，规模效应、技术进步效应显著；上市银行融资获得和上市治理规范促使其绩效进一步彰显；跨区域经营获得了规模效应和异地管理的人力资本需求，绩效逐步显现。模型 4 通过交互项（IPO·HR）的引入，进一步考量上市、即将上市或跨区域经营对于人力资源制度的影响，结果显示：上市、即将上市或跨区域经营的中小商业银行的人力资源制度水平，对于广义 Malmquist 生产率指数影响的显著系数为（0.150 + 0.085），较其他类型中小商业银行而言更为突出。在表 11 - 2 各个模型计量回归结果中，内部控制变量和外部控制变量的影响效果明显；资本市场水平的影响不显著，主要缘由为我国间接融资为主的结构性特征所致。

表 11 - 2　　　　　　中小商业银行人力资本制度、
人力资本以及投入产出能力回归估计结果

	模型 1	模型 2	模型 3	模型 4
C	0.426 **	0.382 **	0.326 **	0.319 **
	(0.048)	(0.065)	(0.072)	(0.063)
log（PC）	4.837 *	4.538 **	4.184 **	4.066 **
	(0.108)	(0.012)	(0.010)	(0.009)
log（PC）$_{t-1}$	3.157 *	3.116 *	3.044 **	3.105 **
	(0.112)	(0.131)	(0.059)	(0.036)

续表

	模型 1	模型 2	模型 3	模型 4
log（HC）	3.096**	2.863**	2.787**	2.441**
	(0.076)	(0.003)	(0.063)	(0.059)
log（HC）$_{t-1}$	4.252**	4.283**	4.167**	4.038**
	(0.062)	(0.051)	(0.066)	(0.051)
HR	—	0.159**	0.153**	0.150**
		(0.029)	(0.027)	(0.033)
IPO	—	—	0.132**	0.115**
			(0.038)	(0.231)
IPO·HR	—	—	—	0.085**
				(0.063)
ROE	0.083**	0.068*	0.059*	0.056**
	(0.062)	(0.161)	(0.198)	(0.056)
log（ASSET）	0.107**	0.102*	0.083*	0.079**
	(0.162)	(0.065)	(0.091)	(0.075)
NPLR	-0.275**	-0.269*	-0.205*	-0.148*
	(0.042)	(0.082)	(0.083)	(0.087)
LR	0.247**	0.321*	0.184*	0.178**
	(0.066)	(0.078)	(0.051)	(0.044)
OBMS	0.256**	0.249*	0.195*	0.186**
	(0.023)	(0.094)	(0.089)	(0.012)
CMI	0.195**	0.148	0.291*	0.227*
	(0.352)	(0.041)	(0.082)	(0.068)
LAPG	0.128*	0.115*	0.107**	0.114*
	(0.923)	(1.044)	(0.042)	(0.082)
GDPR	0.368**	0.355**	0.338**	0.259*
	(0.059)	(0.076)	(0.033)	(0.071)
SMVR	-0.087	-0.063	-0.358	-0.294
	(1.485)	(0.677)	(0.823)	(0.642)
EGI	0.128*	0.104*	0.093*	0.107*
	(0.105)	(0.109)	(0.201)	(0.138)

续表

	模型 1	模型 2	模型 3	模型 4
Hausman 检验值	59. 448 **	58. 596 **	58. 753 *	57. 995 *
	(0. 0000)	(0. 0001)	(0. 0749)	(0. 0884)
F 统计量	164. 277	161. 347	160. 798	160. 396
样本容量	675	675	675	675
修正的 R^2	0. 907	0. 894	0. 883	0. 862

注：（1）括号中的数是标准误差；（2）＊＊、＊分别表示在5%和10%的显著性水平下显著。

表 11 – 3   我国中小商业银行类型区别下的计量回归估计结果

	模型 5	模型 6	模型 7	模型 8
JSCBS	0. 109 **	0. 192 **	0. 188 **	0. 183 **
	(0. 045)	(0. 032)	(0. 028)	(0. 044)
CCBS	0. 102 **	0. 096 **	0. 092 **	0. 087 **
	(0. 065)	(0. 060)	(0. 055)	(0. 053)
RCBS	0. 098 **	0. 075 **	0. 081 **	0. 079 **
	(0. 023)	(0. 013)	(0. 039)	(0. 041)
log（PC）	4. 726 **	4. 263 **	4. 175 **	4. 001 **
	(0. 033)	(0. 021)	(0. 011)	(0. 009)
$\log（PC）_{t-1}$	3. 105 **	3. 084 **	3. 116 **	3. 023 **
	(0. 045)	(0. 030)	(0. 019)	(0. 014)
log（HC）	3. 075 **	2. 567 **	2. 603 **	2. 385 **
	(0. 057)	(0. 023)	(0. 042)	(0. 053)
$\log（HC）_{t-1}$	3. 773 **	3. 815 **	3. 764 **	3. 566 **
	(0. 063)	(0. 047)	(0. 062)	(0. 055)
HR	—	0. 177 **	0. 160 **	0. 126 **
		(0. 037)	(0. 034)	(0. 026)
IPO	—	—	0. 144 **	0. 125 **
			(0. 031)	(0. 072)
IPO · HR	—	—	—	0. 091 **
				(0. 069)
ROE	0. 091 **	0. 066 **	0. 062 **	0. 050 **
	(0. 057)	(0. 048)	(0. 077)	(0. 059)

续表

	模型 5	模型 6	模型 7	模型 8
log（ASSET）	0.118*	0.106*	0.087*	0.083**
	(0.174)	(0.059)	(0.076)	(0.069)
NPLR	-0.283**	-0.276*	-0.245*	-0.153*
	(0.041)	(0.066)	(0.073)	(0.042)
LR	0.205**	0.249*	0.174*	0.163**
	(0.072)	(0.077)	(0.036)	(0.041)
OBMS	0.237**	0.211*	0.205*	0.189**
	(0.030)	(0.054)	(0.075)	(0.031)
CMI	0.212**	0.148*	0.205*	0.157**
	(0.048)	(0.907)	(0.058)	(0.047)
LAPG	0.155**	0.106**	0.115**	0.092*
	(0.081)	(0.727)	(0.033)	(0.063)
GDPR	0.206**	0.331**	0.298**	0.272**
	(0.063)	(0.074)	(0.042)	(0.047)
SMVR	-0.069	-0.071	-0.201	-0.284
	(1.625)	(1.368)	(1.411)	(1.338)
EGI	0.186**	0.165*	0.142*	0.108*
	(0.071)	(0.115)	(0.228)	(0.127)
Hausman 检验值	57.644**	57.493**	57.606**	57.325**
	(0.0015)	(0.0007)	(0.0082)	(0.0073)
F 统计量	162.627	161.535	161.492	160.755
样本容量	675	675	675	675
修正的 R^2	0.905	0.877	0.874	0.885

注：（1）括号中的数是标准误差；（2）**、*分别表示在 5% 和 10% 的显著性水平下显著；（3）计量模型设置去掉常数项，可避免虚拟变量设置中的多重共线性问题。

表 11-3 介入中小商业银行类型虚拟变量，以凸显中小商业银行结构，区分股份制商业银行（JSCBS）、城市商业银行（CCBS）、农村商业银行（RCBS），进行计量回归的敏感性检验。模型 5、模型 6、模型 7、模型 8 的结果表明，除一些系数值有小幅变动外，模型的显著性、相关因素关联关系没有发生显著变化，模型的稳定性较好。

以上研究结论具有较强的政策含义。由于中小商业银行人力资源制度具有提升人力资本水平、实现产出增长的双重绩效，结合当前全新经济金融形势和趋势下中小商业银行转型战略对于人力资本提升的显著需求，中小商业银行需要依据人力资源制度的战略逻辑、中长期经济机制，从全局和普遍联系的高度确立人力资本战略，加强人力资本与总体战略的匹配性，加强人力资本战略和其他子战略的协同性，形成短期因素和长期因素有效结合的高效、特色、健全的人力资源制度，努力实现低层次人力资本向高层次人力资本的转化和积聚，塑造吻合总体战略要求、体现自身资源禀赋、资产专用性特征突出的人力资本，提高人力资本的核心竞争力。本章从全局及普遍的视角，揭示和刻画人力资本提升的战略逻辑、经济机制和绩效功能，发挥了有效明确人力资本在总体战略中的定位、机制和功能的理论价值和指导作用，这对于进一步系统性的人力资源制度的内部体系构建和机制设置，对于进一步改革和形成涵盖岗位管理、薪酬管理、绩效管理、培训管理、运营监督管理的现代市场化人力资本体系，也搭建了较好的理论基础和制度环境。进一步来看，人力资源管理体系建设工作成为进一步凸显的关键问题，也构成了我们以下研究的主题。

11.3 我国中小商业银行人力资源建设目标和重点任务

1. 目标

总体目标是：匹配中小商业银行"沿着高效、稳健、可持续的方向发展，建立特色鲜明、服务优良的现代银行，实现多层次、差异化、特色化发展和有效市场竞争、动态匹配经济社会发展需求，充分服务地方经济、中小企业、城乡居民的和谐金融需求"的总体发展战略，有效契合经营管理各子战略，逐步建立和形成有效健全、特色突出的现代市场化人力资源管理体系，大力提高人力资本的数量和质量，塑造和强化人力资源的资产专用性，提升人力资源的核心竞争力，保障发展战略有效实施和稳健推进。

为实现以上目标，要突出坚持党管干部、党管人才的原则，科学性和继承性有效结合的原则。坚持"党管干部、党管人才"的原则，是中小商业银行公司治理中党委特殊、有效、重大治理职能的体现，是中小商业银行经营管理特色、金融安全和服务地方经济职能发挥的反映，是人力资源自身建设匹配公司治理、业务发展、流程改造、风险管控及其他配套子战略实施的体现，是中小商业银行人力资源建设职能和绩效发挥的保障；科学性和继承性相结合的原则，主要表现为三个层面：一是中小商业银行要立足实际，以总体目标为导向，以阶段性发展战略目标为依据，立足实际，统筹规划，安排次序，逐步改革人力资源管理，实现人才规模、人才结构、激励约束机制和总体改革推进的匹配性，有效支撑阶段性改革目标的实现；二是在逐步引入先进、市场化的管理体系、机制、工具的同时，要充分结合发展阶段和发展趋势的要求，结合实施和推动的经营管理环境的配套状况，同时，要继承和发扬固有的人力资源建设好的特色做法，做到既有效吸纳先进做法，又注重特色塑造，形成科学性和继承性有效结合的人力资源建设特征；三是在人力资源建设中，一方面要把握岗位管理、薪酬管理、绩效管理、培训管理、运营监督管理的体系设计、实施的系统性、协同性、有效性、有机性，另一方面要坚持存量人员人力资本有效挖掘、大力提升、合理配置的基本思路，把存量人员尽量塑造、动态配置到增量岗位中去，同时，择机引进人才，实现人才配置内部培养、外部引进适当补充的人才配置机制。

2. 重点任务

岗位管理是人力资源管理体系的基础，要建立健全宽幅多级的岗位管理体系，包括科学设计员工岗位方案、建立跨序列的岗位流动和晋升机制、完善岗位评估管理体系。

绩效管理是人力资源管理体系的关键点，要建立健全以价值为导向的绩效管理体系，包括完善绩效指标体系、优化领导干部绩效管理、加强绩效管理体系基础建设。

薪酬管理是人力资源管理体系的核心，要建立健全有市场竞争力的薪酬管理体系，包括完善薪酬资源配置机制、完善绩效工资分配办法、完善优秀人才激励和岗位工资保障机制。

教育培训管理是人力资源管理体系的保障，要建立健全全方位、全过程的教育培训体系，包括建立健全教育培训组织管理体制、设计开发分层分类的培训项目和核心课程体系、切实加强培训管理机制建设。

要按照现代人力资源管理理念，加快推动人力资源业务流程、管理模式和信息管理系统的全面改造，建立健全专业化的人力资源运行管理体系。

11.4 我国中小商业银行人力资源建设策略

我国中小商业银行人力资源建设策略，需要注重加强六个方面：优化岗位管理体系，夯实人力资源建设基础；确立人员规划，优化人力资源管理机制；加强员工教育培训，提升人力资本水平；坚持战略导向，加强绩效考核；建立兼具公平和效率功效的薪酬管理体系；提升人力资源运营管理水平；构建以和谐为主要内容的提升员工幸福感的人力资源文化建设。

11.4.1 优化岗位管理体系，夯实人力资源建设基础

1. 修正岗位设置，明确岗位职责。岗位设置的核心是依据总体战略、公司治理框架、流程再造、信息科技管理、人力资源特点和状况安排岗位，并确立岗位内容和职责。岗位安排要按照全面覆盖、合理划分、围绕核心职责、层级集约、管理幅度和工作负荷适度、多维度和多路径发展通道塑造的原则，梳理、修正、改进工作内容和流程，遵循业务流程安排岗位，确立岗位任职条件，明确岗位内容和职责。岗位设置是动态改进的过程，随着阶段性重点工作、组织架构的变化而动态调整。

2. 确定岗位类别和序列。岗位分类就是按照岗位性质、内容等对具有相似性的岗位，按照流程、绩效、薪酬、任职资格等相似程度确定职类，进而在职类内依据职责或人员素质程度等确定职种，并在相同职种中细化岗位。岗位分类有利于塑造员工职业发展路径，设置有效的激励约束机制。

3. 优化员工职务晋升制度，扩展员工职务晋升渠道。依据岗位分类，细化员工职务序列和专业职级序列，实现员工多元化发展，人尽其才，才尽其用，实现员工职业生涯的可持续发展。

4. 科学评估岗位，确定岗位等级。岗位评估是基于岗位内容和岗位履行状况，通过岗位权限和职责、岗位绩效、岗位职责的明确程度和执行难度、岗位职责履行所需要的知识技能广度和深度等多维度权衡，确立组织中各类岗位的相对价值，进而形成岗位等级。

11.4.2 确立人员规划，优化人力资源管理机制

1. 确立与阶段性发展要求匹配的人员规模。综合考虑发展战略、人均指标要求、流程改革要求和存量人员结构情况，合理规划人员规模，引进

优秀人才，壮大在职人才队伍，优化人力资源结构。

2. 明确岗位任职要求，实行多元化和差异化的人才评价和人才招聘机制。形成包含行为能力、专业知识和技术经验要求的岗位任职标准，为人员招聘和选拔人才提供依据。依据岗位任职资格差异，运用多元化的测评工具和方式，选择与岗位匹配的人才。

3. 形成运行有效的人员退出机制。自然减员和主动减员是人员退出的两条基本路径。自然减员是指在岗退休及主动辞职等行为造成的人员变动。主动减员是解除、终止劳动合同导致的减员。在实施有效的激励约束机制和维护人员流动的稳定状态条件下，要加强主动减员的制度和机制建设，督促不合格人员的学习和提高，直至淘汰不合格人员，确保人员素质的提升和人员结构的优化。

11.4.3　加强教育培训，提升人力资本

1. 加强任职资格、履职能力和职务晋升培训为主要内容的员工岗位培训。以岗位任职要求为核心，沟通任职资格培训、履职能力培训、职务晋升培训相互关联，形成梯次化培训安排，实现全过程、有效契合人才需求和个人职业远景，促进银行与员工间的协同发展。岗位任职培训要依据岗位分类和岗位对知识、技能、能力要求，开发全面、系统、层次化的岗位任职课程体系，逐步实施岗位任职资格培训和考试。履职能力培训要针对各类人员的差异化培训。要重点确立针对高级管理人员、中层管理人员、基层管理人员、专业技术序列人员等的差异化人力资源培训要求，实施针对性、差异化的员工教育培训。

2. 创新形式，加强培训队伍建设。在职教育和培训是加强人力资源建设的重要途径，要通过涵盖课堂演示、远程教育、师徒结对、岗位轮换、委托培养、外派学习等多样化培训途径和方式，提高员工的人力资本水平；建立内部培训师的选拔、培训、使用相关制度规则，设立并完善内部培训师的职务序列，加强内部培训师队伍建设；建立内部、外部师资互补协调的工作机制，通过聘任外部专家的兼职教学，弥补内部师资的结构性缺陷和不足，形成优质、充沛的培训师资力量。

11.4.4　坚持战略导向，加强绩效考核

1. 构建目标导向清晰、层次覆盖全面的绩效指标体系。将战略目标指

标分解到分支机构、部门直至岗位，形成个体绩效和总体绩效相互联系、相互支撑的有效战略局面。在操作性上把岗位管理、绩效管理、薪酬管理协同推进，形成立体、全面的操作标准。平衡记分卡是理论和实践上已形成的科学的人力资源战略管理工具，要合理使用平衡记分卡，形成人力资源的战略指标体系，以及战略指标分解实施的具体指标体系。相关考核指标应覆盖全面，重点突出，结构合理。其中，员工绩效指标设计和考核，要遵循岗位差别实施差异化的绩效指标考核体系。

2. 加强绩效管理流程再造。实施绩效计划、绩效辅导、绩效评估和绩效激励的管理步骤，从而发挥绩效管理实现战略目标、沟通员工意愿、激励员工、提升员工职业发展路径的功效。

11.4.5 建立兼具公平和效率功效的薪酬管理体系

1. 坚持战略导向和市场化导向，建立对内公平且具有市场竞争力的薪酬指标体系。内部公平性一方面是指薪酬分配要根据岗位级别高低、个人能力大小和实际绩效程度，适当拉开分配差距；另一方面是指薪酬分配的差距要控制在科学合理的范围内，适当兼顾公平。薪酬改革在充分考虑内部公平性基础上，参考市场同类岗位的薪酬水平，实施岗位工资绩效制。

2. 增强长期激励和福利建设。实施企业年金制度，依据相关政策和法规展开股权激励计划，建立长效激励约束机制；创新福利项目和分享方式，改变福利使用的平均主义，适当拉大福利差别，逐步提供可自愿选择的福利项目。

11.4.6 提升人力资源运营管理水平

1. 强化人力资源战略管理，构建契合内外部要求的人力资源管理体系。人力资源管理的模式要不断创新，结合经营管理需要和人力资源管理要求，实施嵌入经营管理单元等人力资源管理新模式，实现人力资源管理目标和要求的有效实施和有力运行。人力资源管理部门的职能要逐步从事务性管理向战略管理、咨询功能转变，实现人本为先、客户至上、先进高效的运营平台。

2. 提供技术支撑和制度保障。适时加强人力资源管理系统建设，不断完善人力资源制度建设，以高效、先进、契合自身特征的管理系统，以及健全有效的规章制度，保障人力资源建设的有效推进。

11.4.7 构建以和谐为主要内容的提升员工幸福感的人力资源文化建设

1. 确立企业核心价值体系，加强和谐企业文化建设。和谐文化反映中小商业银行利益相关者总体认识、基本理念和价值追求，体现崇尚和谐、尊重差异、包容多样、追求创新、以人为本，核心价值体系是中小商业银行和谐文化建设的关键和根本。要加强继承和发展要求下的和谐文化建设，并注重广大员工在创建和享受和谐文化成果基础上提升人力资本素质。

2. 加强人力资源建设，提升员工幸福感。要确立"幸福自我、幸福他人、幸福企业、幸福社会"的幸福愿景，加强匹配总体战略、吻合自身禀赋和外部要求、科学有效的人力资源体系建设，提升广大员工工作的自尊感、自豪感和幸福感。

本章依据中小商业银行转型战略要求、人力资本状况、人力资源制度现状，构建反映低层次人力资本向高层次人力资本转化、反映人力资源制度功效、涵盖产品产出函数和人力资本提升函数的二维生产函数，通过局部均衡分析，刻画中小商业银行人力资本提升的战略逻辑和经济机制，揭示了人力资源制度的有效实施，能够促进中小商业银行人力资本提升，增进产品产出，实现帕累托效率改进。实证分析选取 2001—2010 年我国 71 家中小商业银行经验面板数据，以体现投入产出多元化特征、综合反映中小商业银行投入超产出能力的广义 Malmquist 生产率指数作为被解释变量，以中小商业银行人力资本、人力资源制度、物质资本为核心解释变量，以业务发展、风险管理、信息科技建设、金融生态环境、经济状况及经济全球化因素等相关指标为控制变量，并设置了上市或跨区域经营等因素对人力资源制度的交互项，通过固定效应面板数据分析和敏感性检验，支持了相关理论命题。我国中小商业银行人力资源建设的目标是逐步建立和形成有效健全、特色突出的现代市场化人力资源管理体系，大力提高人力资本的数量和质量，塑造和强化人力资源的资产专用性，提升人力资源的核心竞争力。坚持党管干部、党管人才的原则以及科学性和继承性有效结合的原则，重点加强七方面策略：优化岗位管理体系，夯实人力资源建设基础；确立人员规划，优化人力资源管理机制；加强员工教育培训，提升人力资本水平；坚持战略导向，加强绩效考核；建立兼具公平和效率功效的薪酬管理体系；提升人力资源运营管理水平；构建以和谐为主要内容的提升员工幸福感的人力资源文化建设。

12 中国中小商业银行
发展战略实施的配套支撑

　　本章研究我国中小商业银行发展战略重点之七：区域金融生态环境建设。区域金融生态环境是中小商业银行改革和发展的支撑和保障，区域金融生态环境由地区经济基础、金融发展、政府治理、制度文化四方面因素构成（李扬、王国刚，2011）。实现经济金融的良性互动发展，是区域金融生态环境建设的重要目标。区域金融生态环境建设是系统性的复杂工程，在国家总体发展战略框架内，在金融发展战略要素驱动下，依据中小商业银行发展战略的外部要求和内在规范，中小商业银行发展的区域生态环境支撑需要建设和优化市场化的环境，并注重过渡期的渐进化的改革次序安排，重点需要加强三个方面：加强地方政府治理建设，促进金融服务公共职能的发挥；加强金融市场化改革，提供中小商业银行发展的协同支持；加强金融基础设施建设，改善中小商业银行发展的基础条件。以上三方面改革相互关联，协同一致，合力推进，形成我国中小商业银行区域金融生态环境的有效支撑。

12.1　加强地方政府治理，彰显金融服务的公共职能

　　地方政府的控制和支持是中小商业银行发展的显著环境因素，改革地方政府对中小商业银行控制的方式和程度，提高地方政府金融生态环境建设的公共品供给职能，是中小商业银行转型发展、差异化竞争、扩大金融服务的广度和深度、实现战略任务的重要改革内容。彰显地方政府金融服务公共职能，需要依据国家总体战略，以优化和强调地方政府考核目标为导向，通过建立与公共服务职能相匹配的可持续财政体系，实施地方国有企业改革、土地改革、人力资源培育和社会保障支持等要素市场改革，优化市场化改革中政府职能转变，拓展公共品供给中政府主导下市场参与的方式和程度，实现区域金融生态环境的着力改善，促进区域金融生态环境的配套支撑。

12.1.1　政府行为对地方金融生态的影响

1. 我国梯度推移的渐进式发展战略促成了地区金融生态环境差异较大的分布格局。东部地区率先发展，梯度推移带动中部、西北、东北地区发展，是改革开放以来我国经济发展的重要战略，是历史时期最优的制度安排，形成了我国地区经济发展水平差异加大、当前差异趋势回落的发展特征。非均衡的差异化政策涵盖了财政政策、税收政策、投资政策、金融政策等诸多方面，培育和塑造了不同发展水平和发展层次的制度安排、组织体系、经济基础、市场条件，地区金融生态环境的特征和水平差异较大，历年《中国地区金融生态环境评价》详尽揭示了地区金融生态环境差异的状况。

2. 分税制、大型国有银行垂直化管理改革、GDP 政绩考核等制度安排激励约束地方政府行为，加剧了地方政府对地方金融资源控制程度，经济建设和社会生态建设结构失衡的地区金融生态特征明显。

分权化经济改革实现了中央政府统筹协调、地方政府相互竞争的的权力配置格局，极大地促进了地区基础设施建设、商业化市场环境、民营经济的发展，以及地区经济增长、劳动力就业、社会稳定发展的繁荣局面。但同时，在分税制财政体制下，地方政府财权和事权匹配不足，GDP 考核指挥棒促使地方政府加强对金融的控制，获取政府主导投资活动的融资支持。大型国有商业银行垂直化改革，加剧了地方政府对地方金融的控制，同时，通过行政权力支配土地等要素价格，利用公共制度供给缺失的空间，行政支配市场准入、税收减免、收费标准等，形成了对于金融活动关键要素的行政控制，进而支配金融资源。

这种通过分权激励、行政控制资源、实施政府主导投资拉动的模式，对于地区金融生态环境形成了正向和负向并存的双重治理效果。有利的一面是：在着力实现经济增长的特定历史阶段，在市场化环境较为薄弱，市场要素运行的机制、制度、体系初步培育并不断彰显作用的氛围下，中央政府实施了要素驱动型的经济增长战略，分权化改革把地方政府纳入经济增长要素范畴，发挥地方政府和市场机制配置的双主体资源配置功能，配套实施劳动力、资本等一体化市场改革，利用各地区差异化的资源禀赋，实施地区竞争的激励机制，实现了全国经济的整体繁荣，形成了国有垄断和民营经济并存发展的格局，提高了经济发展的市场化程度，并渐进优化了国有垄断的方式和程度，垄断领域的市场化机制不断建立，促进了包括基础设施建设、市场化竞争体系和机制、金融服务的有效性和能力、社会就业、保障及人力资源的发展，金融生态环境不断培育、发展，水平逐步提高。同时，也带来了新的问题，约束和阻碍经济进一步发展，形成了政府职能转变的"瓶颈"，表现为：要素驱动型增长模式向内生增长型经济模式转型的总体战略安排，对地方政府的公共服务职能提出了更高的要求，改变经济建设职能，强化公共服务的政府职能改革需求迫切；但地方政府财权和事权严重不对称，以土地财政为特色的预算外财政和以地方融资平台贷款为途径的准财政，在政府主导推动发展中起着突出的作用，造成了行政控制资源，信贷依附行政，金融机构同质化发展特点突出；地方政府高度倾斜经济建设，中小商业银行政府控制程度高，社会经济公共制度、体系和系统的公共品供给长期相对薄弱，地方保护和地方壁垒形成，地方金融生态体系发展结构性失衡，形成了国有企业、中小企业、地方金融机构的市场化改革的基础性障碍。地方金融体系的运行广泛依赖于制度环境，以及其中的政治、经济、文化、法制等基础环境要素，金融系统的宏观环境和制度条件对微观机制的作用突出。因此，在中小商业银行发展战略中，微观金融改革的推进需要配套相应的外部金融生态环境的深度改革。

12.1.2　改革和优化地方政府治理的策略安排

1. 推进地方政府机构改革。地方政府应以公共职能建设为核心，努力实现政企分开、政资分开、政事分开、政府与市场中介组织分开；建立涵盖不同层级政府的职责清晰、结构合理、衔接充分的职责和职能体系；加强机构优化整合，积极探索实施大部门体制；加强地方政府职能履行中机构设置和运行研究，优化相关机构的设置和运行；针对地方政府议事机构杂乱过多、相应管理机构职能和权利削弱的状况，加强机构编制制度建设，有效管理议事协调机构和部门管理机构的设立、运行和协作；推进省管县体制改革；推进垂直机构和地方政府管理权责现状和优化机制的政策研究，协同和优化二者关系，促进协作绩效。

2. 建立与地方政府公共职能相匹配的财政体系。财政体系改革是政府职能改革的重要组成部分，是彰显政府公共服务职能，促进效率与公平的重要手段。改革财政体系，主要从以下几方面着手：第一，要从政府职能转变，以及未来社会经济、社会保障、人力资源建设、环境治理、公共品供给数量和品种增多等方面对公共财政可持续能力提出巨大挑战的视角，来设置公共财政体系，进而通过地方政府改善对银行贷款或有负债依赖，加强公共品供给的途径，改善地区金融生态。这是公共财政体系改革，改善地区金融生态的基本路径。第二，改革政府层级，实施三级财政。积极推进"乡财县管"试验和试点范围，探索减少乡镇层级，进而在省级以下逐步实施市、县财政同级，即实施财政的"省管县"体制，逐步将"五级财政"改革为"三级财政"。第三，合理划分中央财政和省级财政的财权和事权，增加地方财政收入，优化财政支出结构。可按照逐步退出一般性竞争领域，优化和控制垄断领域政府职能，倾向社会经济公共品供给的思路，进一步调整和补充中央财政、地方财政的财权和事权内容，合理划分财权和事权，譬如对基本养老等社保层次提高到全国统筹，以形成全国统一的劳动力市场，促进劳动力自由配置，并降低地方财政压力。通过增加机动车辆使用税、停车费、道路拥堵税、房产税、提高城乡居民工资收入等手段，增加地方财政收入。通过退出竞争性领域，加强政府主导下民营资本参与的公共品和准公共品供给模式，倾向高收入和城镇化趋势下社会保障、教育、医疗、基础建设投资，依据绩效调整基础建设投资的区域和项目等，调整和优化地方财政支出结构。第四，加强问责，提高地方财政的透明度。适时全面公开地方财政收支信息，提高透明度和社会监督；加强预算编制和预算执行的匹配性，促进编制和执行的指导性、科学性、制约性；针对地区差异和地区生态环境发展的侧重点和发展特征，中央政府实施对地方财政事权和财权匹配的动态评估机制，科学规划针对地方政府的中期财政规划，完善以社会经济系统要素为主要构成的地方政府绩效考核，形成对地方政府问责的可操作制度。

3. 实施城镇化进程中农村土地征用改革，清理规范地方融资平台贷款，审慎扩大预算内借款。第一，改变地方政府通过征地垄断权，利用征地价和市场价间的巨大价格差额获取巨大财政收入的现状。削弱政府征地垄断权，强制征地严格限制在纯公共品范围内，逐步实施城乡统筹的建设用地市场，在以农业土地市场价格征地基础上，将农业土地市场价格和城市使用土地价格的利差部分返还农户，并配套实施相关的资本利得税，从而建立整体收益公平分享的机制。各级政府应按照上级政府审查并批准的城市建设规划和土地利用规划，在村民和集体全程参与的机制中，合理有效实施征地工作。第二，清理规范存量地方融资平台贷款，强化公共基础建设投资的资本预算约束。2010 年至今由国务院主导、监管部门、银行、平台公司、地方政府参与的地方融资平台贷款清查整改已取得良好成效，通过银行债务风险防范和处置、平台公司分类治理、明确地方政府的偿债责任等措施，有效化解了存量融资平台贷款风险，较好地抑制了增量平台贷款的规模，提高了融资平台贷款的规范性。基于公共基础设施建设项目建设资金需求与地方财政收入的期限结构差异以及基础设施服务的成本与收益的代际分布特征，应在城市建设规划框架内，建立并强化公共基础设施建设投资的资本预算约束，建立并实施针对土地抵押融资的制度和监管体系，有效控制地方政府债务规模。第三，供给相应的制度和体系建设，使得地方政府进入资本市场融资。在我国经济融资改革推进中，应适时允许地方政府进入资本市场融资，这是地方政府隐性债务显性化的手段，同时符合公共基础建设投资成本收益承担主体的代际特征，也是国际经验较为成功的做法，有利于通过二级市场的市场纪律和信息披露促进地方政府的治理，提高财务的预算、管理及信息透明，也便于形成多样化地方融资的市场化手段，有效降低地方政府融资成本。同时，将政府债务纳入统一的一般预算管理。

　　4. 实施地方政府金融管理改革，形成所有者职能、监督者职能、金融行业发展推动职能供给充沛，机制顺畅，有效协调的良好局面。地方政府控制中小商业银行等金融机构是转型期促进地方经济发展和中小商业银行发展的较好的优化选择和制度安排，进一步改革应在国家、地区发展战略整体协调推进的过程中，根据政府融资多样化渠道的疏通以及金融生态环境改革的结构性变化，逐步减少地方政府对中小商业银行的控制，降低国有所有权的比重，形成规范中小商业银行履行部分政策性职能的制度安排，加强地方政府对中小商业银行监督管理，并逐步把所有权和监管职能分开，有效协调所有权、监督权以及地区金融行业促进职能。第一，应在逐步消除金融行业壁垒，实施市场化改革，政府融资来源多样化改革基础上，通过降低国有股比重、增强中小商业银行内部和外部的市场化治理，改革地方政府控制中小商业银行金融机构的程度和方式，减少地方政府对中小商业银行的控制和干预。第二，在地区金融业发展中，应明确地方政府所有权的机构分布、比重区间，以及拥有所有权的职能目标、委托代理机制和分工、所有权履行的绩效考核等内容，提高地方政府所有权体系的绩效。第三，建立省级金融监管框架，切实履行金融监督权力。当前存在的主要问题是地方政府对地区金融机构的权责失衡。地方政府承担了对地方金融机构最终风险责任，但监督权利缺失，而中央政府由于责任因素和监管力量等制约，规范和促进中小商业银行稳健发展的监管绩效不足，监管真空领域存在。中央政府应匹配地方政府对中小金融机构最终风险承担责任，赋予地方政府履行对相应金融机构的监督权。一种可供参考的改革模式是实施差异化分类监管，对于上市或即将上市的中小金融机构主要由国家层面监管，全国性中小商业银行由中央政府和省级政府协同监管，地方特色中小商业银行主要由相应政府监管。应依据中央和地方的监管分工政策，建立省级金融监管体系，设置监管框架，充实人员力量，强化监管手段和政策，增强省级监管能力，有效实现中央和地方监管的协同，弥补监管真空。第四，增强所有权、监督权和行业促进职能协同性。协同性的发挥要保证各类权利和职能的相对独立性，同时保持总体目标下的协调一致。所有权和监督权要逐步分开，由不同的部门分别承担。在明晰和形成了省级政府所有权和监督权相对独立运行实施的基础上，通过公共财政和市场化机制的搭配，加强公共品、准公共品的供给，促进总体规划框架内区域金融行业促进职能的发挥。

12.2　加强金融市场化改革，协同支持中小商业银行发展

金融业市场化改革是我国总体发展战略的重要组成部分，对于优化资源配置，实施创新发展，实现包容性、普惠式金融服务，深度融入全球金融体系，辅助迈向世界第一大经济体等具有重大的战略意义。中小商业银行商业化、市场化改革是总体金融市场化改革的内在组成部分，金融市场化改革的整体推进，渐进供给和改善了中小商业银行发展和改革的条件，协同支持中小商业银行发展。

12.2.1　有序推进利率市场化

坚持培育市场定价和政策宏观调控的双轨制，实施渐进化改革，是我

国利率市场化改革积累的成功经验。进一步改革要协调推进多个领域的系统性改革,逐步发挥市场利率资源配置和优化宏观调控的作用,最终实现双轨并一轨。

1. 我国利率市场化改革的进程。1993 年党的十四届三中全会提出利率市场化改革的主题,2003 年党的十六届三中全会确立了"市场机制决定利率,货币政策调控利率"的利率市场化改革目标(易纲,2009)。按照先外币、后本币,先贷款、后存款,存款先大额长期后小额短期的基本步骤,逐步放开国内外币存贷款利率、扩大银行的贷款定价权和存款定价权、完善市场利率体系(在企业债、金融债、商业票据方面以及货币市场交易中全部实行市场定价)、扩大商业性个人住房贷款的利率浮动范围,实现了"贷款利率管下限、存款利率管上限"的利率市场化阶段目标,并坚持双轨制的改革路径,一方面逐步放松间接融资的利率管制,另一方面在直接融资市场培育市场化的利率形成体系和机制,放开了同业拆借利率和债券市场利率,建立了以上海银行间同业拆借利率(SHIBOR)为市场代表性的短期基准利率,以国债收益率曲线为代表的中长期基准利率体系(周小川,2012)。利率管制仍然是当前金融业的基本特征,限制了资源配置的效率,扭曲了金融机构和资本市场的定价机制,不能适应未来经济发展战略的要求。

2. 进一步改革要求。进一步改革应坚持攻艰性和最适合中国国情的基本原则,遵循渐进性的改革模式,实施短期的安排和中长期战略规划,对影响和制约利率市场化改革发展的若干重大问题,设置明晰的改革路线图和时间表,具备条件的改革可以先行先试,不具备条件的改革要创造条件以便未来进行,这是长期目标与短期相结合的过程,要重视制约和影响利率市场化改革重大问题彼此间的相互制约、相互影响的紧密关联性,改革要整体推进。从这个角度来看,地方政府治理、银行市场化商业化改革、资本市场改革、监管改革、金融基础设施和法制建设都是利率市场化改革的内在组成部分,相关改革要实现帕累托改进,利率市场化改革的目标才能得以实现。同时,短期安排应扩展硬约束金融机构的试点范围,建立利率市场化硬约束的标准,确立利率产品和替代产品的市场定价机制,实现竞争主体的公平竞争,设置利率市场改革成本的分摊体系等。利率市场化改革中要充分重视存款利率市场化带来的短期冲击,譬如中小商业银行的承受能力、金融脱媒、短期资本流动引发的金融危机、银行机构和非银行金融机构以及直接融资和间接融资市场发展不协调引发的脱节和冲突、道德风险引发的揽存过度竞争等。

12.2.2 推进资本市场建设

1. 资本市场和信贷市场的互补性较强，推进资本市场改革和建设，提高直接融资比重，逐步改善金融结构失衡状况，有利于中小商业银行践行服务中小企业、服务城乡居民的市场定位，促进中间业务的扩展，实现转型发展，且有利于降低利率市场化进程中中小商业银行的财务风险。

2. 资本市场改革目标和战略措施。资本市场改革的中期目标是：成为公正透明、高效的市场，为中国经济资源的有效配置作出重要贡献；成为更加开放和具有国际竞争力的市场，在国际金融体系中发挥应有作用。需要着力以下方面：一是培育市场化发行机制，由以业绩为基础的审批体系过渡到以信息披露为基础的审批体系；同时完善相关法律框架和法律执行机制，实施机构监管逐步向功能监管转变，建立科学的风险预警和防范机制，逐步完善由监管机构、自律组织、交易所共同组成的多层次监管体系，提高监管效率；加强信息披露的体系、信息化、约束力和有效性，完善退市、资本文化建设等金融生态建设。二是推进多层次股票市场体系建设，满足多元化的投融资需求。在继续发展主板市场基础上，继续推进中小企业板、创业板、建立全国统一的场外交易市场建设，为中小企业、创新性和成长性企业、非上市企业提供融资，提高股票市场的深度和广度。三是加快推动公司债市场、期货和衍生品市场发展，改变资本市场中债券市场和衍生品市场滞后的结构性失衡。加快固定收益类产品的发展步伐，为符合条件的中小企业提供债券融资渠道；借鉴私募债券和高收益债券市场的国际经验，研究适用处在早期发展阶段的科技创新型企业的债券产品；逐步发挥期货和衍生品市场在国民经济建设发展中的作用。

12.3 加强金融基础设施建设，改善中小商业银行发展的基础条件

1. 加快改进征信体系，营造良好的社会信用文化。信用征信体系是现代市场经济的基础，良好的社会诚信环境是金融生态环境有序运行的基本

前提。要加快征信立法，形成有法可依、依法规范的征信市场；完善全国统一的企业、个人基础信用信息数据库，实现征信数据的共享；确定统一的征信技术标准和有偿征信原则，确保征信系统信息共享、有效运转、防范风险；继续推进中小企业和农村信用体系建设，鼓励根据各地特点与条件，探索适合当地中小企业和农村特点的中小企业和农村信用体系建设模式。大力发展资信评级业，健全信用中介服务体系，重点扶持品牌评级机构发展，完善政府主导、金融支持、多渠道筹资、操作方式灵活、业务品种多样的中小企业信用担保体系，形成层级全面、布局科学、协同高效、供给充沛的征信机构体系；加强征信市场督察、监督、整顿，健全制度，重点实施失信惩戒、打击逃废债务及违规活动；抓住国家建设社会主义文化强国的战略契机，加强信用文化体制和机制建设，塑造良好的社会信用文化。

2. 健全支付体系建设。支付体系供给主体目前已扩展到包含人民银行、银行业金融机构、结算及清算公司等其他机构的多元主体格局；支付体系账户管理系统趋于成熟；支付体系基础建设不断加强，支付工具不断拓展，涵盖了票据、银行卡、互联网、手机等多路径支付手段，支付体系的风险防控建设匹配实施，风险防控能力不断增强；农村地区支付服务广度不断拓展，跨境人民币清算管道初步形成。依据经济金融改革需要和支付需求，支付体系建设需要加强：拓展和优化支付主体范围和主体功能；加强支付体系制度建设，形成有效规范主体行为、系统防范支付风险、促进相关创新、深化市场化建设、保障消费者权益的制度体系；建立标准统一、信息共享、协同有效的支付交易共享机制；加强支付手段创新，拓展支付基础建设的覆盖面，有力支持中小金融机构差异化业务拓展，有效支撑金融服务有效服务薄弱领域和地区，不断促进中小企业和农村地区融资的可获得性。

3. 实施审慎的会计审计制度，真实体现金融业审慎经营要求。参照国际标准，制定金融机构和企业的会计核算标准和审计准则，提高透明度，以营造与国际接轨的商业制度环境，真实体现金融业的审慎经营要求，抑制金融企业过度开展高风险业务。特别是一些高风险的金融衍生产品，由于大都是表外业务，其风险具有一定的隐蔽性，也有一段时间的潜伏期，因而特别需要得到关注。在执行会计和审计国际标准的同时，加强对会计和审计的监管，严防虚假和欺诈行为。

4. 推进金融法治建设。我国已形成了较好发挥中央立法和地方立法两个积极性的、以宪法为基础的，涵盖行政法治、刑事法治、民商事法治、市场经济法治、社会法治的具有中国特色的立法体系。作为中国特色社会主义法治体系的重要组成部分，随着《中国人民银行法》、《商业银行法》、《银行业监督管理法》、《反洗钱法》、《保险法》、《证券法》、《票据法》、《信托法》等法规的颁布及修订，我国金融法律框架体系基本确立。进一步进行金融法治改革应坚持三个原则：一是遵循立法决策与发展决策、改革决策紧密结合，区分轻重缓急，应金融体制改革最紧迫的需求而优先立法，以引导、规范、推进改革向纵深方向发展；二是采取与金融体制改革大体相同的思路，根据经济条件和发展条件的成熟程度分别采取授权立法、改革试点等方式，积极稳妥推进金融法治建设；三是金融法制建设与国家政治背景紧密契合，与社会经济发展同步，重点着力于国家与公民、自由与秩序、公益与私益间的平衡。金融法治进一步改革涉及维系金融市场正常运作的金融监管法律规范、各种民商事法律规范和金融刑事法律规范等。譬如：担保物权体系中的动产担保物权体系不完善，形成中小企业融资的制度壁垒，应深化动产担保相关法律制度，供给动产担保的制度支持，促进中小企业以动产担保获得信贷支持；加强票据（券）立法，扩大融资型票据的市场规模，逐步完善中国特色的票据市场；依据我国银行发展战略和发展状况，修改相关银行监督法规政策，形成监管资源配置优化、监管政策区别分类、监管体系不断健全的银行监管格局；在推进存款保险和危机管理进程中，加强关于存款保险制度、金融机构危机管理制度建设，强化对私募股权投资基金的监管立法。

5. 加强金融监管，完善监管框架。一是构建逆周期的金融宏观审慎管理制度框架。宏观审慎管理制度框架是一个动态发展的框架，目标是防范系统性金融风险、维护金融稳定，主要特征是建立更强有力的、体现逆周期性的政策体系。宏观审慎管理制度框架主要涉及对银行的资本、流动性、杠杆率、拨备等审慎性要求，以及会计标准、信用评级、衍生产品交易集中清算、影子银行监管等方面内容。逆周期宏观调控机制是国际上以银行融资为主的经济体加强宏观审慎管理的主要做法，应进一步探索完善差别准备金动态调整机制、逆周期资本缓冲机制，建立符合我国银行体系特点的逆周期金融监管机制。按照国际经验加强影子银行监管，国际金融稳定理事会建议采取"两步法"强化对影子银行体系的监管，第一步是监管当局应关注所有非银行信用中介组织和业务，以确保监管能够覆盖所有可能引发风险的影子银行领域；第二步是将监管重点集中于非银行信用中介中增加系统性风险和产生监管套利的领域；要借鉴国际经验，加强我国影子银行监管。总体而言，在吸收借鉴危机教训和国际有效做法的基础上，根据我国国情，统筹建立我国宏观审慎管理制度框架，建立宏观审慎管理和微观审慎监管协调配合、互为补充的体制、机制。二是加强金融统计和系统性风险监测预警体系建设。加快建立覆盖全面、标准统一、信息共享的金融业综合统计体系，构建银行、证券、保险及境内外业务相互协调的统计体系，不断扩大统计覆盖范围，积极推进金融统计标准化建设；继续完善金融稳定监测和评估框架，加强对理财产品、金融控股公司和产融结合型集团的风险监测、评估和预警，防范跨行业、跨市场、跨境金融风险；强化对金融体系内部联系、宏观经济与金融体系的联系以及经济金融跨国关联性的监测分析；建立对民间借贷以及小额贷款公司、典当行、担保公司等开展融资服务的非金融机构的风险监管。三是加强"一行三会"监管协调。在继续维持分业监管框架下，明晰各自职能，加强跨领域业务的监管协同；可建立更高级别的金融监管委员会，打破不同金融监管机构间，以及人民银行和监管机构间的信息障碍，实施金融系统风险总体评估，防范系统风险。四是对中小金融机构实施分类管理的差异化监管。明确地方政府监管权力和职责，实施中央和地方重点分工的监管格局（具体见12.2.2节的第四点）；实施分类管理的中小商业银行跨区域监管，对于中小商业银行跨区域经营准入的地区准入和机构准入实施差异化管理，有效监管和支持中小商业银行发展。五是促进协会工作，加强行业自律。协会积极组织会员单位，着力开展金融消费者教育活动、深化合规管理和自律机制的建设、加强业务培训和从业人员队伍建设、发挥沟通与服务作用。

6. 建立存款保险制度，完善危机管理和破产机制。目前，在我国缺乏存款保险制度的情况下，存在依赖政府和国家信用的道德风险。在加快推进利率市场化进程中，应在借鉴国际金融危机中各国风险处置经验基础上，尽快建立功能完善、权责统一、运行有效的存款保险制度，保护存款人利益、维护公众信心和金融稳定、完善市场化的金融机构退出机制。第一，国际上存款保险制度类型和经验。目前国际上存款保险制度各异，依据制度职能和功效可分为四类，即付款箱型、强付款箱型、损失最小化型、风险最小化型。付款箱型存款保险制度以存款赔付为主要职责；强付款箱型存款保险制度以存款赔付及对银行危机适度提供救助或重组的融资支持；损失最小化型存款保险制度进一步增加了风险处置的职责，以减少银行危机的风险损失；风险最小化型在风险处置职能上补充了审慎监管的职能，相比其他三类存款保险制度而言，被赋予了更多的监管职能。美国、日本等发达经济体存款保险制度主要采取损失最小化型和风险最小化型，新加坡、荷兰等新兴市场经济体或者长期未发生大规模金融风险的国家主要采取付款箱型和强付款箱型。综合来看，国际主流的经验是设置事前存款保险金制度，并依据风险程度差异制定保险费率。第二，我国存款保险制度的建立。我国保险文化较为薄弱，市场体制尚处于加快构建和完善中，宜采取"损失最小化"或"风险最小化"的强制性保险模式；保险范围可按照属地原则，涵盖中国境内吸收存款的全部金融机构，包括外国金融机构在中国注册的附属机构；基于我国银行改制和重组的阶段性特征，考虑金融机构风险类型的差异性，我国存款保险制度不宜实施完全按照风险调整的差异化保险费率模式，可将参保机构按照一定标准分成若干层次，实施"层次化存款保险费率"模式；存款保险基金资本金由中央财政资金与中国人民银行再贷款共同构成，保费收入以事前基金为主，事后基金为辅来构成。第三，完善存款保险机构发挥重要作用的危机管理和破产机制。危机管理的主体是金融安全网成员，客体是问题机构，必须加强立法和制定政策，为危机管理提供法制环境，加快监管体系改革，建立预警、存款保险救助和机构退出的条件，在问题机构自救基础上，发挥存款保险机构财产管理、协助并购、公开银行援助、过渡银行等危机救助措施，用较小的成本化解问题金融机构的风险。破产机制主要包括破产启动机制、破产处置机制和破产清算机制；破产启动机制的核心是明确破产申请主体和破产标准；破产处置机制在明确操作程序基础上，重点要建立存款保险机构对破产金融机构收购与接管、存款偿付、拆分分支机构等破产处置方式的制度设置；要处理好存款保险机构、金融监管机构、人民法院在破产清算中的协调作用。第四，加强存款保险制度与金融安全网的协作。明确存款保险机构与其他监管机构在金融安全中的权力，完善信息共享机制，将存款保险体系纳入将来建立的由中国人民银行、财政部、金融监管部门、地方政府组成的金融监管协调机制。

本章重点分析我国中小商业银行发展战略的区域金融生态环境支撑。在国家总体发展战略框架内，在金融发展战略支配下，依据中小商业银行发展战略的外部要求和内在规范，中小商业银行发展的区域生态环境支撑需要重点加强地方政府治理，有序推进利率市场化和资本市场建设，加强金融基础设施建设。通过建立与地方政府公共服务职能相匹配的可持续财政体系，实施地方国有企业改革、土地改革、人力资源培育和社会保障支持等要素市场改革，地方政府金融管理体系和机制改革，政府公共服务职能提升，来改善和优化地方政府治理。利率市场化改革应建立利率市场化硬约束标准，确立利率产品和替代产品的市场定价机制，设置利率市场改革成本的分摊体系，处理好存款利率市场化对中小商业银行的压力问题、短期资本流动引发的金融危机问题以及金融结构的不协调问题。通过提高直接融资比重，改善金融结构失衡来推动资本市场建设。加强涵盖征信体系、支付体系、会计审计、法律、监管、存款保险、危机和破产机制的金融基础设施建设。

结　论

当前及未来一段时期，国际经济将持续低迷，去杠杆化和主权债务危机积重难返，我国经济发展逐步向内生经济增长模式转变，金融领域的市场化和商业化改革深入推进，利率市场化改革加速推进、逆周期宏观审慎监管框架建立并实施，我国中小商业银行发展面临全新的经济金融形势和趋势。在国家总体战略框架内，中小商业银行如何践行市场定位，实现转型发展，成为重要的理论和实践命题。基于该类问题研究尚处于初步探讨的现状，本书从较宽泛性、系统性、整体化的视角，选取中小商业银行发展战略这一主题，研究我国中小商业银行发展的理论支持问题、发展战略问题、地方政府介入中小商业银行的优化问题，以形成关于我国中小商业银行发展的较系统、深入的指导性、前瞻性成果，为单体中小商业银行发展战略的制定提供依据，促进中小商业银行业的整体改革，实现我国中小商业银行的转型发展。

本书依据战略理论、经济管理相关理论，按照理论逻辑演绎和经验实证分析相结合的方法，系统论述、规划形成我国中小商业银行发展战略。研究结论和策略归纳如下：

第一，市场化和商业化改革是我国中小商业银行改革的基本方向，地方政府控制中小商业银行的方式和程度需要渐进优化。在已取得的成就和已经奠定的发展平台基础上，我国中小商业银行发展的中长期目标是：从改革经营和管理、改善发展生态环境入手，积极稳妥、循序渐进地推进中小商业银行沿着高效、稳健、可持续的方向发展，建立特色鲜明、服务优良的现代银行，实现多层次、差异化、特色化发展和有效市场竞争、动态匹配经济社会发展需求，充分服务地方经济、中小企业、城乡居民的和谐金融发展。为此，需要处理好中小商业银行和地方政府关系、统一性和差异化关系、本土化和国际化关系。

第二，我国中小商业银行非平衡面板数据的实证分析表明，公司治理、业务发展、流程再造、风险管理、信息科技建设、人力资源建设、金融生态环境建设构成了我国中小商业银行发展战略的要素体系,以上七个领域政策体系的内在协同,形成了我国中小商业银行发展的战略重点和主要支柱。

战略重点之一:公司治理。地方政府控制是我国中小商业银行公司治理的显著因素和特征,地方政府控制程度和方式的优化,是中小商业银行公司治理效率改进的重要途径。构建以政府控制优化、内部治理优化、监管优化为支点,以市场机制发挥作用为增量的中小商业银行公司治理效率模型表明:从我国单体中小商业银行公司治理发展阶段看,初创期地方政府控制带来的公司治理边际效率递增;规模扩张和市场化发展一定阶段,相应效率为正但边际效率递减;上市、优化股权的一定阶段,相应效率为负且边际效率递减。从我国中小商业银行业当前整体结构来看,地方小银行(第三类中小商业银行)、非上市的区域性中小商业银行(第二类中小商业银行)、中上市银行和申请上市银行(第一类中小商业银行),依次对应处于以上的三个阶段。据此理论分析,提出了我国中小商业银行公司治理优化的"三阶段路径",即政府控制优化和内部治理培育并行推进阶段;向第一类中小商业银行公司治理标准并轨阶段;中小商业银行公司治理一元制建设阶段。以实现不同层次中小商业银行公司治理培育优化,分类趋同,到大统一。

战略重点之二:业务发展。中小商业银行业务发展应以总体战略为依据,坚持"服务中小企业、服务城乡居民"的市场定位,按照差异化、特色化、集约化的经营要求,利用中小商业银行规模经济和范围经济的成长期企业效率属性,协同根植当地和跨区域经营相互促进的要求,协同利率市场化、小微企业融资对业务发展的要求和约束,按照巩固和扩大传统业务、创新加强新型业务的中小商业银行业务发展总体思路,一方面依靠传统信贷的经营管理资源积累,扩大小微企业业务、公司业务、零售业务等传统业务的市场范围、客户范围,并增强传统业务中中间业务和电子银行服务功能,提高传统业务的规模经济和范围经济效应;另一方面依托传统业务,适应市场和客户融资服务需求,创新扩展新型业务,增强新型业务资本集约贡献。逐步形成传统业务优势突出,新型业务优势递进,传统业务和新型业务相互支撑,外延扩展充分体现,内涵集约业务不断发展的业务格局。

战略重点之三：流程再造。市场定位、总体战略、扩大服务领域和范围对中小商业银行流程再造要求迫切，技术创新的国家战略和银行的信息属性为中小商业银行流程再造创造了条件和机遇。中小商业银行应遵循循序渐进、持续推进的原则，以客户需求为根本出发点，加强地方政府、战略需求、银行高管的动力源支持，实施业务战略模块的流程改造，匹配组织架构的整合和优化，配套流程改造的保障支撑。

战略重点之四：风险管理。总体战略促使中小商业银行风险管理的主体特征、管理要求发生了较大的变化，积极的风险管理是中小商业银行转型的关键。为此，应充分考量中小商业银行科学发展、外延粗放经营模式向内涵集约经营模式转型战略、规模扩张、差异化和特色化经营、上市规划、中小商业银行核心竞争力、监管趋势等对中小商业银行风险管理新的要求和新趋势，重点加强风险偏好体系建设，实施有序安排、渐进推进的全面风险管理建设，形成匹配总体战略要求、外部监管要求、同业竞争要求，适合于自身资源禀赋又广泛吸纳先进风险管理精髓的特色、高效、先进的风险管理模式、机制和体制。

战略重点之五：信息科技建设。差异化、特色化、集约化、错位竞争的战略转型要求，以及银行具有的信息属性特征，决定了中小商业银行面向客户、面向流程、面向决策的信息科技建设趋势。中小商业银行信息科技建设应遵循以客户为中心、提高竞争力、增强内控和市场反应能力、减低管理成本、有利于创新的总体原则基础上，把握好集中与分散相结合、业务与管理相结合、流程重组与风险管理相结合、依靠自身与外结联盟相结合的策略，实施由外部环境、战略、管理体制、管理机制、人力资源管理五部分构成的管理框架建设，实施核心业务价值链管理阶段、客户关系管理阶段、网络资源配置与管理阶段等三个阶段工作，实施信息科技人力资源建设工作，实施数据、信息、知识三个层面的信息资源管理工作。

战略重点之六：人力资源建设。人力资源建设是中小商业银行发展战略的重要组成部分，是总体战略实施和推进的重要保障，是核心竞争力的重要因素，是中小商业银行效率的重要来源。构建纳入人力资本制度内生变量的微观模型，刻画人力资本提升的内生经济机制和战略逻辑，得出中小商业银行人力资本建设有效提升人力资本，降低员工收入差距，实现效率增进。因此，中小商业银行需要协同人力资本战略和其他子战略的匹配性，改革和形成涵盖岗位管理、薪酬管理、绩效管理、培训管理、运营监督管理的现代市场化人力资本建设体系；提升人力资本的资产专用性，塑造人力资本的核心竞争力。

战略重点之七：区域金融生态环境支撑。在国家总体发展战略框架内，在金融发展战略要素驱动下，依据中小商业银行发展战略的外部要求和内在规范，中小商业银行发展的区域生态环境支撑需要建设和优化市场化的环境，重点加强地方政府治理，有序推进利率市场化和资本市场建设，加强金融基础设施建设。加强地方政府治理，要围绕优化地方政府对中小商业银行控制的方式和程度、提高地方政府金融生态环境建设的公共品供给职能的重点任务，通过建立与地方政府公共服务职能相匹配的可持续财政体系，实施地方国有企业改革、土地改革、人力资源培育和社会保障支持等要素市场改革，地方政府金融管理体系和机制改革，优化市场化改革中政府职能转变，拓展公共品供给中政府主导下市场参与的方式和程度来推进。利率市场化改革要重视制约和影响利率市场化改革重大问题彼此间的相互制约、相互影响的紧密关联性，短期安排应扩展硬约束金融机构的试点范围，建立利率市场化硬约束的标准，确立利率产品和替代产品的市场定价机制，实现竞争主体的公平竞争，设置利率市场改革成本的分摊体系，重视存款利率市场化对中小商业银行的承受能力、短期资本流动引发的金融危机、银行机构和非银行金融机构以及直接融资和间接融资市场发展不协调引发的脱节和冲突等，推进资本市场改革和建设，提高直接融资比重，逐步改善金融结构失衡状况。加强涵盖征信体系、支付体系、会计审计、法律、监管、存款保险、危机和破产机制的金融基础设施建设；对于金融监管改革要突出中小商业银行分类差异化管理，存款保险制度宜采取"层次化存款保险费率"模式，发挥存款保险机构财产管理、协助并购、公开银行援助、过渡银行的积极作用，建立健全包括破产启动机制、破产处置机制和破产清算机制的破产体系。

本书研究的不足之处表现为三个方面：一是基于新的经济金融形势和趋势下的我国中小商业银行发展研究尚处于初步研究的状况和现实，选取我国中小商业银行发展战略为研究主体，选题有利的一面是适应了理论和实践的需求，能够形成较系统、深入的体系化研究，勾勒了中小商业银行发展的整体规律和特征，不利的一面是对于局部特征的研究不够深入；二是由于中小商业银行数据披露的结构、丰度不足，样本数据的可获得性相对局限，影响了指标选择和数据处理，带来的偏误在结论扩展及应用中需谨慎甄别；三是中小商业银行发展差异较大，细化差异的程度不足。

进一步研究将注重四个方面：一是丰富大样本数据，拓展关于中小商业银行的调查数据，形成关于我国中小商业银行全面、深入的经验事实和数据，扩展深化研究；二是细化我国中小商业银行的类型差异及发展差异，加强差异化研究；三是加强各类子战略的细化研究；四是进行关于中小商业银行的国别研究、区域差异研究。

参考文献

［1］巴曙松、刘孝红、牛播坤．转型时期中国金融体系中的地方治理与银行改革的互动研究［J］．金融研究，2005（5）：25－37.

［2］巴曙松、杨新兰．六西格玛管理与银行流程再造［J］．中国金融，2008（6）：34－35.

［3］巴曙松．巴塞尔资本协议Ⅲ研究［M］．北京：中国金融出版社，2011.

［4］曹红辉、董军、王华．对中央差异化政策、地方政府行为与地区金融生态关系的考察［J］．经济研究参考，2006（40）：2－7.

［5］陈和智．现代商业银行核心竞争力研究［D］．西南财经大学博士学位论文，2008.

［6］陈四清．资本监管制度变化趋势对中国银行业的影响分析［J］．国际金融研究，2010（3）：11－17.

［7］陈晞、叶宇．2007—2009年中小商业银行跨区域经营效率与影响因素分析［J］．金融理论与实践，2011（7）：51－53.

［8］陈小宪．中小股份制商业银行公司银行业务发展战略思考［J］．中国金融，2007（4）：8－12.

［9］陈学彬．中国商业银行薪酬激励机制分析［J］．金融研究，2005（7）：76－94.

［10］陈元丰．解码：农行人力资源制度设计［J］．湖北农村金融研究，2009（5）：4－8.

［11］陈驻民．基于云计算应用的智能银行设计模型［J］．制造业自动化，2011（10）：143－145.

［12］德沃特里庞、泰勒尔．银行监管［M］．上海：复旦大学出版社，2002.

［13］邓波．后大集中时代的银行信息化建设［J］．中国金融电脑，2012（3）：57－61.

［14］丁俊峰．商业银行经营革命：流程银行的构想与现实［J］．广东金融学院学报，2007（1）：20－26．

［15］窦洪全．银行公司治理分析［M］．北京：中信出版社，2005．

［16］樊纲、王小鲁、朱恒鹏．中国市场化指数：各地区市场化相对进程2011年报告［M］．北京：经济科学出版社，2011．

［17］方军雄．银行业规模结构、中小企业银行信贷与经济增长［J］．会计与经济研究，2012（2）：1－16．

［18］冯科、何理．流程银行：我国商业银行经营的改革方向［J］．南方金融，2009（12）：28－31．

［19］高静娟．我国商业银行竞争力战略研究［D］．辽宁大学博士学位论文，2004．

［20］葛清俊．商业银行竞争战略效率模型［D］．大连理工大学博士学位论文，2007．

［21］葛兆强、杨云志．数据仓库与商业银行战略管理［J］．中国金融电脑，2009（12）：19－29．

［22］葛兆强、杨云志．2009年国内商业银行信息化建设展望［J］．金融电子化，2009（4）：40－42．

［23］葛兆强．我国商业银行信息化建设：现状、问题与战略选择［J］．中国金融电脑，2006（6）：1－8．

［24］葛兆强．信息技术、银行经营绩效与商业银行成长（续）［J］．金融电子化，2006（7）：17－20．

［25］葛兆强．信息技术、银行经营绩效与商业银行成长［J］．金融电子化，2006（6）：31－35．

［26］郭友．我国股份制商业银行战略转型研究［D］．西南财经大学博士学位论文，2007．

［27］韩俊．建立普惠式农村金融体系［J］．农村金融研究，2009（2）：48－49．

［28］韩延春、雷颖絮．金融生态环境对金融主体发展的影响［J］．世界经济，2008（3）：71－79．

［29］何德旭、葛兆强．公司治理与银行成长之关系探讨——兼论我国银行公司治理的建构［J］．财贸经济，2006（11）：13－21．

［30］黄国平、刘煌辉．中国金融生态环境评价体系设计与分析［J］．系统工程理论与实践，2007（6）：7 – 14.

［31］黄隽、汤珂．商业银行竞争、效率及其关系研究——以韩国、中国台湾和中国大陆为例［J］．中国社会科学，2008（1）：69 – 86.

［32］黄文青．我国股份制商业银行公司治理绩效的实证研究［J］．上海经济研究，2009（1）：104 – 110.

［33］黄志凌．金融风险管理的新视角——宏观应对与微观经营［M］．北京：商务印书馆，2011.

［34］李丹．对中国银行业“十二五”信息科技发展规划的思考［J］．中国金融电脑，2011（3）：9 – 15.

［35］李鹏、郑立群、屠扬．平衡记分卡在商业银行业务流程再造方面的应用研究［J］．江西农业大学学报（社会科学版），2006（9）：111 – 113.

［36］李维安、曹廷求．股权结构、治理机制与城市银行绩效——来自山东、河南两省的调查证据［J］．经济研究，2004（12）：4 – 15.

［37］李维安、曹廷求．商业银行公司治理——基于商业银行特殊性的研究［J］．南开学报（哲学社会科学版），2005（1）：83 – 89.

［38］李星煜．牙买加国民商业银行流程银行改造对中国中小商业银行业机构的启示［J］．经济研究导刊，2009（12）：67 – 68.

［39］李扬、王国刚．中国地区金融生态环境评价［M］．北京：社会科学文献出版社，2011.

［40］李扬、王国刚．中国金融发展报告［M］．北京：社会科学文献出版社，2011.

［41］李扬．中国城市金融生态环境评价［M］．北京：人民出版社，2005.

［42］李镇西．转变中小商业银行风险管理模式［J］．中国金融，2011（12）：66 – 67.

［43］李正辉、万晓飞．金融生态国际竞争力促进经济增长的实证分析［J］．金融研究，2008（4）：199 – 206.

［44］梁清华．我国地方商业银行战略联盟研究［D］．同济大学博士学位论文，2006.

［45］林时益．对农村合作银行流程再造的思考［J］．浙江金融，2006（7）：48－49．

［46］林毅夫、姜烨．发展战略、经济结构与银行业结构：来自中国的经验［J］．管理世界，2006（1）：29－40．

［47］林毅夫、李永军．中小金融机构发展与中小企业融资［J］．经济研究，2001（1）：10－18．

［48］林毅夫、孙希芳、姜烨．经济发展中的最优金融结构理论初探［J］．经济研究，2009（8）：4－17．

［49］林毅夫、孙希芳．银行业结构与经济增长［J］．经济研究，2008（9）：31－45．

［50］刘澜庵、王博．门槛效应、管制放松与银行效率的改进——理论假说及其来自中国的经验研究［J］．金融研究，2011（3）：67－76．

［51］刘明勇．信息技术对于加快银行业务流程再造的重要作用［J］．金融理论与实践，2010（8）：108－110．

［52］刘睿、巴曙松．我国中小商业银行实施巴塞尔新资本协议的问题与建议［J］．金融与经济，2011（1）：4－22．

［53］刘小玄、赵农．论公共部门合理边界的决定——兼论混合公共部门的价格形成机制［J］．经济研究，2007（3）：45－56．

［54］刘肖原、高昕．信息技术对商业银行业务流程的影响研究［J］．中央财经大学学报，2006（4）：51－56．

［55］刘宗华、邹新月．中国银行业的规模经济和范围经济［J］．数量经济技术经济研究，2004（10）：5－15．

［56］楼文龙．中小商业银行公司治理监管实践与思考［J］．银行家，2008（6）：48－51．

［57］陆岷峰．从部门银行走向流程银行的战略构想［J］．宏观经济研究，2007（12）：35－39．

［58］马蔚华．实施新资本协议推进全面风险管理［J］．中国金融家，2008（12）：15－18．

［59］孟飞．普惠金融生态及其优化［J］．上海经济研究，2009（6）：88－92．

［60］倪志凌、周好文．基于扩展广义随机时间 Petri 网的流程银行建

模及等价性能分析［J］．管理学报，2009（7）：890-894.

［61］倪志凌．"十二五"时期商业银行业务创新与技术创新的融合［J］．上海金融，2011（9）：48-53.

［62］聂晶．点子商务和传统银行创新［J］．杭州金融管理干部学院学报，2000（5）：40-42.

［63］欧明刚．城市商业银行问题研究——公司治理与发展战略［M］．北京：中国经济出版社，2010.

［64］潘敏．商业银行公司治理：一个基于银行业特征的理论分析［J］．金融研究，2006（3）：37-47.

［65］钱峰．云计算对我国商业银行的发展启示［J］．上海金融，2011（4）：38-40.

［66］钱颖一．中国的公司治理结构改革和融资改革［M］．北京：中国经济出版社，1995.

［67］宋浩、王伟．国有控股高管薪酬和超额雇员［J］．经济学动态，2012（1）：48-51.

［68］宋增基、夏铭、陈开．中国上市银行薪酬激励与银行绩效［J］．金融论坛，2011（6）：18-24.

［69］谭研硕．中小金融机构信息化建设存在的问题及建议［J］．中国金融电脑，2011（3）：83-84.

［70］唐国储、李选举．新巴塞尔协议的风险新理念与我国国有商业银行全面风险体系的构建［J］．金融研究，2003（1）：46-54.

［71］王聪、谭政勋．我国商业银行效率结构研究［J］．经济研究，2007（7）：110-123.

［72］王聪、邹朋飞．中国商业银行规模经济与范围经济的实证分析［J］．中国工业经济，2003（10）：21-28.

［73］王华庆．金融创新：理性的思考［M］．上海：上海远东出版社，2011.

［74］王晓枫．我国城市商业银行竞争力综合评价研究——基于辽宁省城市商业银行的数据评价［D］．东北财经大学博士学位论文，2010.

［75］王彦平、郝海峰．中小商业银行信息化建设模式选择［J］．金融电子化，2010（1）：79-80.

[76] 王怡．云计算在银行业的应用前景［J］．金融电子化，2010
（10）：59－60．

[77] 温智良．区域金融生态环境与经济增长效率实证研究：以江西
为例［J］．武汉金融，2008（8）：64－65．

[78] 吴敬琏．建立有效的公司治理结构［J］．天津社会科学，1996
（1）：17－20．

[79] 武汉市城市金融学会课题组．工商银行管理流程再造研究［J］．
中国金融电脑，2004（11）：38－43．

[80] 夏斌、陈道富．中国金融战略2020［M］．北京：人民出版
社，2011．

[81] 项俊波．构建农行全面风险管理体系［J］．中国金融家，2011
（4）：36－37．

[82] 肖远企．探索建立中国特色银行公司治理模式［J］．中国金融，
2011（19）：36－38．

[83] 谢朝华、陈学彬．论银行效率的结构性基础［J］．金融研究，
2005（3）：16－26．

[84] 谢吉丽．商业银行业务流程再造研究的文献综述［J］．中国农
业银行武汉培训学院学报，2007（2）：8－10．

[85] 徐传谌、齐树天．中国商业银行 X 效率实证研究［J］．经济研
究，2007（3）：106－116．

[86] 徐杰．我国流程银行的建设——本地化与国际化的差异［J］．
金融电子化，2011（2）：50－53．

[87] 杨涛．商业银行的信息科技风险及防范［J］．金融论坛，2010
（11）：55－60．

[88] 姚建军．关于我国商业银行推进流程银行建设的思考［J］．南
方金融，2009（12）：79－80．

[89] 姚树洁、冯根福、姜春霞．中国银行业效率的实证分析［J］．
经济研究，2004（8）：4－18．

[90] 姚树洁、姜春霞、冯根福．中国银行业的改革与效率：1995—
2008［J］．经济研究，2011（8）：4－14．

[91] 易纲．中国改革开放三十年的利率市场化进程［J］．金融研究，

2009（1）：1-14.

［92］曾康霖、高宇辉．中国转型期商业银行公司治理研究［M］．北京：中国金融出版社，2006.

［93］张吉光．城商行公司治理现状问题及对策建议［J］．内蒙古金融研究，2010（10）：7-11.

［94］张健华、王鹏．中国银行业前沿效率及其影响因素研究——基于随机前沿的距离函数模型［J］．金融研究，2009（12）：1-15.

［95］张梅．我国中小商业银行核心竞争力研究［D］．上海社会科学博士学位论文，2009.

［96］张明君．当前我国商业银行的业务流程再造［J］．经济研究参考，2008（15）：44-48.

［97］张权、张世英．国有商业银行人力资源效率分析［J］．甘肃科学学报，2004（2）：115-120.

［98］张新福、陈广垒．浅议流程和银行再造与流程银行建设［J］．现代财经，2008（5）：22-26.

［99］张振兴．流程银行与事业部制特点变迁与借鉴［J］．上海金融，2008（11）：40-44.

［100］赵昌文、杨记军、夏秋．中国转型期商业银行的公司治理与绩效研究［J］．管理世界，2009（7）：46-55.

［101］郑录军、曹廷求．我国商业银行效率及其影响因素的实证分析［J］．金融研究，2005（1）：91-101.

［102］中国地区金融生态环境评价课题组．中国地区金融生态环境评价［M］．北京：社会科学文献出版社，2011.

［103］中国工商银行产品创新管理部课题组．2009（10）：54-61.

［104］中国工商银行董事会办公室课题组．巴塞尔新资本协议与商业银行公司治理［J］．金融论坛，2011（6）：40-45.

［105］中国工商银行厦门市分行课题组．业务流程再造与组织结构变革——中国工商银行厦门分行扁平化改革的探索与实践［J］．金融论坛，2006（9）：28-34.

［106］中国社科院金融研究所课题组．地方政府行为模式及其对地区金融生态的影响［J］．新金融，2008（3）：47-48.

[107] 中国银监会银行风险早期预警综合系统课题组. 单体银行风险预警体系的构建 [J]. 金融研究, 2009 (3): 39 –53.

[108] 中国银行家调查报告 [M]. 北京: 中国金融出版社, 2011.

[109] 周文武. 城市商业银行公司治理的特殊性与有效性研究 [J]. 武汉金融, 2010 (1): 53 –55.

[110] 周小川. 关于推进利率市场化改革的若干思考 [EB/OL]. 中国人民银行网站, 2010.

[111] 周小川. 改进金融生态的主要内容. 2005, http: //www. pbc. gov. cn.

[112] 左小德、张耀辉. 银行信息系统外包及其风险管理研究——以 C 银行风险管理为例 [J]. 中国工业经济, 2009 (3): 149 –158.

[113] Ajantha S Dharmasiri. Strategic Orientation of HR Managers in Commercial Banks in South Asia. International Review of Business Research Papers, 2009 (6): 1 –21.

[114] Ali, Abdul. Pioneering versus Incremental Innovation: Review and Research Propositions. Journal of Product Innovation Management, 1994 (11): 46 –61.

[115] Allen N. Berger, Iftekhar Hasan. Bank ownership and efficiency in China: What will happen in the world's largest nation? Journal of Banking & Finance, 2009 (1): 113 –130.

[116] Allen, Franklin and Gale, Douglas. 1999. Comparing Financial Systems. Cambridge, MA: MIT Press.

[117] Allen, Gale. Comparing Financial Systems, MIT Press. 2000.

[118] Ann P. Bartel. Human Resource Management and Organizational Performance: Evidence from Retail Banking. Industrial and Labor Relations Review, 2004 (2): 181 –203

[119] Arnould, R. J. Agency costs in banking firms: An analysis of expense preference behavior. Journal of Economics and Business, 1985 (7): 103 –112.

[120] Artel, A., C. Ichniowski, K. Shaw. How Does Information Technology Affect Productivity? Plant – Level Comparisons of Product Innovation,

Process Improvement, and Worker Skills. Quarterly Journal of Economics, 2007 (4): 1721 –1758.

[121] Ashton, John. Cost efficiency, economies of scale and economies of scope in the British retail banking sector, Bournemouth University, School of Finance & Law, Working Paper Series, 1998: 98 – 113.

[122] Augusto de la Torre. Bank involvement with SMEs: Beyond relationship lending. Journal of Banking & Finance, 2010 (9): 2280 –2293.

[123] Bamberger, K. A. Technologies of Compliance: Risk and Regulation in a Digital Age. Texas Law Review, 2010 (4): 669 –739.

[124] Barth, J. R., Caprio, G., Jr., & Levine, R. Bank regulation and supervision: What works best? Journal of Financial Intermediation, 2004 (2): 205 –248.

[125] Baum, C. F., Caglayan, M., Talavera, A. Parliamentary election cycles and the Turkish banking sector. Journal of Banking and Finance, 2009 (11): 2709 –2719.

[126] Becht, M., Bolton, P., Roell, A. Corporate governance and control. Handbook of the Economics of Finance. Elsevier, 2003: 1 – 109.

[127] Beck, T., Crivelli, J. M., & Summerhill, W. State bank transformation in Brazil Choices and consequences. Journal of Banking and Finance, 2005 (8): 2223 –2257.

[128] Beck, T., Cull, R., & Jerome, A. Bank privatization and performance: Empirical evidence from Nigeria. Journal of Banking and Finance, 2005 (9): 2355 –2379.

[129] Benston G. J. Economies of scale and marginal costs in banking operations. National Banking Review, 1965 (2): 507 –549.

[130] Bergen A. N, Humphrey D. B. Megamergers in banking and the use of cost efficiency as an antitrust defense. Antitrust Bulletin, 1992 (37): 541 –600.

[131] Berger, A. N. Corporate governance and bank performance: A joint analysis of the static, selection, and dynamic effects of domestic, foreign, and state ownership. Journal of Banking and Finance, 2005 (8): 2179 –2221.

［132］Berger, A. N. The economic effects of technological progress: Evidence from the banking industry. Journal of Money, Credit, Banking, 2003 (2): 141 - 176.

［133］Berger, A. N. , Udell, G. F. Relationship lending and lines of credit in small firm finance. Journal of Business, 1995 (3): 351 - 382.

［134］Berger, A. N. , Udell, G. F. Universal banking and the future of small business lending. Financial system design: The case for universal banking. BurrRidge, IL: Irwin Publishing, 1996: 559 - 627.

［135］Berger, A. N. , Udell, G. F. A more complete conceptual framework for SME finance. Journal of Banking and Finance, 2006 (11): 2945 - 2966.

［136］Berger, A. N. The ability of banks to lend to informationally opaque small business. Journal of Banking and Finance, 2001 (12): 2127 - 2167.

［137］Berger, A. N. Does function follow organizational form? Evidence from the lending practices of large and small banks. NBER Working Papers, National Bureau of Economic Research, Inc. 2002.

［138］Berger, A. N. The effect of bank mergers and acquisitions on small business lending. Journal of Financial Economics, 1998 (2): 187 - 229.

［139］Berger, A. N. , W. S. Frame. Small Business Credit Scoring and Credit Availability. Journal of Small Business Management, 2007 (1): 5 - 22.

［140］Berger, A. N. , Hannan, T. The efficiency cost of market power in the banking industry: A test of the quiet life and related hypotheses. Review of Economics and Statistics, 1998 (3): 454 - 465.

［141］Bonin, J. P. , Hasan, I. Privatization matters: Bank efficiency in transition countries. Journal of Banking and Finance, 2005 (8): 2155 - 2178.

［142］Boubakri, N. Ownership structure, privatization, bank performance and risk taking. Journal of Banking and Finance, 2005 (9): 2015 - 2041.

［143］Brews, P. J. , and C. L. Tucci. Exploring the structural effects of internetworking. Strategic Management Journal, 2004 (5): 429 - 451.

［144］Brown, C. O. , Dinç, I. S. The politics of bank failure: Evidence from emerging markets. The Quarterly Journal of Economics, 2005 (4):

1413 – 1444.

[145] Bucks, B. , K. Pence. Do Borrowers know their mortgage terms? Journal of Urban Economics, 2008 (2): 218 – 233.

[146] Cadbury Committee. The Report of the Committee on the Financial Aspects of Corporate Governance. Gee and Co. Ltd. , London. 1992.

[147] Campbell, D. , F. Frei. Cost structure, customer profitability, and retention implications of self – service distribution channels: evidence from customer behavior in an online banking channel. Management Science, 2010 (1): 4 – 24.

[148] Caprio, G, Laeven, L and R. Levine. 2006. Governance and Bank Valuation, http: //www. econ. brown. edu/ fac/Ross _ Levine/Publication/ Forthcoming/. pdf.

[149] Caprio et al. Governance and Bank Valuation, World Bank Working Papers. 2003.

[150] Casolaro, L. , Gobbi, G. Information technology and productivity changes in the banking industry. Economic Notes, 2007 (1): 43 – 76.

[151] Castelló – Climent, A. On the distribution of education and democracy. Journal of Development Economics, 2008 (2): 179 – 190.

[152] Cavallo and Rossi. Scale and scope economies in the European banking systems. Journal of Multinational Financial Management, 2001 (11): 515 – 531.

[153] Champy, J. Reengineering Management. Harper Collins, London. 1995.

[154] Chang, R. Y. Improve processes, reengineer them, or both? Training and Development, 1994 (3): 54 – 58.

[155] Chunxia Jiang and Shujie Yao. The effects of governance changes on bank efficiency in China: A stochasticdistance function approach. China Economic Review, 2009 (4): 717 – 731.

[156] Ciancanelli and Gonzalez. Corporate Governance in Banking: A Conceptual Framework. Strathclyde University Working Papers, 2000.

[157] Claessens, S. Disentangling the incentive and entrenchment effects

of large shareholders. Journal of Finance, 2002 (6): 2741 – 2771.

[158] Claessens, Stijn, and Marion Jansen. The Internationalization of Financial Services: Issues and Lessons for Developing Countries. Boston, Mass. : Kluwer Law International. 2000.

[159] Claessens, Stijn, Asll Demirgüç – Kunt. How Does Foreign Entry Affect the Domestic Banking Market? Journal of Banking and Finance, 2001 (5): 891 –911.

[160] Claessens, S. , van Horen, N. Being a Foreigner Among Domestic Banks: Asset or Liability? Working Paper, IMF. 2009.

[161] Clark, J. A. Market structure, risk and profitability: The quiet – life hypothesis revisited. Quarterly Review of Economics and Business, 1986 (6): 45 – 56.

[162] Clarke, G. , Cull, R. , & Shirley, M. Bank privatization in developing countries: A summary of lessons and findings. Journal of Banking and Finance, 2005 (9): 1905 – 1930.

[163] Clarke, G. , Robert C. Foreign Bank Entry: Experience, Implications for Developing Countries, and Agenda for Further Research. World Bank Policy Research Working Paper No. 2698. Washington, D. C. : World Bank. 2001.

[164] Cole, S. Fixing market failures or fixing elections? Agricultural credit in India. American Economic Journal: Applied Economics, 2009 (1): 219 – 250.

[165] Cole, R. , Goldberg, L. , & White, L. Cookie – cutter versus character: The micro structure of small business lending by large andsmall banks. A Federal Reserve System Research Conference, 1999: 362 – 389.

[166] Correa, Ricardo. Cross – border Bank Acquisitions: Is there a Performance Effect? International Finance Discussion Papers No. 922, Board of Governors of the Federal Reserve System, 2008.

[167] Crespi. Governance Mechanisms in Spanish Banks: Does Ownership Matter? SSRN Working Papers. 2003.

[168] Crystal, Jennifer S. Does Foreign Ownership Contribute to Sounder

Banks? The Latin American Experience, in Robert E. Litan, Paul Masson and Michael Pomerleano (eds.): Open Doors: Foreign Participation in Emerging Financial Systems, Brookings Press, 2001: 217 – 266.

[169] Day, G. S. The capabilities of market – driven organisations. Journal of Marketing, 1994 (4): 37.

[170] De Brentani, Ulrike. Innovative Versus Incremental New Business Services: Different Keys for Achieving Success. Journal of Product Innovation Management, 2001 (3): 169 – 187.

[171] Demirgüç – Kunt, Asli, and Enrica Detragiache. Financial Liberalization and Financial Fragility. IMF Working Paper No. 98/83. Washington, D. C. : International Monetary Fund. 1998.

[172] Demirgüç – Kunt, A. , Detragiache, E. , & Tressel, T. Banking on the principles: Compliance with Basel core principles and bank soundness. Journal of Financial Intermediation, 2008 (4): 511 – 542.

[173] Demirgüç – Kunt, A. , Laeven, L. , & Levine, R. Regulations, market structure, institutions, and the cost of financial intermediation. Journal of Money, Credit, and Banking, 2003 (6): 593 – 622.

[174] DeYoung, R. , D. Glennon, and P. Nigro. Borrower – Lender Distance, Credit Scoring, and Loan Performance: Evidence from Informational – Opaque Small Business Borrowers. Journal of Financial Intermediation, 2008 (1): 113 – 143.

[175] DeYoung, Robert and Daniel E. Nolle. Foreign – Owned Banks in the United States: Earning Market Share or Buying It? Journal of Money, Credit, and Banking, 1996 (4): 622 – 636.

[176] Dinç, I. S. Politicians and banks: Political influence on government – owned banks in emerging markets. Journal of Financial Economics, 2005 (2): 453 – 479.

[177] Edvardsson, Bo, Haglund, Lars and Mattson, Jan. Analysis, Planning, Improvisation and Control in the Development of New Services. International Journal of Service Industry Management, 1995 (6): 24 – 33.

[178] Engerman, Stanley L. and Kenneth L. Sokoloff. Institutional and

Non – Institutional Explanations of Economic Differences, Handbook of New Institutional Economics. Dordrecht and New York: Springer. 2005.

[179] Allen N., Hasan Iftekhar and Mingming Zhou. Bank Ownership and Efficiency in China: What Will Happen in the World's Largest Nation? Journal of Banking and Finance, 2009 (1): 113 – 130.

[180] Fadzlan Sufian and Muzafar Shah Habibullah. Navigating the Impact of Globalization on Bank Efficiency in China. China & World Economy, 2011 (5): 85 – 101.

[181] Flier, Bert. The Changing Landscape of the European Financial Services Sector. Long Range Planning, 2001 (2): 179 – 207.

[182] Fotios Pasiouras, Sailesh Tanna, Constantin Zopounidis. The impact of banking regulations on banks' cost and profit efficiency: Cross – country evidence. International Review of Financial Analysis, 2009 (5): 294 – 302.

[183] Fries, S., & Taci, A. Cost efficiency of banks in transition: Evidence from 289 banks in 15 post – communist countries. Journal of Banking and Finance, 2005 (1): 55 – 81.

[184] Gadd, K., Oakland, J. Chimera or culture? Business process re – engineering for total quality management. Quality Management Journal, 1996 (3): 20 – 38.

[185] Gertrude Tumpel – Gugerell. Thinking small first – how does it apply to the financing conditions and payments of small and medium – sized enterprises? at the Annual General Assembly of UEAPME, the European Association of crafts and small business, Brussels. 2009.

[186] Gilbert, R. A., & Wilson, P. W. Effects of deregulation on the productivity of Korean banks. Journal of Economic and Business, 1998 (2): 133 – 166.

[187] Gilbert, R. A. Bank market structure and competition: A survey. Journal of Money, Credit, and Banking, 1984 (4): 617 – 645.

[188] Grigorian, David A. and Vlad Manole. Determinants of Commercial Bank Performance in Transition: An Application of Data Envelopment Analysis. Comparative Economic Studies, 2006 (10): 497 – 522.

[189] Grossman, S. J. and O. D. Hart. The costs and benefits of ownership: A theory of vertical and lateral integration, Journal of Political Economy, 1986 (4): 691 – 719.

[190] Grover, V. , Malhotra, M. K. Business process reengineering: Atutorial on the concept, evolution, method, technology and application. Journal of Operations Management, 1997 (3): 193 – 213.

[191] Hamalainen, P. A Framework for Market Discipline in Bank Regulatory Design. Journal of Business Finance & Accounting, 2005 (2): 183 – 209.

[192] Hammer, M. , Champy, J. Reengineering the Corporation: A Manifesto for Business Revolution. Nicholas Brealey, London. 1993.

[193] Hancock, D. , D. B. Humphrey, and J. Wilcox. Cost Reductions in Electronic Payments: The Roles of Consolidation, Economies of Scale, and Technical Change. Journal of Banking and Finance, 1999 (2): 391 – 421.

[194] Hancock D. A theory of production for the financial firm. Norwell Mass: Kluwer Academic Publishers, 1991: 78 – 103.

[195] Hannan, T. H. , Mavinga, F. Expense preference and managerial control: The case of the banking firm. Bell Journal of Economics, 1980 (11): 671 – 682.

[196] Hannan, T. H. Bank commercial loan markets and the role of market structure: Evidence from surveys of commercial lending. Journal of Banking and Finance, 1991 (1): 133 – 149.

[197] Hao, J. , Hunter, W. C. , & Yang, W. K. Deregulation and efficiency: The case of private Korean banks. Journal of Economics and Business, 2001 (3): 237 – 254.

[198] Hart Moore, J. Property Rights and the Nature of the Firm. Journal of Political Economy, 1990 (6): 1119 – 1158.

[190] Hart, O. Firms, Contracts and Financial Structure, Oxford, Clarendon Press. 1995.

[200] Hasan, I. , H. Schmiedel, L. Song. Return to retail banking and payments. Journal of Financial Services Research, 2012 (3): 163 – 195.

[201] Heshmati, A. Labour demand and efficiency in Swedish savings

banks. Applied Financial Economics, 2001 (4): 423 –433.

[202] Hjalmarsson, P. , & Battese, E. , George, Heshmati, A. Efficiency of labour use in the Swedish banking industry: A stochastic frontier approach. Empirical Economics, 2000 (4): 623 –640.

[203] Holland, D. , Kumar, S. Getting past the obstacles to successful re-engineering. Business Horizons, 1995 (3): 79 –85.

[204] Holmstrom, B. , Kaplan, S. N. Corporate governance and merger activity in the United States: making sense of the 1980s and 1990s. The Journal of Economic Perspectives, 2001 (2): 121 –144.

[205] Hossein Ahmadirezaei. The Effect of Information Technology in Saderat Banking System. Procedia. Social and Behavioral Sciences, 2011 (2): 23 –26.

[206] Houston, J. , Lin, C. Creditor rights, information sharing, and bank risk taking. Journal of Financial Economics, 2010 (3): 485 –512.

[207] Huibers, F. E. The future of state – owned financial institutions. Washington, D. C. : Brookings Institution Press, 2005: 315 –344.

[208] Hui – Lin Lin, Chia – Chi Tsao, Chih – Hai Yang. Bank Reforms, Competition and Efficiency in China's Banking System: Are Small City Bank Entrants More Efficient? China & World Economy, 2009 (5): 69 –87.

[209] Huselid, M. A. The Impact of Human Resource Management Practices on Turnover, Productivity, and Corporate Financial Performance, Academy of Management Journal, 1995 (3): 635 –872.

[210] Imai, M. Political influence and declarations of bank insolvency in Japan. Journal of Money, Credit and Banking, 2009 (1): 131 –158.

[211] Isik, I. , & Hassan, M. K. Financial deregulation and total factor productivity change: An empirical study of Turkish commercial banks. Journal of Banking and Finance, 2003 (8): 1455 –1485.

[212] J. B. Quinn, H. Mintzberg, R. , James. The Strategic Process: Concepts, Context and Cases, Prentice – Hall, Englewood Cliff, NJ. 1987.

[213] Johne, Axel and Storey, Christopher. New Service Development: A Review of the Literature and An notated Bibliography. European Journal of Mar-

keting, 1998 (3): 184 – 251.

[214] K. Andrews. The concept of Corporate Strategy. Homewood, IL: Irwin. 1971.

[215] Kankana Mukherjee, Subhash C. Ray, Stephen M. Miller. Productivity Growth in Large US Commercial Banks: The Initial Post – deregulation Experience. Journal of Banking & Finance, 2001 (5): 913 – 939.

[216] Kao C. Spurious Regression and Residual – based Tests for Cointegration in Panel Data. Journal of Econometrics, 1999 (1): 1 – 44.

[217] Kaoru Tone, Biresh K. Sahoo. Scale, indivisibilities and production function in data envelopment analysis. International Journal of Production Economics, 2003 (2): 165 – 192.

[218] Kapoor, M. , S. Ravi, and J. Morduch. From Microfinance to M – Finance, Innovations: Technology, Governance. Globalization, 2007 (2): 82 – 90.

[219] Kelly, David and Storey, Christopher. New Service Development: Initiation Strategies. International Journal of Services Industry Management, 2000 (11): 45 – 62.

[220] Kennedy, C. Re – engineering: the human costs and benefits. Long Range Planning, 1994 (5): 64 – 67.

[221] Klein, M. M. IEs fill facilitator role in benchmarking operations to improve performance. Industrial Engineering, 1993 (9): 40 – 42.

[222] Klenow Peter & Andres Rodriguez – Clare. The Neoclassical Revival in Growth Economics: Has It Gone Too Far? NBER Macroeconomics Annual, 1997 (12): 73 – 103.

[223] Krzysztof Jackowicz, Oskar Kowalewski. The influence of political factors on commercial bank in Central European countries. Journal of Financial Stability, 2012 (8): 1 – 62.

[224] La Porta, R. Law and finance. Journal of Political Economy, 1998 (10): 1113 – 1155.

[225] Lawrence, C. Bank Costs, Generalized Functional Forms and Estimation of Economies of Scaleand Scope. Journal of Money, Credit, and Bank-

ing, 1989 (3): 368 – 380.

[226] Leightner, E. J. , & Lovell, C. A. K. The impact of financial liberalisation on the performance of Thai banks. Journal of Economics and Business, 1998 (2): 115 – 131.

[227] Levine, R. The Corporate Governance of Banks: A Concise Discussion of Concepts and Issues. in Global Corporate Governance Forum Washington, D. C. 2004.

[228] Levine, R. Financial development and economic growth: Views and agenda. Journal of Economic Literature, 1997 (2): 688 – 726.

[229] Levine, R. Finance and Growth: Theory and Evidence, in Handbook of Economic Growth. Amsterdam: North – Holland Elsevier Publishers. 2005.

[230] Levine, Ross. Financial Development and Economic Growth: Views and Agenda. Journal of Economic Literature, 1997 (2): 688 – 726.

[231] Levine, Ross. Bank – based or Market – based Financial Systems: Which Is Better? Journal of Financial Intermediation, 2002, 11 (4): 398 – 428.

[232] Lovelock, Christopher. Services Marketing: People, Technology, Stra 4th Edition, Upper Saddle River, NJ, Prentice Hall. 2001.

[233] Lutz Hendricks. How Important Is Human Capital for Development? Evidence from Immigrant Earnings. The American Economic Review, 2002 (1): 198 – 219.

[234] Maceyand O'Hara. The Corporate Governanceof Banks. FRBNY Economic Policy Review, 2001 (10): 1 – 17.

[235] Mahajan, Arvind, Nanda Rangan, and Asghar Zardkoohi. Cost Structures in Multinational and Domestic Banking, Journal of Banking and Finance, 1996 (2): 238 – 306.

[236] Matej Marin. Banks and Information Tehnology: Marketability vs. Stability. 2012 (18) . http: //ssrn. com/abstract = 1723083.

[237] McAfee, A. P. , and E. Brynjolfsson. Investing in the IT That Makes a Competitive Difference. Harvard Business Review, 2008 (7): 98 – 107.

[238] Merton, Robert C. and Bodie, Zvi. A Conceptual Framework for Analyzing the Financial Environment, in the Global Financial System: A Functional Perspective. Boston, MA: Harvard Business School Press: 3 – 32. 1995.

[239] Mester, L. J. , Nakamura, L. I. , Renault, M. 1998. Checking accounts and bank monitoring, Working Paper No. 98 – 25, Federal Reserve Bank of Philadelphia.

[240] Mester, L. J. A Study of Bank Efficiency Taking into Account Risk – preference. Journal of Banking and Finance, 1996 (2): 1025 – 1045.

[241] Mian, Atif. Distance Constraints: The Limits of Foreign Lending in Poor Countries. Journal of Finance, 2006 (3): 1465 – 1505.

[242] Mian, Atif. Foreign, Private Domestic and Government Banks: New Evidence from Emerging Markets, mimeo, University of Chicago. 2003.

[243] Micco, A. , Panizza, U. Bank ownership and performance. Does politics matter? Journal of Banking and Finance, 2007 (1): 219 – 241.

[244] Micco, A. , Panizza, U. Bank ownership and lending behaviour. Economics Letters, 2006 (2): 248 – 254.

[245] Micco, Alejandro, Ugo Panizza. Bank Ownership and Performance: Does Politics Matter? Journal of Banking and Finance, 2007 (1): 219 – 241.

[246] Mihm, J. C. Human Capital: Key Principles for Effective Strategic Workforce Planning. General Accounting Office. United States. 2003.

[247] Milgrom, P. , J. Roberts. The Economics of Modern Manufacturing: Technology, Strategy, and Organization. American Economic Review, 1990 (3): 511 – 528.

[248] Miller, Stewart R. and Arvind Parkhe. Is There a Liability of Foreignness in Global Banking? An Empirical Test of U. S. Banks' X – Efficiency, Strategic Management Journal, 2002 (1): 55 – 75.

[249] Mintzberg, H. Opening up the Definition of Strategy, Prentice – Hall, Englewood Cliff, NJ. 1987.

[250] Mumford, E. , Beekma, G. J. Tools for Change and Progress: A Socio – technical Approach to Business Process Re – engineering. CG Publications, UK. 1994.

[251] Nakamura, L. Recent research in commercial banking: Information and lending. Financial Markets, Institutions and Instruments, 1993 (2): 73 – 88.

[252] Nakane, M., & Weintraub, D. Bank privatization and productivity: Evidence for Brazil. Journal of Banking and Finance, 2005 (9): 2259 – 2289.

[253] Nikiel, Ewa M. and Timothy P. Opiela. Customer Type and Bank Efficiency in Poland Implication for Emerging Market Banking. Contemporary Economic Policy, 2002 (3): 255 – 271.

[254] O'Neill, P., Sohal, A. Business process reengineering: application and success—an Australian study. International Journal of Operations and Production Management, 1998 (8): 832 – 864.

[255] Pasiouras, F., Gaganis, C., & Zopounidis, C. The impact of bank regulations, supervision, market structure and bank characteristics on individual bank ratings: A cross – country analysis. Review of Quantitative Finance and Accounting, 2006 (2): 403 – 438.

[256] Patrick M. Wright and Gary C. McMaha. Theoretical Perspectives for Strategic Human Resource Management. Journal of Management, 2012 (5): 126 – 147.

[257] Pedroni P. Panel Cointegration, Asymptotic and Finite Sample Properties of Pooled Time Series Tests with An Application to the PPP Hypothesis. Econometric Theory, 2004 (3): 597 – 625.

[258] Peek, J., & Rosengren, E. S. Bank consolidation and small business lending: It's not just bank size that matters. Journal of Banking and Finance, 1998 (6): 799 – 819.

[259] Perold, A. F., Merton, R. C. The Global Financial System: A Functional Perspective. Harvard Business School Press, Boston. 1995.

[260] Petrozzo, D. P. Stepper, J. C., Successful Reengineering. Van Nostrand Reinhold, New York. 1994.

[261] Prowse, Stephen. The Corporate Governance System in Banking: What Do We Know? Banca del Lavoro Quarterly Review, 1997: 11 – 40.

[262] Purroy, P., Salas, V. Strategic competition in retail banking under

expense preference behavior. Journal of Banking and Finance, 2000 (5):
809 – 824.

［263］Qian, J. , & Strahan, P. E. How laws and institutions shape finan-
cial contracts: The case of bank loans. Journal of Finance, 2007 (6):
2803 – 2834.

［264］Rafael La Porta. Government Ownership of Banks. The Journal of Fi-
nance, 2002 (1): 265 – 301.

［265］Rhoades, S. A, Rutz, R. D. Market power and firm risk: A test of
the quiet – life hypothesis. Journal of Monetary Economics, 1982 (9):
73 – 85.

［266］Rhoades, S. A. Monopoly and expense preference behavior: An em-
pirical test of a behavioralist hypothesis. Southern Economic Journal, 1980
(2): 419 – 432.

［267］Romer, Paul. Endogenous technological change. Journal of Political
Economy, 1990 (8): 71 – 102.

［268］SACH Group. Human Capital Management. SACH Goldman Inc.
from http: //www. gs. com/business – snapshot. 2006.

［269］Sarcinelli M. State Aids in Rescuing and Restructuring Operations:
Should banks be treated differently from other businesses? European Competition
Law Annual 1999: Selected issues in the field of State aids, The Robert Schuman
Centre, 2001: 305 – 322.

［270］Schaffer, R. H. , Thomson, H. A. , Successful change programs be-
gin with results. Harvard Business Review, 1992: 80 – 89.

［271］Scheer, A. , and F. Habermann. Making ERP a Success: Using
Business Process Models to Achieve Positive Results. Communications of the
ACM, 2000 (4): 57 – 61.

［272］Schmiedel, H. , M. Malkamäki, and J. Tarkka. Economies of Scale
and Technological Development in Securities Depository and Settlement Systems.
Journal of Banking and Finance, 2006 (12): 1783 – 1806.

［273］Sealey C. W. , Lindley J. T. Input, outputs and a theory of produc-
tion and cost at depository financial institutions. Journal of Financial, 1977 (4):

1251 – 1266.

[274] Shabbar Jaffry, Yaseen Ghulam. Labour use efficiency in the Indian and Pakistani commercial banks. Journal of Asian Economics, 2008 (3): 259 – 293.

[275] Shleifer, A., Vishny, R. W. A survey of corporate governance. Journal of Finance, 1997 (2): 737 – 783.

[276] Shyu, J. Deregulation and bank operating efficiency: An empirical study of Taiwan's banks. Journal of Emerging Markets, 1998 (3): 27 – 46.

[277] Stiglitz, J. E. Knowledge as a global publicgood. Global Public Goods: International Cooperation in the 21st Century. Oxford University Press, U. S. 1999.

[278] Stijn Claessens and Neeltje van Horen. Being a Foreigner Among Domestic Banks: Asset or Liability? IMF Working Paper. 2009.

[279] Strahan, P. E., & Weston, J. P. Small business lending and bank consolidation: Is there cause for concern? Federal Reserve Bank of New York Current Issues. Economic and Finance, 1996 (2): 1 – 6.

[280] Strahan, P. E., & Weston, J. P. Small business lending and the changing structure of the banking industry. Journal of Banking and Finance, 1998 (6): 821 – 845.

[281] Sturm, Jan – Egbert and Barry Williams, Foreign Bank Entry, Deregulation and Bank Efficiency: Lessons from the Australian Experience. Journal of Banking and Finance, 2004 (7): 1775 – 1799.

[282] Tebaldi, E., Elmslie, B. Institutions, innovation and economic growth. Journal of Economic Development, 2008 (2): 1 – 27.

[283] Thomas E. Allocative Efficiency in Branch Banking. European Journal of Operational Research, 2001 (2): 776 – 794.

[284] Torey, Christopher and Easingwood, Christopher J. Determinants of New Product Performance – A Study in the Financial Service Sector. International Journal of Services Industry Management, 1996 (7): 32 – 55.

[285] Tzu – Pu Chang, Jin – Li Hu. The sources of bank productivity growth in China during 2002 – 2009: A disaggregation view. Journal of Banking

& Finance, 2012 (7): 2 – 9.

[286] Vander Vennet, Rudi. The Effect of Mergers and Acquisitions on the Efficiency and Profitability of EC Credit Institutions. Journal of Banking and Finance, 1996 (9): 1531 – 1558.

[287] Vantrappen, H. Creating customer value by streamlining business processes. Long Range Planning, 1992 (1): 53 – 62.

[288] Veryzer, Robert W. Key Factors Affecting Customer Evaluation of Discontinuous New Products. Journal of Product Innovation Management, 1998 (2): 136 – 150.

[289] Vlad Manole & David A. Grigorian. Determinants of Commercial Bank Performance in Transition: An Application of Data Envelopment Analysis. IMF Working Papers 02/146, International Monetary Fund. 2002.

[290] Williams, J. , & Nguyen, N. Financial liberalization, crisis, and restructuring: A comparative study of bank performance and bank governance in South East Asia. Journal Banking and Finance, 2005 (9): 2119 – 2154.

[291] Williamson, O. E. The Economic Institutions of Capitalism, Free Press, New York. 1985.

[292] Williamson, O. E. Markets and Hierarchies: Analysis and Antitrust Implications, Free Press, New York. 1975.

[293] Willis, L. E. Decisionmarking and the Limits of Disclosure: the Problem of Predatory Lending: Pricing. Maryland Law Review, 2006 (6): 707 – 840.

[294] Word Bank. China 2030: Building a Modern, Harmonious, and Creative High – Income Society. http: //www – wds. worldbank. org. 2011.

[295] Word Bank. Finance for All? Policies and Pitfalls in Expanding Access. Word Bank Policy Research Report, 2008.

[296] Yildirim, H. Semih and George C. Philippatos. Efficiency of Banks: Recent Evidence from the Transition Economies of Europe, 1993—2000. European Journal of Finance, 2007 (2): 123 – 143.

[297] Yu, B. , Wright, D. T. Software tools supporting business process analysis and modelling. Business Process Management Journal, 1997 (2):

133 – 150.

［298］ Zairi，M.，Leonard，P. Practical Bench marking：A Complete Guide. Chapman and Hall，London. 1994.

［299］ Zingales，L. Corporate Governance，The New Palgrave Dictionary of Economics and Law. Mac Millan，London. 1998.

后 记

本专著是在我的博士学位论文基础上修改完成的，并得到教育部 2011 年度"长江学者和创新团队发展计划"创新团队项目（项目名称：西部地区农村金融市场配置效率、供求均衡与产权抵押融资模式研究，2012.1—2014.12，项目编号：IRT1176）资助得以正式出版。

寒暑易节，时光如梭。转眼间，我攻读博士学位已有 6 年时间了。期间，伴随中国商业银行的改革进程，自己也经历了从中国银行业监督管理委员会青海监管局、陕西监管局，到长安银行的工作岗位变迁，并积极深度参与、着力实践我国银行业监管及银行经营管理的不断创新和转型。然而，我申请博士学位论文答辩的事项却一再推迟。除了工作繁忙的原因之外，更重要的是试图深度思考、深入研究和精心撰写，以形成能够对中小商业银行发展、经得起实践检验的有良好成果的论文，献给政界、金融界、学术界、企业界的领导、老师、朋友和同人们，以报答各方长期以来给予我的关怀、信任、支持和帮助。

题为中国中小商业银行发展战略研究的学位论文，是我把握中国经济金融发展趋势、中小商业银行自身禀赋和发展规律，运用现代经济金融理论和中小商业银行的实践事实，长期观察、思考和实践的创新成果，体现了"学习是我的爱好，更是我的责任"的求知态度。论文创作过程，包含着我长期实践积累形成的理论提升和理论探索，体现着我所倡导和践行的"诚信、创新、稳健、厚德"的金融企业核心价值观，满溢着我对于金融事业的责任感、浓厚的个人兴趣、求实创新的企业家精神，以及严谨、求是的研究态度。专著终于付梓之际，内心欣然，满怀感激。

感谢我的导师罗剑朝教授，创作的各个环节，无不渗透着他的关怀、鼓励和悉心指导。老师治学严谨，学识渊博，品德高尚，平易近人，是我敬重的好老师。

感谢论文开题、预答辩及答辩环节各位教授及专家的意见和建议，感谢学习期间授课的各位老师和相互帮助的同学们，也感谢参与论文探讨和给予资料提供的同人们。

借此机会，我也感谢我的家人，他们长期一贯的理解和支持是我取得成绩的动力源和保障支撑。

谨以此书献给转型发展的中国中小商业银行业，以及为实现金融强国目标而着力创新、孜孜不倦、无私奉献的同人们。

条件局限和约束，本书难免存在缺陷和不当之处，恳请批评指正。